至味中華

飲食文化記憶

火食發端、筷子縱橫觀、酒中三昧、御筵規矩……
以考古資料再現中華美食的源流，解讀千年文化的飲食變遷之路

品飲食之美，品味外之味

從火食到農業革命，深入解析中華飲食文化的歷史與發展
探索飲食器具與烹飪技藝演進，感受古代智慧與美食藝術的交融

吃什麼？怎麼吃？何時吃？如何吃出文化？
考古視角帶你走進古老的飲食世界，品味中華文化精髓！

王仁湘 著

目 錄

前言

第一章　火食之道

　　一、人猿相揖別 …………………………………… 010

　　二、咀嚼改變容顏 ………………………………… 014

　　三、古獵人尋蹤 …………………………………… 017

　　四、茹毛飲血的時代 ……………………………… 024

　　五、燧人鑽火的傳說 ……………………………… 026

　　六、火食發端 ……………………………………… 030

　　七、綠色革命 ……………………………………… 032

　　八、陶烹滋味 ……………………………………… 039

第二章　禮食中的神食與人食

　　一、調和鼎鼐 ……………………………………… 048

　　二、九鼎八簋 ……………………………………… 050

　　三、人食與神食 …………………………………… 055

　　四、初釀與酒池 …………………………………… 060

　　五、五味調和 ……………………………………… 069

　　六、天子與農夫之食 ……………………………… 073

　　七、食官 …………………………………………… 077

　　八、家國所繫 ……………………………………… 081

　　九、禮始諸飲食 …………………………………… 087

第三章　食制與食具

  一、羹食與飯食 …… 100
  二、小食與點心 …… 105
  三、進食姿勢 …… 109
  四、古老的餐勺 …… 112
  五、4,000 年前的餐叉 …… 119
  六、發明筷子 …… 122
  七、筷子與勺子的分工 …… 127
  八、筷子縱橫觀 …… 129
  九、古遠的分餐制 …… 138
  十、分餐制的改變 …… 142

第四章　味天下之味

  一、粒食與餅食 …… 150
  二、小麥怎樣生根 …… 151
  三、麥食本土化 …… 154
  四、胡食在漢唐 …… 158
  五、辣椒、玉米與甘薯 …… 166
  六、菜系：辛香與甜酸 …… 169
  七、蔬食與素食 …… 179
  八、菜品的形與名 …… 182
  九、烹調有術 …… 189
  十、君子與庖廚 …… 195
  十一、廚娘本色 …… 198

第五章　食案永珍

一、毂旅重疊，燔炙滿案 ………………………… 202

二、地下食案 ……………………………………… 206

三、舉案齊眉 ……………………………………… 212

四、庖廚圖卷 ……………………………………… 216

五、選勝遊宴 ……………………………………… 220

六、盛世燒尾宴 …………………………………… 225

七、酒樓食肆 ……………………………………… 232

第六章　至味與知味

一、歲時食事：順應時令 ………………………… 238

二、年節食事：寄託情懷 ………………………… 245

三、享受自然：嘗新與薦新 ……………………… 257

四、五味、五穀與保健 …………………………… 263

五、以食當藥 ……………………………………… 268

六、以藥當餐 ……………………………………… 273

七、酒中三昧 ……………………………………… 278

八、龍團鳳餅 ……………………………………… 283

九、畠毳飯與斫鮮會 ……………………………… 290

十、知味者說 ……………………………………… 296

十一、至味未必在舌尖 …………………………… 303

第七章　味外之味

　　一、聖人食教 …………………………………………… 308
　　二、養身兼養性 ………………………………………… 314
　　三、美味配美器 ………………………………………… 320
　　四、胡瓶改變了什麼 …………………………………… 328
　　五、御筵上的規矩 ……………………………………… 333
　　六、淨盤與懷歸 ………………………………………… 335
　　七、吃飯的用處 ………………………………………… 337

後記

前言

書寫飲食史，書寫飲食文化，並不是一件輕鬆的事。俗話說：「三輩子做官，才懂得吃穿。」雖然我品嚐過國宴，也常下老百姓的「蒼蠅館子」，經歷過困難時期，但我也很難說自己懂得了吃這個行業，況且我沒有當過官，體會不到做官與吃穿那種微妙關係。

雖沒有那樣的經歷，卻並非就不方便來說說滋味。吃得不夠，但書我卻是讀了一些，在故紙堆爬過，我由考古一途又多了些感悟。所以說，我與往古飄香的滋味不期而遇。

牛年春節，我在電視臺上開講，談的是飲食，而且是飲食考古。與編導商議的主題，就是吃什麼，怎麼烹飪，如何去吃，涉及食料、炊具和食具，正好可以發揮自己考古的特長。我當時說，考古發現的器具，多數都與飲食有關，但習慣上卻並不與飲食作關連研究，更何況考古中還出土不少食物與庖廚遺存，還有不少藝術品如壁畫和雕塑都與飲食有關，都是可以深入研究的好資料。

本書中的許多篇章，都是以考古資料為依託，有食物，也有食具，所以，也可以認為這是一部「有味道」的文化讀物。考古不僅讓歷史有形有色，而且還有聲音，有味道。書中附有不少插圖，也都得益於考古的發現。

但凡要書寫飲食，首先不能忽略了食料，這關係到食物的生產，還會涉及物種的傳播過程。食物生產除了包括獲取食料，還包括烹飪技法的運用，調味原則的創立。有了食物就有了相關的進食規範，飲與食的器具隨之完善起來。與飲食過程相應的禮儀規範也逐漸建立起來，其中很難說哪一個方面最重要、最關鍵，它們其實是缺一不可、相輔相成的。

前言

　　當然，與飲食過程相關聯的，還有飲食的態度、飲食的觀念，特別是對飲食的認知程度，這也是歷代食客都十分注意的問題。

　　還有非常重要的一點，就是飲食其實表現為階段性的提升，而這種階段性總是與科學水準的提升有關。例如，同樣都是熟食，陶器時代與銅器時代有明顯的不同，而到了鐵器與瓷器並行的年代，人們得到的食物更是不同。這樣也就逐漸改變了人的味覺體驗，也隨之改變了人對飲食的認知。

　　飲食與科學相關，也與藝術相關。沒有科學與藝術的觀照，我們無法想像人類的生活會成為什麼樣子，吃什麼，怎麼吃，可能不會有我們所能看見的餐桌風景。

　　與科學和藝術相關的過去的一切，都已經成為歷史，但飲食所創造的文化，卻綿延不絕地展現著新的內涵。忘不了的是那些滋味，忘不了的是那些傳統。將飲食定義為文明的重要驅動力，我想讀者應當不會有什麼異議。

　　我們對於傳統文化的記憶，不能沒有飲食記憶。一部書寫中國飲食文化的書，不能不寫出味道，要寫味中味，還要寫味外味，這才可稱為至味。本書也是我對以往研究的一個梳理，雖然並沒有太新鮮的說辭，卻也考慮要面面俱到，例如，時間軸要顧及由史前到明清，社會層面要講王侯將相與平民百姓，但這樣一來，就顯得有些龐雜了。我們知道滋味是豐富的集合體，味覺也適應著豐富的滋味，獲得不同的感官刺激。那我們何不將這樣的龐雜當作一碗五侯鯖來品嚐，也許就能獲得至味的感受來。

王仁湘

第一章　火食之道

　　人類在旅途已經走過了百萬年的歲月。人一代代地繁衍，最基本的需要是飲食。作為個體的人天天要有飲食補給，作為群體的人不斷在這補給中發展科學與文化，推動了歷史前行。

　　茹毛飲血是人類經歷的漫長無火飲食時代的生動寫照，火發明以後，人類開啟了火食時代。農耕和製陶的發明，使人類邁進了科學飲食時代。

 第一章　火食之道

一、人猿相揖別

　　人類與其他動物共同生活於地球，在地球上各自展開自己的生命旅程。人也屬於動物一類，當然是最高等的動物，人與其他動物形體不同，生存方式也不同。

　　人類與動物的不同，關鍵的區別在哪裡？對於這樣一個人獸分野的重大命題，中國古代先哲早有了解。如《列子》中云：「有七尺之骸，手足之異，戴髮含齒，倚而趣者，謂之人。」《禮記·禮運》則引孔子言說：「故人者，天地之心也，五行之端也，食味、別聲、被色而生者也。」

　　這裡所說的人之為人，即是說手足功用不同，用兩足行走，有語言能力，飲食講究滋味，還採用與一般動物不同的飲食姿態，這就是區別於動物的人。簡短的話語既說明了人與獸的形體差異，也列舉了行為方式的區別，應當算作較為完備的解釋了。

　　細一想來，人平日可以粗茶淡飯，卻總要追求適口的滋味，五味鹹酸苦辣甜，一味不可少。人有時可以狼吞虎嚥，卻總要聆聽席不正不坐、割不正不食的教誨，這就是食之有儀。而一般的動物呢，還有與我們很像的猩猩們呢，牠們就沒法與人相提並論了。

　　我們注意到以往古人類學家探究人類起源問題，將注意力集中到兩足行走的起源上。學者們認為，兩足行走的形成，不僅是一種生物學上的重大改變，而且是一種重大的適應性改變。甚至有人這樣說：所有兩足行走的猿都是「人」。這種說法雖然很絕對，卻也有一定道理。

　　這樣說的依據，是因為兩足行走的猿，在獲取食物時採用的方式與過去不同了，在環境改變後這應當是一種更有效的行為方式。我們可以做出這樣的推測：由於氣候環境的變遷，由樹居改為地面生活的猿類，

在尋找食物的過程中形成了簡單的勞動，促使前肢分化為手，後肢分化為腳，最終站立起來直立行走，這一走，就走出了猿群，完成了從猿到人的根本性轉變。人猿相揖別，也許就在這個時候。

從這個意義上說，直立行走是人類祖先從事食物生產過程中獲得的一項重大改變。直立行走以後，猿人的視野大大擴展了，大腦逐漸發達起來，語言也從更大範圍的交往中產生，勞動也愈來愈具創造性，這種創造性勞動的象徵之一，就是工具的製作。掌握製作工具技能是人類智慧最集中的體現，也是人類社會得以不斷發展進步的根本動力之一。

人與動物的區別，看似明顯，卻又不容易表述清楚。動物中有等級高低的分別，有生物學家將指頭和趾端帶扁甲、大指與其餘各指具有對掌功能、上下顎各有兩對門齒的哺乳動物，稱為靈長目動物，這便是最高等的哺乳動物。各類猿與猴都屬靈長目，人也位列其中。作為動物的人，雖然與猿猴同列在靈長目之內，但人與一般的靈長類動物又有著根本的不同。

在一些古人類學家看來，人與一般靈長類動物的本質區別，在於人會使用工具，所以人被稱為「使用工具的動物」。還有的學者則更明確地將人界定為製造工具的動物，認為在工具問題上，人與動物之間存在著「根本無法估量的差距，無論動物使用什麼樣的工具，這些工具絕不是牠們自己製造的」。

有的學者透過對黑猩猩的實驗觀察，發現類人猿能夠使用和製作簡單工具。例如黑猩猩會用木棒作槓桿，會用木棒挖掘東西，會將兩根短木棒連線成一根長木棒，用這樣製作出來的長木棒獲取手臂拿不到的食物。

人們也注意到這樣一個事實：人使用工具是個累積和進步的過程，

第一章　火食之道

但類人猿卻並非如此，牠們只是一代代地重複那些簡單的技能而已，在經驗上沒有累積，牠們在使用工具上沒有產生連續性的心理過程。人類的每一代都繼承了前輩的工具和技術，並不斷創造更新，正是這種技術的累積與進步，使人不僅脫離了動物界，而且使人逐漸由野蠻狀態進入到文明時代。對此，美國學者約翰・杜威（John Dewey）曾經在《哲學的改造》（Reconstruction in Philosophy）一書中寫下這樣一段話：「人由於儲存了他以往的經驗而與低等動物相區別……對動物來說，經驗是隨生隨滅的，而每一種新的活動和經驗都是孤立的。但人卻生活在這樣一個世界中，其中，每個都與對以往存在過的事物的反響和回憶相關，而每個事件都是對其他事物的提示，因此，人不像野生動物那樣，生活在一個單純的實在事物的世界裡，而是生活在一個象徵與符號的世界之中。」

許多動物都會收集和儲藏食物，我曾在野外發掘中發現大量鼠洞，洞中存滿了老鼠們辛辛苦苦運來的老玉米，牠們要為度過寒冬準備足夠的食物。我還曾在夕陽下觀察蜘蛛忙於結網，一副胸有成竹的樣子。牠有時還沒等到網完全織好就能有所收穫，總有倒楣的飛蟲自投羅網。蛛網有精巧的經緯布絲，蜘蛛還會在日落日出時修補殘破的網。這小生靈有時甚至能捕捉到蜥蜴，牠會將獵物用蛛絲黏捆起來，存到牠認為妥當的地方，等到飢餓時再好好地享用。

看到蜘蛛，又讓人很自然地想起蜜蜂來。蜜蜂從樹木花朵取材，造出精緻的蜂房，釀出甜美的蜜。蜘蛛和蜜蜂，一個是總有收穫的布網狩獵者，一個是職業的採花釀蜜者，牠們都會製作生產食物的工具，甚至都是與靈長目毫不相干的低等動物。其實幾乎包括所有的動物，還有許多植物，都有大小不同的類似獲取食物的本領。人本來也是屬於自然界動物中的某一類的，但是人類不斷發展著生產食物的技能，而不是像蜘

蛛和蜜蜂那樣重複著祖祖輩輩那樣的唯一技能，這也許是人不斷進步的一個重要原因。人由採集到狩獵、畜養、農耕，在更新食物生產方式的過程中不斷進化。

人是動物，有動物般的血肉之軀，有與靈長類動物相類似的生理機能。但人又不是一般的動物，而是最高級的、最特殊的動物。人有能動地認知世界、認知自身的心智，有改造世界、完善自我的能力。人還擁有自己的社會、歷史與文化，人是世間萬物的主宰。許慎《說文解字》中云：「人，天地之性最貴者也。」斯言是矣。

人與動物的區別，尤其是與類人猿的區別，不僅是在使用與製作工具之類技能上。美國哈佛大學的學者艾薩克曾發表過這樣的觀點：至少五項行為模式將人類和我們的猿類親戚分開了，一是兩足行走的方式，二是語言，三是在一個社會環境中有規律有條理地分享食物，四是住在家庭營地，五是獵取大型動物。

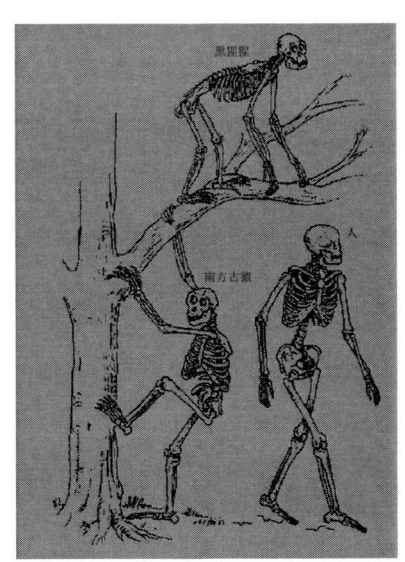

猩猩與人：不同的行走方式

這個說法特別強調了人的社會屬性，強調了人的群體活動特性。對於早期人類這五項行為模式，其中的每一項都可以充分展開細作討論，如語言和居住方式問題，不是三言兩語能解說清楚的，這裡我們可以重點關注一下兩足行走、分享食物和獵取大型動物這三項行為模式。這三項行為模式與飲食生活密切相關，說明人與獸的分野在相當程度上是透過飲食活動顯現出來的，獵取大型動物、分享食物都是早期人類的生活規則。

第一章 火食之道

　　科學家們認為，勞動是人類祖先具備的一種特殊的適應手段，正是勞動，才使生物演化轉變為社會演化，後者成為人類發展的根本動力。勞動篩選並儲存了人類祖先機體遺傳基因的有利突變，勞動選擇了人，勞動儲存了人，勞動作為人類的一種適應方式，正是人類先祖所具備的潛能發展的產物。恩格斯（Friedrich Engels）在《勞動在從猿到人轉變過程中的作用》（*The Part Played by Labour in the Transition from Ape to Man*）中說，勞動是整個人類生活的第一個基本條件，它的意義達到了這樣的程度，「以致我們在某種意義上不得不說：勞動創造了人本身」。

　　需要說明的是，作為早期人類進化動力的勞動，一般指的就是人類維持生存的各種生產活動，其中最主要的就是獲取食物的生產活動，如採集、狩獵、穀物栽培和烹調等。考察史前人類食物生產活動的方式、過程及其變化，正是考古學研究的重要內容。透過考古研究，人猿揖別的過程可以解釋得非常清楚。

　　我們可以說，吃是早期人類進化的必經之途，從一定角度看，是吃的方式、吃的內容、吃的觀念不斷變換，使得人類體質、社會、文化的進化獲得了強勁的動力。吃改變了人，也改變了人類社會與文化，而且促進了科技的發展與進步。

二、咀嚼改變容顏

　　人類最早的活動，都與生計有關，與獲取食物有關。舊石器時代的狩獵活動，對人類社會及人類自身發展的影響是巨大的，狩獵行為的終極目標是開發食物資源，但它產生的作用卻比獲取食物要大得多。

　　可以推想，人類在追尋獵物的過程中逐漸加深了對自然界的了解。

他們要弄清楚各種動物的生存與活動的規律,以確定捕獵的地點與時機。此外,人們還要根據不同的狩獵對象,設計不同的捕獲方法,不斷改進工具。在追捕獵物的過程中,人們知道自身的奔跑速度不如動物快,急切尋求超越自身、超越動物速度的武器,石球、投槍、弓箭等或許就是在這樣的思考中發明的。在長途追獵中,獵手們要攜帶足夠的水,於是發明了皮囊之類的容器。狩獵行為就是這樣發展了人類的智力,使人手與腦的配合越來越協調。肉食不僅促進了大腦與手的進化,也促進了工具的進步。

狩獵活動不僅改善了人類的大腦思維,還大大促進了人類體質方面的進化。有研究者認為,人類正是在追捕獵物的過程中逐漸脫去了體毛,將自己的外表與動物明顯區別開來。體毛阻礙了人類在劇烈活動中的散熱要求,脫毛也就成為人類追求美味肉食的結果。也有人認為,人類體毛是在熟食的作用下脫去的。這裡的熟食指的自然也是肉食,從這個意義上說,人類進化的脫毛過程與結果,確實與狩獵有著非常緊密的連繫。

從猿到人的體質變化

第一章　火食之道

　　狩獵作為獲取肉食的活動，還要求有意義重大的社會結構和合作。有效的出獵，要有恰當的組織方式，有時甚至在不同的族群之間進行協調動作，這樣，人類在共同的狩獵活動中又發展了交往技能。

　　我們從學者的研究成果中可以知道，狩獵活動在人類進化過程中的作用十分重要。達爾文（Charles Darwin）在《人類的由來》（*The Descent of Man, and Selection in Relation to Sex*）一書中曾明確提出了這樣的觀點：用人造武器狩獵是人真正成為人的因素之一。這個道理是再清楚不過了，飢餓的狩獵者行獵的結果，解決的不僅僅是飢餓問題，更改變了人類自己。

　　人是有人樣的，從表面形象看，人之為人，確實首先在用雙足行走。人的面容與猿類區別也很大，面部主要特徵為短吻。直立人在牙齒上的變化很有特點，前部牙齒增大，後部牙齒減小，成為與南方古猿最顯著的區別之一。

　　顯然，人類牙齒的這種變化可能與食性的改變有關，經常性的肉食取代了過去那些植物性食物，食物製備技術有了一定發展，使得咀嚼時後部牙齒用得較少，結果下顎骨和面部相關骨結構變小，人的吻部自然也就向後收縮了許多。收縮了外凸的吻，人類的面容便與猿類產生了明顯的差別，慢慢獲得了如今平正而和善的臉龐。

　　咀嚼自然是一種飲食活動，直立人咀嚼方式的改變，是食性改變的結果，也是食物原料改變的結果。換句話說，是人類由採集者進化到狩獵者的結果，是擴大的肉食來源改變了人的容顏。

　　就體質形態而言，人類的改變面對的是進化，但也是明顯的退化。從這個意義上講，人類的進化的確可以看作是一種退化。我們現代的食品，有越做越精的趨勢。而我們的牙齒，用處也就會越來越小，咀嚼越

來越省力,牙齒的繼續退化將是不可避免的了。這就讓人擔心,人類進食時咀嚼的力度越來越小,將來吻部也許還會發生明顯變化,會不會前伸回復到古猿時代的模樣呢?這讓人感到有些不可思議,好在未來非常遙遠,我們現在不必為此憂心。

從猿到人吻部的變化

三、古獵人尋蹤

考古發現告訴我們,生存在百萬年前的人類祖先,已經會製造包括打製石器在內的原始工具,開始了人類漫長的進化旅程。在與大自然的艱苦搏鬥中,人類累積了越來越多的智慧,使自己成為最高級的動物。一般動物都有獨特的獲得食物的方式,以維持自己的生存。動物之間的弱肉強食,就是一種最典型的生存競爭形式。人類早期的生活,時刻都處在這種競爭當中。

我們知道,有許許多多在形體上和力量上遠遠超出人類的動物,但是牠們都不可能戰勝人類,相反人類卻依靠群體的力量與智慧戰勝了牠們。比如龐大的犀牛、凶猛的劍齒虎,都曾經是人類早期的腹中之物。正如《呂氏春秋・恃君覽》中所云:「凡人之性,爪牙不足以自守衛,肌

第一章　火食之道

膚不足以捍寒暑，筋骨不足以從利闢害，勇敢不足以卻猛禁悍。然且猶裁萬物，制禽獸，服狡蟲，寒暑燥溼弗能害，不唯先有其備，而以群聚邪。群之可聚也，相與利之也……」憑藉群體的力量，人類制服了禽獸萬物，戰勝了寒暑燥溼。

圍獵，許多人圍起來，同時向野獸發起進攻，這是人類最初獵取大小動物的主要方式。那時雖然沒有哪怕是最原始的弓箭，或者也沒有挖掘最有效的陷阱，但是人們可以將動物驅趕進泥沼中，或使牠們跌下高高的懸崖，然後再捉來好好地享用。這種狩獵方式在即便有了投槍、弓箭等進步武器的時代，也十分有效，充分顯示了人類群體的力量。在內蒙古陰山和雲南滄源地區發現的許多古老的巖畫中，都能看到這種圍獵活動的壯觀場面。

史前狩獵圖

有古人類學家說，早期人屬的體質顯示出積極追求肉食，他們多數可能是精明的獵手。為了確定人類是何時開始運用採集狩獵方式維持自己的生存，古人類學家仔細分析化石和考古資料中透露出的資訊。生活在不同環境中，會有不同的食物來源，採集和狩獵的對象有著明顯的區別。人類學家發現在多數現存的採集狩獵者社會中，有明確的勞動分

工，女人負責採集植物類食物，男人幾乎個個都是獵人。遠古時代的情形，也並不難以考查，考古已獲得了許許多多的證據，它們為了解史前獵人的行為提供了足夠的資料。

在山西芮城的西侯度舊石器時代早期遺址，人們發現了生活在180萬年前的西侯度人製作的打製石器，還發現了帶有切割痕跡的鹿角和燒烤過的動物骨骼等，不少獸類的頭骨因敲骨吸髓被砸碎。西侯度人使用粗糙的石器獵獲各種動物，將獵物燒烤後作為食物。考古學家所見的動物骨骼鑑定出的種屬主要有納瑪象、野豬、鹿、披毛犀、野牛和羚羊等，牠們大部分應當是西侯度人的獵物。

考古學家在雲南的元謀人遺址也發現了許多哺乳動物肢骨化石的碎片和燒骨，表明元謀人的食譜主要是由他們的獵人建立起來的，元謀狩獵者的獵獲物中較重要的有野豬、水牛、馬、劍齒象、豪豬和各種鹿類，以食草類動物為主。

在陝西藍田人遺址見到的動物化石有三門馬、大熊貓、野豬、斑鹿、劍齒象、劍齒虎、中國貘、爪獸、碩獼猴和兔等，這些應該是當時人們吃的肉食。

打製石器的舊石器時代獵人

第一章　火食之道

　　北京人的洞穴裡也有大量的各種哺乳動物化石，這些都是人們的獵物，其中鹿類化石的個體多達 3,000 頭，狩獵鹿類也許是北京人獨有的嗜好，也許是當時人們生活中的鹿類太多的緣故，也許是捕獵鹿類較為便利。不過，鹿類行動迅捷，捕獲是非常不容易的。有人類學家認為，史前人類捕獲鹿類的有效方法是不停地追趕，美洲印第安人追趕鹿群時，追到牠精疲力盡而倒地，鹿的蹄子都完全磨掉了，由此可見獵人們的韌力，為獲得獵物他們付出的體力該有多大！

　　在北京人這些獵人的洞穴中，還發現了火燒過的樸樹籽，樸樹籽是他們的食物，是從大自然得來的採集品。

北京人洞穴中發現的燒骨和樸樹籽

　　人類最早的狩獵方式，有追趕、圍捕、設定陷阱、擊打等法。到了舊石器時代中晚期，一些專用的狩獵武器發明了，投槍、石球和弓箭成為獵人手中的新型武器。在山西峙峪和下川兩處舊石器遺址都出土了石片打製的箭頭。弓箭的使用，在舊石器時代是一件非同尋常的事，有的學者將它的發明視為「蒙昧時代高級階段開始的象徵」，也是舊石器時代的獵人走向成熟的象徵。史前獵人們可能還掌握了火攻的方法，天性懼火的動物常常逃脫不了滅亡的命運。中國北方早期智人丁村人還會用石

球做成一種飛石索，可以獵獲奔跑迅捷的鹿類。

對於舊石器時代的狩獵者來說，不同年代的獵獲物是有區別的，這多半不是由他們的嗜好決定的，常常是由他們的能力與狩獵方式的成效決定的。早期舊石器時代的人類只掌握簡單的狩獵方式，群體組織也比較弱小，在猛獸面前往往無能為力。他們選擇的捕獵對象，常常是猛獸中的老弱幼小者，如北京人遺址裡發現的腫骨鹿老幼個體有 2,000 頭之多。北京人對食草類和雜食類動物表現有較高的興趣，優先獵取牠們之中的老弱者。

舊石器時代中期人類生活的環境有了改變，一些重要的哺乳動物，如劍齒虎、腫骨鹿、碩豪豬等絕滅了，人類的食譜中不見了早先的一些動物，同時也出現了一些過去少見和不見的動物，如野馬、野驢、赤鹿等。這個時代的狩獵水準有了很大的提升，在大同盆地邊緣生活的許家窯人，以野馬為主要的捕獵對象，他們因此被稱為舊石器時代的「獵馬人」，在他們生活的地點發現的動物化石數以噸計，這都是當時的庖廚垃圾。生活在汾河岸邊的丁村人，除了捕獲犀、鹿、野馬、牛等哺乳動物外，還以魚類為食，捕獲的魚有的長達 1 公尺以上。舊石器時代晚期人類有了弓箭，使用弓箭的峙峪人主要的獵物是野馬和野驢，所以他們也被稱為「獵馬人」。河套人的獵物以羚羊為主，可以稱之為「獵羚羊人」。

但在很多時候，獵人們常常空手而歸，幸運的機會很少降臨。實際上還有一些人類學家不認為早期人類有著有效的狩獵行為，他們的肉食來源是動物的死屍。

山林草莽是遊獵的理想場所，池沼湖泊中也有人們所需的食料。那裡有豐富的游魚蝦蚌，是又一可觀的食物來源地。最難征服的還是那些機警的飛禽，牠們有令人羨慕且久久渴求的翅膀。人類最先發明的高速

第一章　火食之道

武器彈弓和弓箭，可能多半是用來對付牠們的。儘管一些候鳥具有從北方遠飛到南方的本領，但牠們產下的卵卻常常成為原始人的美味。《太平御覽》引《括地圖》說：「夏后之末世，民始食卵，孟虧去之，鳳凰隨焉……」吃鳥蛋似乎非仁非義，鳥中之王鳳凰不忍睹此情景，憤然離去，這當然是沒有根據的說法。此說還將人們開始食卵的時代定在夏禹之世，顯然也太保守了。

除了動物，人類更可靠的食物來源還是植物，是長在樹枝上、結在藤蔓上、埋在地下的各類果實。在一時尋覓不到這些果實的時候，人類便不由自主地把注意力轉向植物莖葉，選擇品嚐那些適合自己口味的莖與葉。不知透過多少代的努力，才擇選出一批批可食植物及其果實。

漁獵與採集便如此結合起來，這樣的生產方式成為早期人類獲取食物的主要途徑。

研究顯示，人類的謀生方式大約可以區分為五種形態，它們出現的時段不同，從早到晚依次是採集和狩獵、初級農業、畜牧業、精耕農業和工業。除採集和狩獵為向自然索取食物外，其他四種謀生方式都是高級別的食物生產。環境決定著人類的謀生方式，人類生存環境在不同時期的變化，使得人類的謀生方式會發生一定的改變，或主要採用一種謀生方式，或兼取兩種與多種方式。「人類不是生來就清白無罪的」，為了說明人類早期的狩獵生活，有人類學家曾發出這樣的感嘆。還有的人類學家甚至做出過這樣的形象比喻：原始人類生活的整個更新世，不斷沿著一條石頭和骨頭的蹤跡前進，石頭就是人類的武器，而骨頭則是人類的庖廚垃圾。人們用石頭作武器，獵取各種動物為食，維持自己的生存。考古學家也正是由那些以百萬年計的庖廚垃圾中，獲得了遠古狩獵者的許多資訊。

最早的人類是從動物群中分化出來的，雖然不再與動物為伍，為了生存與發展，卻依然要與動物同行，他們要從動物身上獲取相當部分的能量，這使得他們一代代地成為狩獵者，用動物的血肉強壯自己的體魄。

先民最早的經常性的生產活動，是透過採集和狩獵獲取食物。對男子而言，他們每個人都是勇敢的獵人。有人曾做過這樣的估算：從古到今在地球上生活過的人有 800 億之眾，而 700 億以上的人為狩獵兼採集者。

有的古人類學家認為，人類在發明石器工具以後，突然能得到以前無法得到的食物。這樣，他們不僅能擴大覓食範圍，而且增加了成功地生育後代的機會。生殖過程是一種消耗很大的活動，擴大膳食包括肉類，會使生殖過程更加安全。肉食對史前人類是如此的重要，對生殖繁衍、對體質進化，都有非常重要的作用。恩格斯曾指出，肉食在人類形成過程中具有重要意義，肉類有豐富的營養，它縮短了消化過程，有效地儲存了人的精力與活力，對大腦的發育也產生了重要影響。肉食還推動了兩個有重大意義的進步，即火的使用與動物的馴養。

早期人類的進化對肉類的需求很高，特別是大腦的發育。腦容量的增加需要靠提高能量供應來實現，肉類是熱量、蛋白質和脂肪的集中來源，只有在食物中提高肉類的比例，早期人類才可能形成超過南方古猿的腦容量。

到了新石器時代，狩獵仍然是重要的生產活動，有的遺址出土大量骨製箭鏃，證實人類肉食的來源在相當程度上還要依賴獵物。

第一章　火食之道

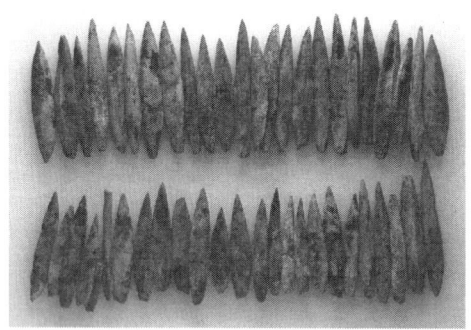

浙江海寧出土的骨製箭鏃

四、茹毛飲血的時代

剛剛告別動物界的人類，最初的飲食方式與一般動物並無多大區別，還不知烹飪為何物，只是生吞活剝，按先哲們的話說，叫做「茹毛飲血」。對於人類這一段艱難的漫長歷程，中國漢代及漢代以前的許多學者都有過精闢的論述，這些論述雖未必十分科學，我們也不必苛求前人。

據漢代《白虎通義》說：「古之時未有三綱六紀，民人但知其母，不知其父，能覆前而不能覆後。臥之詓詓，起之籲籲，飢即求食，飽即棄餘。茹毛飲血，而衣皮葦。」

又據《禮記‧禮運》說：「昔者先王未有宮室，冬則居營窟，夏則居橧巢。未有火化，食草木之實，鳥獸之肉，飲其血，茹其毛。」

綜合這些論述，便是說在人類文明之初，沒有後來的婚姻制度，所以人們只知母親，而不知父親是誰。寒冷的冬天人們住在洞窟裡，炎熱的夏季則睡在由樹枝架起的棚巢上。那時還不知用火，所以是生吃鳥獸之肉和草木果實，渴了喝動物的血和溪溝裡的水，冷了就披上獸皮。由於常吃生冷腥臊之物，對腸胃造成很大損害，很少有身體健康的人。

這些說法一方面將人類早期的生活描繪成一派豐衣足食的景象，似乎人人都是那麼自得其樂；另一方面又把當時的人描寫成受盡傷害，似乎人人都是疾病纏身的樣子，這顯然是不全面的。當時的食物完全順應大自然的安排，有豐盛之時，也有短缺之時。尤其是寒冷的冬季，在華北地區，結果實的草木都凋謝了，如果捕獲不到聊以充飢的禽獸，那就只好餓肚子了。從許多野蠻部族中常常會發生在找不到食物時食人這一點看，剛剛脫離動物群不久的人類，很難不發生類似的事情。即使在文明社會，也並不是完全看不到這種例子。所以不能以為人類童年的生活是那麼美好，甚至稱其為黃金時代。

至於說到當時的人因生食而會導致腸胃之疾，我們大可不必有這個擔心。人類最初還保留有動物的特性，大約還不至於有不適應生食的情況，在多數情況下，恐怕也不會出現消化不良的症狀。我們不能拿人類現在已經退化的腸胃功能去為史前人擔憂。生活在內蒙古和黑龍江地區的鄂倫春人，他們在學會火食以後，烤肉煮肉都只做到五六分熟，食者認為熟透了反而不好吃，實際上他們的胃口是適宜生食的。貴州地區有的人也喜食生肉，東北的赫哲族則愛吃生魚。這表明，進入火食時代以後，人類或多或少地還懷念著過去那種茹毛飲血的生活，常常要體會祖先所創造的那種生活模式，這也不足為怪。這種茹毛飲血時代的傳統烙印，還不知要經過多少年代才能完完全全地磨平。

人類發現了火以後，就跨入一個新的飲食時代，這便是火食時代。掌握了用火技能的人類，接著又發明了取火和儲存火種的方法，這樣就有了光明，有了溫暖，也有了熱食。

有了火以後，熟食的比重逐漸增加，火熟的方式也由簡單向複雜演進，人類的烹飪技藝逐漸發展和完善起來。

 第一章　火食之道

五、燧人鑽火的傳說

在火成了必不可少的生產生活資源以後，人類又發明了一些人工取火的方法，從而可以創造出火種來。人工火照亮了人類文化的進步之路，如果沒有火，人的飲食是不可想像的，現代的一切文明成就也恐怕不會產生了。人類成了火的主人，也就成了這個世界的主人。這是人類支配自然力的第一次嘗試，它揭開了人類征服自然、改造自然的輝煌篇章。

飢餓、寒冷與黑暗，匯成一片苦海，早期人類在這苦海中痛苦掙扎。自從人類掌握了用火，發明了取火和儲存火種的方法，便獲得了光明、溫暖和熟食。沒有哪一種動物會生火做飯，只有人，才是火的主人。

人類最早使用的是天然火，被稱作「天火」。自然界中還有一些能自發生火的物質，據古籍中的記載，有被稱為「燧木」的火樹等。

人類最早用火的確切證據還沒有找到，所以開始用火的時代我們也不得而知。周口店北京人洞穴發現過用火遺跡，洞穴中發掘到厚達4～6公尺的灰燼層，夾雜著一些燒裂的石塊和燒焦的獸骨，還有燒過的樸樹籽。北京人的年代最早可達70多萬年前。在其他較早的人類化石地點，也曾發現炭層和燒骨，但材料不夠豐富。如何看待這些現象，考古界還存在分歧，有人認為是用火的遺跡，也有人認為是自然野火造成的，一時誰也說服不了誰。

有了野火，將它引燃到需要的地方並不難，但要讓它不再熄滅，卻不是一件容易的事。稍不留意，斷了火種，要想再遇到天降新火，那就很難了。如何儲存火種，可能是原始人遇到的第一個技術性問題。那遙

遠時代的真實情形，我們很難弄清楚了，但是從那些開化較晚的民族中卻不難找到例證。

北京人用火的灰燼層

篝火法是不少民族採用的儲存火種的有效方法。用火時不斷往火堆上新增木柴，不用時再用灰燼蓋上，讓火堆保持無明焰的陰燃狀態。需要時，只要扒開灰燼，添上乾草枯枝，即可重新燃燒。

原始人最初還不會營建房屋，沒有固定的居址，不可能在某一個地方逗留太久，他們必須不斷遷徙，尋求更多的食物資源。遷徙時，人們首先想到的當然是火，他們必須隨身帶上火種。也許移火常用的是火炬法，點上幾支火把，一路上不斷接續柴草，火種便被帶到了新的活動場所。這當然會有風險，火炬隨時都會熄滅。東北興安嶺一帶的鄂倫春人有個好辦法，將樺樹上的乾蘑菇點燃後插在小木棍上，別在腰間便可上路。乾蘑菇燃燒時沒有火焰，不易熄滅，只要在它將要燃盡時，再點著另一塊早先準備的蘑菇就行了。四川大涼山的彝族人用野草捻成長繩，這種草繩也有陰燃的特點，點燃一端，火種就儲存下來了。

偶一不慎，火種熄滅了，人們不知又要經過多長時間的等待，天火才能下降人間。也許就是在這種焦急的等待中，人類萌發了造火的念頭，這恐怕算得上人類第一個偉大的理想。我們難以想像，人類邁出這

第一章　火食之道

偉大的一步是多麼的艱難,而這閃耀著智慧之光並照亮以百萬年計的人類進化史的偉大發明,幾乎在大多數原始集團中都完成了,人類用各種方法造出了自己迫切追求的第一把火。

在我們這個高速發展的科學時代,電子火槍和打火機之類已不是什麼新鮮玩意,但這造火技術的發展卻不是一朝一夕的事。世界曾普遍使用的取火器具火柴,直到19世紀上半葉才發明出來。歷史上曾經發明過許多種造火的辦法,它們都曾經歷了很長時間的試驗,其中最難的莫過於鑽木取火了。

中國古代將遠古燃起的第一把人造火的功勞歸給「燧人氏」。燧人氏是誰呢?是造火者。雖然肯定有最先造出火的人,他的真實名字卻沒有流傳下來,也許他根本就沒有一個像樣的名字,出於感激,古人稱他為燧人氏,以紀念他的偉大發明。

晉人王嘉的《拾遺記》一書,對燧人氏造火有生動的描述。書中說,在很遠很遠的地方,有一個不識四季和日夜的燧明國,那裡的人長生不死,厭世時自會升天而去。國中有一種火樹名為「燧木」,樹枝盤曲,雲霧繚繞其間。將樹枝折斷互相摩擦,便能生出火來。後來的一個聖人為了尋求熟食的辦法,遍訪日月星辰,一無所得,他實在太累了,便坐在一棵大樹下歇息,原來這就是那棵奇異的火樹。正巧此時有一隻像貓頭鷹的鳥用嘴在啄樹枝,火苗隨之鰵然而出。聖人興奮極了,趕忙回去折取小樹枝相鑽,終於鑽出明亮的火來。

這聖人就是燧人氏。燧人氏鑽木取火的傳說還見於《韓非子・五蠹》和班固的《白虎通義》。我們儘可不必全信王嘉等人描述的神話,但談到造火者是因受某種自然現象的啟發而用鑽木方法鑽得火出,卻是合乎情理的推想。在古代,不僅有燧人氏造火的說法,也有說黃帝或伏羲造火

的，但這些都只是傳說而已。

摩擦生熱，透過很簡單的實驗便能體驗出來，但鑽木取火，卻有很多人持懷疑態度，在科學界還引起過激烈的爭論。鑽木取火最早的證據雖沒找到，然而至今還儲存在一些民族中的例證卻是無可辯駁的。海南的黎族人的做法是，用一塊山麻木削成砧板，在一側挖成若干小穴，穴底刻一豎槽，槽下有導燃的艾絨。當用一根細木桿垂直快速地在穴孔上鑽動時，摩擦部位發熱直至冒出火星，火星透過豎槽降落到艾絨上，艾絨就被點燃了。雲南的佤族人則用硬木在蒿桿上鑽，鑽出的火星可將草點燃。他們還用籐條或竹篾繞在木棒上來回拉鋸，也能鋸出火星來。熟練的人只需幾分鐘就能鑽鋸出火，高超的鑽手十秒就足夠了。

鑽木取火實際上是鑽取火星，要取得火星並不只限於鑽木一途。如果敲擊石塊，火星似乎來得更容易一些。在製作石器的過程中，石料碰擊會迸出耀眼的火花，這火花偶爾引燃了植物細纖維，人們由此而發明擊石取火。透過不斷摸索，後來終於找到鐵礦石與堅硬的燧石相擊這種更有效的方式，這樣可以很容易得到足夠點燃草等易燃物的火星。燧石俗稱火石，以火石取火，即便在火柴已經普及的時代，也為某些人群所樂於採用，這不能不說是上古的遺風。

可以想像得出，第一顆火星從人手中迸射出來，第一團人造火從人的腳下燃燒起來，這時人們欣喜若狂的狀態，絕不亞於當今點燃火箭發射器的航天科學家。

起初，火的用途是有限的，歸納起來，只有取暖和熟食兩項。此外，火還可以用來獵取野獸和防備猛獸襲擊，火是工具，也是武器。自從人工取火成功，人們再也不用擔心篝火突然熄滅，他們已經一躍而成火的主人。

第一章　火食之道

六、火食發端

　　設想最初的熟食，或者說是原始的烹飪，那是最簡單不過的了。既無爐灶，也無鍋碗，陶器亦未發明，人們還是兩手空空。這時的烹飪方式主要還是燒烤，或者還有「炮」。鄂倫春人有時將獸肉直接丟在火堆中燒熟，有時則用樹枝穿起來，插在篝火旁炙烤。苦聰人吃刺蝟時，用泥土包住整個刺蝟放火內烤乾。從這類例子中，我們可以看到先民們飲食生活的縮影。

　　還有一種「石板燒」，不僅有現代民族學的例證，也見諸古代文字記述。《禮記‧禮運》注云：「中古未有釜甑，釋米捭肉，加於燒石之上而食之耳。」《古史考》也說：「神農時民食穀，釋米加燒石之上食之。」就是說，神農時代，人們將米和肉放在燒燙的石板上烤熟再吃。雲南獨龍族和納西族群眾，常在火塘上架起石塊，在石板上烙餅。這個辦法在美洲霍皮族民眾中也很流行，不唯中國獨有。

　　利用石塊熟食，還有一種絕妙的做法。雖然沒有陶器，但木製的或獸皮製的容器還是有的，可利用它們作烹飪器具。中國東北地區的一些少數民族將燒紅的石塊投進盛有水和食物的皮容器內，這樣不僅水能煮沸，肉塊也能烹熟，只是投石過程要反覆多次以至數十次。雲南傣族群眾宰牛後，將削下的牛皮鋪在挖好的土坎內，盛上水和牛肉，然後將燒紅的石頭一塊塊投進水裡。鄂倫春人也用燒石投進樺樹皮桶裡煮食物，有時還把食物和水裝進野獸的胃囊，架在篝火上燒烤。

　　類似辦法在世界其他原始民族中也很流行，如印第安人用牛皮當鍋烹煮食物，這些方法可稱為無陶烹飪法。在沒有陶器的時代，可算是絕頂高明的烹法，人們的美味大餐就用這原始的辦法做了出來。

從這些發明看，並不是有了銅鼎鐵鍋才有美味。類似例子還有許多，比如盛產竹子的南方，人們截一節竹筒，裝上生食，煨在炭火中，同樣能做出香美的饌品，古人稱之為「竹釜」。在柳條筐裡炒穀子則更有趣：將幾塊燒紅的炭塊放進盛穀子的筐內，然後不停地晃動筐子，穀子炒熟了，而筐子依舊完好無損。

值得一提的是，有一類石塊具有很好的保溫效能，在古時人們曾拿它做成獨特的烹飪器具。據唐代劉恂的《嶺表錄異》所載，嶺南康州悅城縣山中有「樵石穴」，當地人常常將這種樵石琢成燒食器，把它放火中燒熱，拿出來用物體襯墊穩妥，接著便可放入生魚肉及蔥韭等作料，很快便能使食物熟透，直到吃完，這樵石做的燒食器仍然很燙。很難知道這種樵石的使用歷史究竟有多久，或許其歷史可追溯到上古時代。

火給人帶來了美味，同時也帶來了一些煩惱，而且會造成毀滅性的災難。人們盼望著有這麼一個神靈，來掌管這可親而又可畏的火。傳說中古代部族的首領帝嚳手下有一位「火正」叫祝融，他的職責便是掌管火的政務，被後世奉為「火神」。西周王室尚有火正一職，易名為「司爟」，即司爟氏，主管火禁和取火。不過這時已不是老手段的鑽木取火了，而是以陽燧「取明火於日」，直接從太陽光中取火，故稱陽燧。陽燧以銅製作，形如銅鏡，可聚日光點燃艾燭等導燃物。

人類自從有了自己造出的火，就開始有比較穩定的火化熟食，因而大大加快了進化的速度，體質形態越來越接近於現代人。但這僅僅只是開始，人類的飲食生活雖然有了根本的改善，但食物來源仍有限，人們的創造力還在很低的水準，依然受到飢寒疫癘的威脅。周口店的發掘表明，北京人過著十分艱難的生活，平均壽命很短，很多人在幼年便夭折了。人類學家透過發掘到的 38 個北京人個體的研究，發現死亡於 14 歲

第一章 火食之道

以下的有 15 人，活到 15～30 歲的有 3 人，活到 40～50 歲的有 3 人，活到 60 歲的僅有 1 人，另有 16 人死亡年齡不明。

早期人類生活儘管艱難，但畢竟在一步步成長，尤其是人工火，它照耀著人類的進化之路。如果沒有火的創造與應用，我們現在或許還在猿人圈裡徘徊。

七、綠色革命

人類越是在艱難的時候，越是對自然有敏銳的洞察力，以找出擺脫困境的理想途徑。當男人們四處打獵之時，女人們也忙碌不停，紛紛到住地附近採集果實。春去秋來，花開花落，這樣年復一年無窮反覆的規律，起初使人迷惑不解，但思考和探索早已開始了。

大概是將吃剩的植物籽實扔在住地附近，於是植物發芽、開花、結實，人們觀察到一個完整的生長過程，收集到無意種出的果實。人類在這個基礎上又有意地進行了無數次實驗，也不知經過了多少代人的經驗累積，終於他們不再感到驚奇，他們成功了，農業時代到來了。這個過程被現代科學家稱為「綠色革命」，這個革命的主力軍無疑是婦女，婦女為人類創造了新的生機。

中國古代將農業的發明歸功於神農氏。《白虎通義》中說：「古之人，皆食禽獸肉。至於神農，人民眾多，禽獸不足。於是神農因天之時，分地之利，製耒耜，教民農作。」《新語・道基》中也說：「至於神農，以為行蟲走獸難以養民，乃求可食之物，嘗百草之實，察酸苦之味，教民食五穀。」就是說，在禽獸不足以維持人們的生活時，神農發明農具，教人們根據天時地利種植作物，使穀物成為人們主要的食物來源。神農當然也是傳說人物，又稱烈山氏、厲山氏，被後世奉為農神。

最初的農業種植不僅規模小，方法也很原始。後來經歷刀耕火種的階段，發展到鋤耕農業，人們懂得了土地開墾、休耕、施肥、灌溉等耕作技術，種植面積擴大了，栽培作物品種也逐漸增加了。生產用的工具也不斷改進，發明了磨光石器，提高了土地開墾效率。人類學家把原始種植業和磨光石器以及家畜飼養業，作為新石器時代到來的重要象徵，這三者之間有著不可分割的連繫。

西亞地區的新石器革命，完成了大麥、小麥的栽培和山羊、綿羊、豬、牛的馴化，有大約 1 萬年的歷史。美洲中南部在距今約七、八千年前開始種植櫛瓜，此後又栽培成功南瓜、菜豆和玉米。這些發現基本都處於「前陶」新石器時期。中國還沒有找到這個時代的遺跡和遺物，農業種植遺存都屬於陶器出現的時代。

遠古時代農耕技術的發明，許多學者都認為原始農業的出現，是人類認識世界、改造自然的巨大成功，或者稱作是人類社會的第一個轉捩點。地球上的最後一次冰期結束之後，氣候隨之逐漸變暖，在變化了的環境中人類也慢慢改變著生產和生活方式，世界各地在流浪中的採集與狩獵者群體，都掌握了各種農業技術。

原始的農耕墾殖方式出現在 1 萬年前，經過了由火耕到鋤耕的過程。中國鋤耕農業的出現，應當不會晚於 1 萬年前。這時的農耕已有了較大的規模，人們已培育出了較好的栽培作物品種，收穫量能滿足人們的生活需求，並有了一定數量的糧食儲備。據統計，全球糧食、經濟、蔬菜、果樹等作物共有 666 種之多，起源於中國的有 136 種，也有說有 170 多種。考古學發現的證據表明，中國新石器時代的糧食作物有粟、黍、稻、麥、薏薏和芝麻，另外還有 20 多種植物遺存，如油菜、葫蘆、甜瓜、大豆等，有的可能也屬於栽培作物。集中體現中國「綠色革命」的

第一章　火食之道

成果,是小米、稻米兩大穀物的栽培成功。由於地理環境的差異,中國原始農業耕作形成了南北兩個不同的類型。

長江中下游及南方地區,氣候溫暖溼潤,雨量充沛,古今農作物均以水稻為主。考古學家發掘到大量的史前稻作遺存,時代最早的發現是在長江中游地區。湖南道縣玉蟾巖遺址,距今1萬年以上,那裡發現了目前所知時代最早的稻作遺存。江西省萬年縣仙人洞遺址也發現了稻作遺存,年代與玉蟾巖遺存相當。稍晚的湖南地區的彭頭山文化遺址,也發現了栽培稻的證據,距今有9,000年以上的歷史。經過了不太長的一段時期的發展,也就是距今七、八千年前的時代,長江流域的水稻栽培已相當普遍,而且已馴化培育成功了粳稻、秈稻。在一些新石器文化遺址,發現了大量的炭化稻殼堆積,有的陶器內還可見到殘留的稻米鍋巴,有的陶胎內還見到摻入的稻殼炭粒。發現稻作遺存的最南端的新石器遺址,是廣東曲江石峽遺址,年代晚了許多。

雖然長江和華南的新石器時代居民以水稻為主要栽培作物,但近年的一些考古發現卻明白無誤地證實,史前黃河流域也曾有過一定面積的水稻栽培,這似乎也表明當時的黃河流域可能比起今天要溼潤溫暖一些。仰韶文化居民也有栽培水稻的歷史,在陝西華縣(今渭南市華州區)泉護村發現過類似稻穀的痕跡,河南鄭州大河村遺址發現過稻殼痕跡。在龍山時代的豫、陝、魯地區,都有零星的稻作遺存發現,當時的栽培規模可能不及長江流域。

在氣候乾燥的黃河流域,史前人們最早栽培成功的穀物是小米,即粟。黃河流域原始農業文化的出現,也可追溯到1萬年以前,與長江流域幾乎在同一時期。黃土高原土壤均勻鬆散,富含肥力,有利於耐旱作物的生長。黃河中游的地理環境,與世界上農業發生最早的西亞地區的

扇形地帶相近，具備產生早期農業文化的適宜條件。在黃河流域的一些早期新石器遺址裡，考古發掘到了明確的旱作穀物粟的證跡，它們是世界上最古老的栽培粟，表明黃河流域是粟（即小米）的原產地。粟生長期較短，耐乾旱，生長前期要求溫度漸高，光照加長，後期要求溫度漸低，光照縮短，非常適宜在黃河流域栽培。

數十處新石器時代遺址發現了粟和黍的遺存，它們主要分布在黃河流域。小米遺存在一些最早的新石器時代遺址都有發現，在稍晚的仰韶文化、龍山文化遺址中均有出土。它們或被裝入陶罐，作為隨葬品埋入墓中，或作為儲備埋藏在地窖內，其最早年代約為距今 1 萬年，是世界上發現的最古老的小米實物。

在其他幾個重要的栽培作物起源地，如西亞兩河流域、南亞印度河和恆河流域，都沒有見到粟類遺存。歐洲大約在距今 5,000 年前後才開始種植粟。1987 年在河北徐水南莊頭發現一處距今約 1 萬年的新石器時代早期遺址，出土了植物種子，表明華北平原已開始栽培某些食用植物，農業已經誕生。

年代較早的還有河北武安磁山遺址的發現，在許多窖穴內都發現了粟和黍的堆積。原始農耕技術出現以後，經過 3,000 多年的發展，到仰韶文化時期已經比較成熟。當時的農作物主要品種是粟。在西安半坡遺址數座房址中的陶器內，都發現過炭化的粟。

最近的研究顯示，在早期更多種植的是黍，黍又稱為糜子，脫粒後為黃米。它的生長期較短，喜溫暖，耐乾旱，耐鹽鹼，耕作技術要求不高。史前黍的遺存已發現了十幾處，多分布在北方地區。塞北地區興隆窪文化的幾處遺址有年代較早的發現，表明其有超過 8,000 年的歷史。黍的栽培年代可能與粟一樣古老，只是後來種植範圍沒有那麼廣泛。

第一章　火食之道

陝西西安半坡遺址出土的炭化粟米

農耕作為新型的食物生產方式，在地球上出現了數千年之後，除了很少一部分仍然以漁獵經濟為生的人群以外，絕大多數的獵人都變成了牧人和農人，農耕文化在一些中心地區開始後，很快就傳遍了全球。

穀物生產從根本上改變了人類的飲食生活，這種比較穩定的食物來源，造成了人類長久的定居，農人的聚落出現，在環境條件較好的地方，人口密度明顯增加，這就必然帶來建立在農耕基礎上的人類文明。有了糧食儲備的人類，不僅解決了飢餓問題，更有可能將過去幾乎全部耗費在尋覓獵物上的能量，投入到許多新的工作中，於是紡織、快輪製陶、冶金術出現了，文明也出現了。

小麥的出現，讓稻米、小米不再獨霸一方。小麥是現代農業最重要的糧食作物之一，小麥栽培面積和總產量均居世界糧食作物第一位，全球有 1/3 以上人口以小麥為主要食糧，在現代中國，小麥的重要性僅次於水稻。

在旋轉石磨出現之前，小麥也有可能開始使用低等技術粉碎，最有可能的是碾法。早期的碾是小盤平碾，不是大盤輪碾，小盤平碾難以為麵食的普及做出太大的貢獻。

七、綠色革命

任何外來物種傳入中國後，都要經歷曲折的本土化過程。這種中國化或稱漢化的過程，最終得到的是漢式食物，麵條、餃子和饅頭都是小麥漢化食用成功的範例。

秦漢以前，古籍上稱大豆為菽，菽和粟在周代是北方人的主糧，但考古發掘的早期大豆遺存，卻是在南方的河姆渡遺址出土的。

古代常有「五穀」、「六穀」之說，包含的內容不太一致，一般指的是稷（小米）、黍、麥、菽、麻、稻，除麥和麻以外，其餘作物都有7,000年以上的栽培史。蔬菜作物北方出土了油菜籽，南方則有葫蘆籽和完整的葫蘆，它們與上述稷、黍、菽、稻具有同樣悠久的歷史。

華北粟類旱地農業，華南稻類水田農業，這個格局自古就影響到南北飲食傳統的形成。主食的大不相同，不僅帶來了文化上的差異，甚至對人的體質發育也產生了深遠影響。有一種觀點就認為，以稻米為主食的部族有旺盛的繁殖力，有性早熟的特點，因為水稻中構成米蛋白質的氨基酸成分，較其他糧食有很大的不同。

內蒙古敖漢旗興隆溝遺址出土的黍粒　　湖南澧縣八十壋遺址出土的稻穀

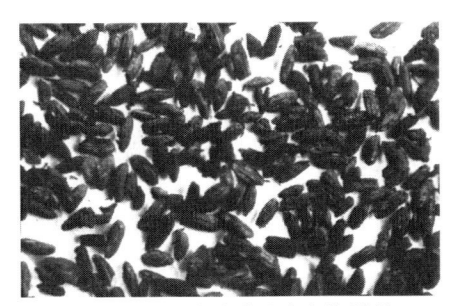

從烹飪方式而言，也因為食物類別不同而顯示出一些南北差異，這一點到後來愈加明顯，尤其是麵食在北方普及之後。起初不論是稻米，還是小米乃至小麥，基本都是以粒食為主，差別不太明顯。

第一章　火食之道

　　漁獵和採集儘管是人類維持繁衍生息的重要方式，但它們只反映出一種動物攫取食物的本能，沒有反映出人所具有的高超智慧。一些動物也會製造食物，如蜜蜂釀蜜，知道儲備食物，如老鼠儲糧，但這都只是本能的活動，不能與人相提並論。人在掌握造火技術以後，又實現了家畜馴養和作物栽培，這些已不是動物的本能，而是偉大的創造。人類透過勞動不僅創造了自己，而且創造了一個不斷更新的世界。

　　不論是漁獵得到的動物，還是採集得到的果品，數量有時是十分有限的，而且還有季節限制，這些食物又不便長期儲備，人類的生活沒有保障。人口不斷增加，人們不得不尋找新的出路。

　　為獲取更多的肉食，人們首先考慮的是提高漁獵技術，弓箭和漁網應運而生。傳說伏羲氏首創結繩為網，當然他與燧人氏一樣，也是一個神話人物，代表著史前社會發展的又一階段。

　　人們在獵取野獸時，間或會捕捉到一些受傷而尚未喪命的小動物，他們很自然地會先食用那些已死的獵物，活著的動物則暫時存放幾日，偶爾可能還會給牠餵點草料。在其他食物比較充裕時，人們也許並不急於殺死這些動物而使牠們的生命延續更久。動物畜養就這樣不知不覺地產生了，野生動物經過長期馴化繁育，逐漸演化為家畜。

　　家畜中的狗起源很早，它是由狼馴化的，開始是獵人們為提高狩獵效率而培養的得力幫手。狗易於馴養，嗅覺靈敏，行動快速，能幫助獵人尋找和追捕野獸甚至保護獵人。中國大多數新石器時代遺址都有狗的遺骸出土，最早的距今有七、八千年。

　　不過，人們飼養最普遍的家畜還是豬，其年代與狗基本同時。很多地區的新石器時代居民都有用豬隨葬的習俗，其中甘肅永靖縣秦魏家遺址的一座墓中出土了68塊豬下顎骨，可以想見當時豬的圈養數量已相當

可觀，由此也可以窺出人們食豬肉的傳統有多麼久遠的歷史。

由於氣候等自然地理條件的不同，中國南北方的家畜品種有一定差異。豬和狗南北都有，而且都是以豬為主，人們還製作過一些豬與狗的雕塑藝術品。其區別在北方有雞，而南方則有水牛，也都有 6,000 年以上的歷史。過去一直認為中國家雞引自印度，這並不符合事實。稍晚一些，北方又成功馴化馬、貓、山羊和綿羊，屬西元前 3,000 年前後的龍山文化時期。南方是否還有更多的家畜，目前還沒有找到更多的確切證據。

中國傳統飼養的主要家畜，歷來稱為「六畜」，即馬、牛、羊、雞、犬、豕，這些在新石器時代都已馴化成功，飼養也比較普遍。到了殷商時代，豬、馬和水牛等都有了相當好的品種。家畜馴養成功，不僅為人們提供了新的肉食來源，而且提供了前所未有的役力，反過來又推動了生產力的進一步發展，人類掌握了對自然力新的支配權。

八、陶烹滋味

當種植業成為一種主要的食物獲得手段，人們的飲食結構就發生了根本性的變化。穀物已成為主要的食物，不過如何食用，卻成了一大難題。穀物不宜生食，起初大概是將穀粒放在石板上熱烤，或放在竹筒中烹熟，類似方法說不清延續了多少個世紀。

人類也在尋求烹飪穀物的新方法，陶器成為最早的也是最合適的烹飪器具之一，陶器的發明也因此開啟了人類歷史的一個全新時代。

陶器發明的機制，我們已經不能確知，但相關的一些推論為我們開啟了一扇解釋的大門。人們設想，天上降下一陣大雨，地上變得一片泥

第一章　火食之道

濘，雨過天晴，溼軟的黏土被烈日晒得十分堅硬。要是再遇到雨天，硬泥立即又變軟。這種司空見慣的事，也許不會引起人們的興趣。但是在另外一些場合就不同了，比如在溼地上或硬土面上燃起篝火，火堆下的泥土燒乾烤紅了，那兒可能再也不會因雨而變得泥濘；落到火堆中的黏泥塊燒結了，再也不變形了；或者泥築的居所偶一不慎失火，地面與牆壁被燒烤得更加堅硬⋯⋯這些現象的反覆出現，會觸發人們的好奇心。

細心觀察的人們發現自己使用的容器都經不住火的考驗，如葫蘆、竹筒以及簡陋的籃子，它們一入火中，便會化為灰燼，而泥土卻不怕烈火，遇火反而更堅實。於是人們便在這些易燃的容器外抹上一層黏泥，再放到火裡一試，果然不怕火燒。烤灼時間一長，裡面的容器還是冒出了青煙，最終化為灰燼。當人們還沒來得及灰心喪氣的時候，便驚奇地發現，原來裡面的容器雖已無存，而外面的泥土層卻沒壞，反而變成了新的容器，陶器大概就這樣在偶然間發明出來了。

接著，人們就發現，製作陶器並不一定非用易燃容器作胎，可直接用陶土塑形，這就免去了一道工序。後來製陶工藝越來越完善，尤其是發明陶窯焙燒技術以後，陶器火候更高，更加結實耐用，品種也不斷增加。

當然，這只是關於陶器起源的一些推測，事實上大概並不是這麼輕而易舉就完成的。但陶器終究是發明出來了，人類又完成了一項科技革命。

人們可以將陶器直接放在火中炊煮，這為人類社會從半熟食時代進入完全的熟食時代奠定了基礎。陶器顯然是為適應新的飲食生活而創造的，當種植業產生以後，人類有了比較穩定的食物來源，不再像過去那樣頻繁遷徙，開始了定居生活，陶器正是在這個時候來到人們的世界裡

八、陶烹滋味

的。製炊具的陶土中摻有砂粒、穀殼、蚌殼末等，具有耐火、不易燒裂和傳熱快等優點，這些經驗在現代也仍是一條不可違反的定規。

不要小看了最初面世的這些粗糙的陶器，雖然人們最開始連給它裝飾花紋的想法都沒有，可是如果沒有它們，後世就不會造成精美的青銅器和高雅的瓷器，這是人類依靠科技而取得進步的一個偉大開端。

人類走出山林，開始定居生活，一座座簡陋的房屋聚合成村落，人們按一定的社會和家族規範生活其間。這些矮小的住所既是臥室兼餐廳，同時又是廚房，沒有更多的設備，幾乎無一例外都有一座灶坑，再就是不多的幾件陶器。生活在距今六七千年前的關中地區仰韶文化居民，居住的是半地穴式房屋，上面是木結構的草屋頂。居室中間多半是一個平面像葫蘆瓢形的火塘，火塘旁邊還埋有一個陶罐，那是專門儲備火種的。烹飪用的陶罐可以直接煨在火塘內，也可以用石塊支起來。

古老的陶釜（湖南玉蟾巖遺址出土）

到了龍山文化時期，人們普遍住上了抹得平整光滑的白灰面房子，居室中心仍固定為火灶之所。在寒冷的冬季，當太陽匆匆落下山後，一家人就圍著火灶吃飯、睡覺。進食時極有規矩，長輩將食物按份分給每個家庭成員，大家隨意圍坐在一起吃。常常也沒有固定的早晚餐，誰餓了隨時都可以找東西吃。不過食物分配已有較強的計畫性，預先要將過冬穀物儲備在倉庫裡——北方多用地窖，全家靠此過冬，一直捱到下一個收穫季節的到來。

第一章　火食之道

最早的夾砂炊器都可以稱為釜，古人說它是黃帝始造。黃帝被我們尊為人文始祖，傳說他先為軒轅氏部落首領，定居西北高原，後來東進，在阪泉（今河北涿鹿東南）一帶打敗炎帝，又擊敗九黎族，擒殺蚩尤，被推為炎黃部落聯盟首領。又傳說宮室、舟車、蠶絲、醫藥、棺椁、文字、曆法、算術、音律等，都是黃帝時代所發明。人們將「始造釜甑」，以至於成就「火食之道」的功勳，都歸於黃帝，這是可以理解的，是為了附會他「成命百物」的說法。只是古人把黃帝生存的年代定得太晚了，包括三皇中的燧人氏、伏羲氏與神農氏，都定得太晚了。燧人氏和伏羲氏應歸屬於舊石器時代，而神農和黃帝應生活在新石器時代初期，他們基本代表了幾個不同的飲食文明。

炊器中陶釜的發明具有重要意義，後來的釜不論在造型和質料上發生過多少變化，它們煮食的原理都沒有改變。更重要的是，許多其他類型的炊器幾乎都是在釜的基礎上發展改進而成的。例如甑便是如此。甑的發明，使得人們的飲食生活又發生了重大變化。釜熟是指直接利用火的熱能，謂之煮；而甑烹則是指利用火燒水產生的蒸汽能，謂之蒸。有了甑蒸作為烹飪手段後，人們至少可以獲得超出煮食一倍的饌品。

中國陶器的出現，大體有上萬年的歷史。在經過約 2,000 年的發展以後，陶器製作達到很高水準，精美的彩陶出現了。彩陶不宜作炊器，可以作水器和食器等。大約在距今 7,000～5,000 年，可稱之為彩陶時代，以黃河中游地區仰韶文化的彩陶為代表。黃河下游和長江中游地區的大汶口文化、大溪文化和屈家嶺文化，也有十分精美的彩陶。論數量之多、繪製之精的彩陶，那要數甘青地區的發現，那裡的馬家窯文化彩陶很早便已聞名於世。

富於中國特色的甑，在陶器出現之初似乎還沒有被發明。在中原地

區，陶甑在仰韶文化之前已開始見到，但數量不多，器形也不太規範。到了龍山文化時期，甑的使用已十分普遍了，黃河中游地區的每個遺址幾乎都能見到陶甑。不過在黃河上游和下游地區，即便到龍山時代，所能找到的用甑的遺跡也不是太多。

在水稻產區長江流域，甑的出現應當更早。長江中游地區的大溪文化已有甑，屈家嶺文化中更為流行。長江下游地區的三角洲，馬家浜文化和崧澤文化區居民都用甑蒸食，跨湖橋文化區發現了最早的陶甑，年代為西元前 6,000 年上下。從目前的發現看，甑出土的地點多集中在黃河中游和長江中下游地區，表明中部地區飯食中粥食的比重要超過其他地區。

浙江杭州跨湖橋遺址出土的陶甑

蒸法是東方區別於西方飲食文化的一種重要烹飪方法，這種傳統已有近 8,000 年的歷史。直到現在，西方人也極少使用蒸法，像法國這樣在烹調術上享有盛譽的國家，據說廚師們連「蒸」的概念都沒有。西方人創造了蒸汽機，人們由此進入蒸汽時代，但東方利用蒸汽能的歷史卻不是西方所能比擬的。

陶甑的外形與一般陶器並無多大區別，在器底刺上一些孔洞，做成箅，以便蒸汽自下上達。使用時將甑套裝在釜口上，下煮上蒸。崧澤文化

第一章　火食之道

區中居民的甑略有所不同，通常做成沒有底的筒形，然後用竹木編成箅子，嵌在甑底使用。蒸食時，將甑套在三足的鼎上，他們不大時興用釜，這樣便形成一種複合炊器，考古學家們稱之為甗。從龍山文化時代開始，甗的下部由實足的鼎改為空足的鬲，到商周時成為重要的青銅禮器之一。

炊具經歷了禮器化的過程，有的還被賦予了政治概念。如鼎，在商周時曾被作為王權的象徵，是最重要的青銅禮器，而黃河中下游地區7,000年前原始的陶鼎便已廣為流行，幾個最早的文化集團都用鼎作為飲食器，鼎的製法和造型都有驚人的相似之處，都是在容器下附有三足。陶鼎大一些的可作炊具，小一些的可作食具。大約經歷了不到1,000年的時間，也就是到了仰韶文化前期，關中地區用鼎的傳統突然中斷了，生存近2,000年之久的半坡人部落，沒有用過哪怕是一件標準的陶鼎，這成了史前文化史上的一個懸案。不過在黃河下游地區，這個用鼎的傳統並未中斷，繼北辛文化發展起來的大汶口文化和山東龍山文化，人們依然流行用鼎作飲食器。

鼎在長江流域較早見於下游的馬家浜文化，河姆渡文化只是晚期才有鼎。中游的大溪文化時期也只是晚期有鼎，而屈家嶺文化時期則盛行用鼎。河姆渡和大溪文化時期雖不多見鼎，卻發現許多像鼎足一樣的陶支座，可將陶釜支立起來，與鼎同功。

與鼎大約同時使用的炊具還有陶爐，南北均有發現，以北方仰韶文化時期和龍山文化時期所見為多。仰韶文化時期的陶爐小而且矮，龍山文化時期的為高筒形，陶釜直接支在爐口上，類似陶爐在商代還在使用。南方河姆渡文化時期的陶爐為舟形，沒有明確的火門和煙孔，為敞口形式。商周秦漢時風行的火鍋，就是在這些陶爐的基礎上不斷改進完善的結果。

新石器時代晚期,中原及鄰近地區居民還廣泛使用陶鬲和陶甗作為炊煮器。這兩種器物都有肥大的袋狀三足,受熱面積比鼎大得多,是兩種更高水準的炊具,它們的使用貫穿整個銅器時代,並普及邊遠地區。此外,還出現了一些藝術色彩濃郁的實用器皿,有的外形塑成動物的樣子,表現了飲食生活豐富多彩的一面。

河姆渡遺址出土的陶爐灶

還有一種作為食具的「豆」,樣子像現代的高腳杯,上面為盤形,足部為麥克風形,它在後來成為重要的禮器。豆以南方河姆渡文化和馬家浜文化中的發現最早,其次是大汶口文化,它們都分布在東部沿海一帶,這一點很值得注意。在長江和黃河的中游地區,標準的豆最早見於大溪文化晚期和大河村類型文化晚期。從龍山文化時代開始,豆在中原才得以普及,這比起東部地區可能晚了將近 2,000 年。關中地區的半坡人既不用鼎,也不用豆,後來的鼎與豆均由東部地區傳入。

由這些烹飪飲食器具的種類和分布地域,不難看出各地飲食方式的差別,也不難看出各地的發展與相互交流情況。

第一章　火食之道

第二章　禮食中的神食與人食

　　與人同行的動物，被人選擇性神化，造出了自己虔誠崇拜的神靈。《詩經》上說「神嗜飲食」，所以人們在烹調食物時，一點也不敢怠慢了神，崇拜的方式就是獻祭，用自己最喜愛的飲食去獻祭。

　　向神獻祭，將人所喜愛的飲食獻祭，逐漸形成了一些規範性禮儀，將人食與神食緊密聯結起來。《禮記》中說「夫禮之初，始諸飲食」，與神以禮食，人亦享禮食，禮儀性社會建立的基礎，就是在這一飲一食之間。

第二章　禮食中的神食與人食

一、調和鼎鼐

歷史上無數的名將賢相，都要透過建功立業去得到帝王的賞識，而以擅長烹飪而進入朝廷的人，委實不算多，殷商開國之相伊尹，可以算是其中偉大的一位。

據《呂氏春秋·本味》等文獻記述，伊尹名摯，生活在約西元前16世紀的夏末商初，輔佐商湯。伊尹的身世極不平常，歷史上賦予他傳奇色彩，附會了一些神乎其神的情節，以至後人對是否有這個人還提出過懷疑。傳說，伊尹本是一個棄嬰，有侁氏的一個女子在採桑時，在桑林中發現了他。女子將此嬰兒獻給了國君，國君便將撫養之責交給了庖人，還派人去調查嬰兒的來歷。

嬰兒之母本居伊水上游，懷孕後夢見神告訴她說：「如果你看見舂米的石臼中冒出水來，就頭也不回地往東方跑。」次日她便見到石臼冒水的怪事，她把這事告知鄰居，然後一口氣向東跑了十里地。等到回頭看時，家鄉已是一片汪洋，不久，她在桑林中生下伊尹後不幸死去。

伊尹在庖人的教導下長大成人，成了遠近聞名的能人。商湯聽聞伊尹的聲名，三次派人向有侁氏求賢，儘管有侁氏國君始終不同意，伊尹本人卻深受感動，極想投奔商湯。商湯想出了一個妙法，他向有侁氏國君求親，這使得這個小邦之君十分高興，真是求之不得的美事，不僅心甘情願地把女兒嫁給了商湯，而且還答應讓伊尹做陪嫁之臣。

商湯未曾想到，竟如此容易便得到了伊尹，於是鄭重其事地為伊尹在宗廟裡舉行了除災去邪的儀式，在桔槔上點起火炬，在伊尹身上塗上豬血。第二天，商湯正式召見伊尹。伊尹就從飲食滋味說起，以此引起商湯的興趣。伊尹談道，凡當政的人，要像廚師調味一樣，懂得如何調

好酸、甘、苦、辛、鹹五味。首先得弄清各人不同的口味,才能滿足他們的嗜好。作為一個國君,自然須得體察平民的疾苦,洞悉百姓的心願,才能滿足他們的要求。

伊尹還指出,商王朝不過是個方圓七十里的小國,不可能擁有各種美味,只有當天子的,才有可能得到各種佳餚。屈原在《九章·惜往日》中說「伊尹烹於庖廚」,伊尹實在是太了解烹調之術了,他說的那一整套烹調理論,使商湯十分佩服。他說,動物按其氣味可分作三類,生活在水裡的味腥,食肉的味臊,吃草的味羶。儘管氣味都不美,卻都可以做成美味佳餚,但要按不同的烹法才行。

伊尹畫像

伊尹說決定滋味的根本,第一位的是水,要靠酸、甘、苦、辛、鹹五味和水、木、火三材來烹調。鼎中多次沸騰,多次變化,都要靠火來調節,或文火,或武火,便可消滅腥味,去掉臊味,改變羶味,轉臭為香。五味的投放次序和用量、配料的組合都十分微妙,烹調時的精微變化,都不大容易用語言表述清楚。只有掌握了嫻熟的技巧,才能使菜餚做到久而不敗,熟而不爛,甘而不過,酸而不烈,鹹而不澀苦,辛而不刺激,淡而不寡味,肥而不膩口。

究竟哪些算是美味呢?伊尹從肉、魚、果、蔬、調味料、穀食、水等幾方面列舉出了數十種,但這些美味幾乎沒有一種產自商王朝所在的亳地,所以伊尹強調說:不先得天下而為天子,就不可能享有這些美味。這些美味好比仁義之道,國君首先要知道仁義,即天下的大道,有仁義便可

第二章　禮食中的神食與人食

順天命而成為天子。天子行仁義之道以化天下，太平盛世自然就會出現。

伊尹的這一通鴻篇大論，不僅說得商湯垂涎欲滴，而且使這位未來的開國之君的思想發生了重大改變。商起初為夏的屬國，商湯按成規要朝見夏桀，向夏納貢。夏桀的殘暴，徹底破滅了商湯原準備輔佐他的幻想。自從聽了伊尹的高論，他更堅定了攻伐夏桀、推翻夏王朝的決心，當即舉伊尹為相，立為三公。後來，商湯終於在伊尹的輔佐下，推翻了夏桀的殘暴統治，奠定了商王朝的根基。商湯之有天下，伊尹厥功至偉。

當然，商湯之伐夏，絕不單是為口腹之慾。伊尹之說味，亦絕非「以割烹要湯」。商湯的成功，完全是「順乎天而應乎人」，是歷史發展的必然。

伊尹的說辭中不僅列舉了四面八方的飲食特產，更提出了「三材五味」論，道出了中國文明早期階段烹飪所達到的發展高度，表明夏商之際的飲食生活區域性局限已經打破，南北的交流已經成為事實。天子與諸侯醉心於搜求遠方的美味佳餚。不過即使位居天子，也未必能得到伊尹所說的全部美味。事實上，伊尹所列舉的那些品類並非全都實有其物，有的純屬傳聞，甚至就是神話。

到了後來，調和鼎鼐成了宰臣管理國家的代名詞，這正與伊尹的出身相關。如果將當宰相說成跟當廚師一樣，說不定宰相們會不高興哩。

二、九鼎八簋

等級制度，幾乎在以往社會的各個階段都曾毫不含糊地實行過，然而要論登峰造極，則莫過於西周時代。表現等級差別的象徵可以是多方面的，大到權力、宮室，小到冠服、器用，無所不包。越是在上流社會，等級制表現得越是森嚴，絲毫不容踰越。在飲食上的等級制，不僅

包括吃什麼，如何吃，還包括吃的方式和用具等，都有嚴格的區分。

西周建國伊始，統治者吸取商王朝傾覆的教訓，嚴禁飲酒。《尚書‧酒誥》記載了周公對酒禍的具體闡述，他說戒酒既是文王的教導，也是上天的旨意。上天造了酒，並不是給人享受的，而是為了祭祀。周公還指出，商代從成湯到帝乙二十多代帝王，都勤於政務而不敢縱酒，而紂王卻不是這樣，整天狂飲不止，盡情作樂，致使臣民怨恨，「天降喪於殷」，使老天也有了滅商的意思。周公因此制定了嚴厲的禁酒措施，規定周人不得「群飲」、「崇飲」（縱酒），違者處死，對貴族階層，也強制禁酒。

禁酒的結果，酒器派不上用場了，所以考古發現西周時的酒器遠不如商代那麼多，即便在一些大型墓葬中，也找不到一件酒器，而食器的隨葬卻有逐漸增加的趨勢。在貴族墓葬中，一般都隨葬有食器鼎和簋，鼎多為奇數，而簋則是偶數，鬲則隨而增減。在考古發掘中，常常發現用成組的鼎隨葬，這些鼎的形狀、紋飾以至銘文都基本相同，有時僅有大小的不同，容量依次遞減。這就是「列鼎而食」的列鼎。

列鼎數目的多少，是周代貴族等級的象徵。用鼎有著一套嚴格的制度，據《儀禮》和《禮記》的記載，大致可分別為一鼎、三鼎、五鼎、七鼎、九鼎五等。

一鼎：盛豚，即小豬，規定「士」一級使用。士居卿大夫之下，屬貴族階層最下一等。

三鼎：或盛豚、魚、臘，或盛豕、魚、臘，有時又盛羊、豕、魚，稱為「少牢」，為士一級在特定場合下使用。

五鼎：盛羊、豕、魚、臘、膚（切細的肉），也稱為「少牢」，一般為下大夫所用，有時上大夫和士也能使用。周代王室及諸侯國官吏爵位大

第二章　禮食中的神食與人食

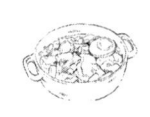

致分卿、大夫二等，其中卿又分上中下三級，大夫亦如是。

七鼎：盛牛、羊、豕、魚、臘、胃腸、膚，稱為「大牢」，為卿大夫所用。所謂大牢，主要指包括牛，再加上羊和豕，而少牢主要指羊和豕。

九鼎：盛牛、羊、豕、魚、臘、胃腸、膚、鮮魚、鮮臘，亦稱為大牢。《周禮‧膳夫》說「王日一舉，鼎十有二」，注家以為十二鼎實為九鼎，其餘為三個陪鼎。九鼎為天子所用。東周時國君宴請卿大夫，有時也用九鼎。

簋盛飯食，用簋的多少，一般與列鼎相配合，如五鼎配四簋，七鼎配六簋，九鼎配八簋。九鼎八簋，即為天子之食，算是最高的規格。

這種飲食上的等級制度被原封不動地移植到殯葬制度中。考古發現過屬國君的九鼎墓，也有不少其他等級的七鼎、五鼎、三鼎和一鼎墓，沒有鼎的小墓一般都見到陶鬲，這是平民通常所用的炊器。能隨葬五鼎以上的死者，不僅有數重棺槨，還有車馬殉人，各方面都顯示出其等級的高貴，他們屬於高級貴族。

鼎不僅被看作是地位的象徵，而且也是王權的象徵。陶鼎的製作與使用儘管可以上溯到 7,000 多年以前，然而作為家國重器的三足兩耳銅鼎在商代才開始流行。原先僅僅作為烹飪食物之用的鼎，在商代貴族禮樂制度下成為第一等重要的禮器，又稱作彝器，即所謂「常寶之器」。鼎不再是一種單純的炊器和食器，它成了貴族們的專用品，被賦予了神聖的色彩，演化為

商代晚期的後母辛方鼎

統治權力的象徵。一般平民既不允許使用銅鼎,也不允許使用陶鼎。

　　天子用九鼎為制,據說起於夏代。夏代用九州貢金鑄成九鼎,象徵天下九州,即指禹平洪水後分天下而定的冀、兗、青、徐、揚、荊、豫、梁、雍九州。後來「夏桀亂德,鼎遷於殷」,「商紂暴虐,鼎遷於周」。可見三代的更替,是以奪到九鼎作為象徵。到了後來,春秋五霸之一的楚莊王,聽從蘇從等大臣的規勸,不再沉湎酒樂,奮發起來,「一鳴驚人」,與晉國在中原爭霸。他陳兵東周邊境,炫耀武力,頗有取周而代之的意思,於是向周王室的大臣問九鼎的「大小輕重」。後世將「問鼎」比喻為圖謀王位,正緣於此。值得回味的是,這九鼎儘管如此神聖,到了戰國時竟被弄得下落不明,成了一個歷史公案。

與鼎相配的簋,形似碗而大,有蓋和雙耳。西周的銅簋下面帶有一個中空的方座或三足,有人考證說那是用於燃炭火溫食的,不知當否。簋通常用於盛飯食,九鼎所配的八簋究竟盛哪幾種飯食,後人不會太清楚。據《禮記·內則》所列,飯食在周代確有八種,分別是黍、稷、稻、粱、白黍、黃粱、稰(成熟而收穫的穀物)、穛(未完全成熟的穀物),或許它們即為八簋所盛。

西周青銅器:大克鼎

　　青銅時代的炊煮器主要有鼎、甗、鬲三種,都是新石器時代就有的器型。其中鼎又是重要的盛食器,有方形和圓形兩種。殷墟婦好墓還出土過一件汽鍋,中間有一透底的汽柱,柱頂鑄成鏤空的花瓣形,十分雅緻。汽鍋到漢代多改用陶製,汽柱有的很粗,鍋上另加有蓋。這類汽鍋可能在商代前就發明了,它本身代表著一種高水準的烹飪技巧,說明人

第二章　禮食中的神食與人食

們對蒸汽能早就有了深入的了解。採用這種原理的汽鍋一直沿用至今，仍是一種很好用的蒸具。商代的盛食器有圓形的簋和高柄的豆，水器則有盤、缶和罐等。酒器有飲酒的爵、觚，盛酒的觥、尊、方彝、壺等。庶民階層所用的器皿大多為陶製，但造型卻與青銅器相似，他們死後，照例少不了在墓中隨葬一兩件陶爵陶觚等酒器，以表明他們飲酒的嗜好。

西周早期的青銅飲食器具，基本都是商代同類器的沿襲，造型上沒有多大改變，用途也基本相同。西周中晚期，不論器物的種類還是造型，都出現了一些明顯的變化，尤其是隨著編鐘的出現，最終確立了貴族們鐘鳴鼎食的格局。西周時期出現的編鐘，不論從造型還是數量上，都遠遠不能與東周相比，西周天子所用的編鐘，至多相當於東周時一個卿大夫的規格，不足為奇。

陝西寶雞出土的西周銅簋

西周時貴族階層中還十分流行一種青銅溫鼎，這既可看作炊具，亦是一種食器。這種鼎容積不大，高度一般不過20公分，鼎下面還有一個盛火炭的銅盤。還有一種習慣上被稱為方鬲的銅器，下面也有一個容炭的爐膛，與溫鼎用途相同。這種鼎和鬲主要用於食羹，羹宜熱食。它只供一個人使用，所以體積不用太大，與現代小火鍋頗有相似之處。

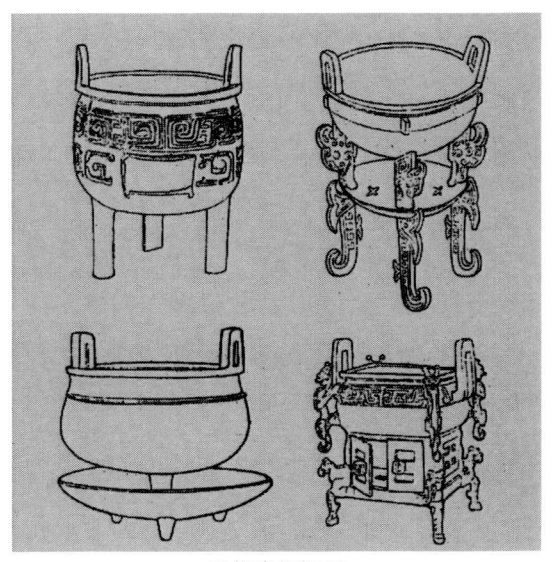

周代青銅溫鼎

貴族們在古代被稱為「肉食者」，這是因為他們飲食中多肉。東周時烹飪技術有較大發展，肉食製品種類增多，進食方式也有了改進，餐叉的運用，正是這些變化的一個結果。我們知道西方使用餐叉的歷史充其量不過 1,000 年，這比起中國的戰國時代要晚 1,000 多年，比起齊家文化的三齒餐叉則晚 3,000 多年。

三、人食與神食

一般認為，商周的青銅禮器是為通神靈，亦即通天地之用的。人神之間意向的交流，除了這些裝飾精美的銅器，再就是器中所盛的犧牲之物。在商代統治者心目中，國家的大事，只有祭祀和戰爭兩件，祭祀成了當時飲食生活中絕不可缺的程序。殷人敬奉鬼神到了瘋狂的程度，有時為安撫一個貴族的亡靈，甚至要殺死數百人去隨葬。從甲骨卜辭中可以找到這樣的證據，統治者在行祭禮之前，甚至將千牛千人一起關在牢

第二章　禮食中的神食與人食

欄裡，以備挑選作犧牲之用。在如此殘民禮神的貴族集團中，就用這纍纍白骨築造著一個虛空的神佑王國。

祭祀，為的是祈求神靈護佑。從《詩經‧小雅‧楚茨》中「神嗜飲食，使君壽考」的話中，我們可以看到貴族們祭祀時的心態。你看，神是極喜美食的，你恭敬地送祂好吃的，祂便會賜你多福長壽。郭寶鈞在《中國青銅器時代》一書中說，「祭祀原是人們向鬼神行賄的一種手段」，這話可謂妙極。獻給神的祭品，也就是所用的牲物，最終並沒為神所享用，在相當多的場合下，卻毫無例外地由人來代勞了。人們吃了這些祭品，還要說是神賜予的福氣。

屈原是中國歷史上偉大的悲劇式詩人，他創作了偉大的抒情詩篇。〈離騷〉、〈天問〉、〈九歌〉、〈九章〉、〈遠遊〉等為《楚辭》的精華所在，而〈招魂〉一章則是系統地將飲食融進詩文的傑作。屈原帶著滿腔的委屈與悲憤投汨羅江自盡了，他的品格與詩章遺留後世，成了中國古代文化中的瑰寶。屈原所在的楚國本來十分強盛，後來逐漸走了下坡路。至楚懷王時，連吃了幾次敗仗，懷王自己也被誆入秦國，在秦滯留三年而不能返，終於客死他鄉。秦人將懷王屍體送還楚國，楚人悲憐至極，如喪至親。可能就是在舉行懷王國葬時，屈原寫了〈招魂〉，招懷王之魂進入墓穴安息，文辭如泣如訴，情悲意切。全篇道盡天地四方之凶怪，不可居遊，聲聲呼喚「魂兮歸來」；極力崇仰楚國文化之美妙，既有堂室館舍之美、川原高山之美，也有遊觀張設之美、妾媵飲食之美，還有歌舞音樂之美、娛戲燕飲之美。這自然都是為了誘導亡靈留戀故土，不要遠去。其中有關飲食烹調之美，其白話譯文是這樣的：

宗族家人擺上精饌種種祭享亡靈，
稻米小米新麥做的飯食摻上黃粱。

> 還有酸甜苦辣鹹五味調和的佳餚，
> 燉得爛熟的肥牛蹄筋散發著芳香。
> 陳上那酸中微苦的吳國風味肉羹，
> 清燉甲魚全烤羔羊配上甘蔗甜漿。
> 醋熘天鵝紅燒野鴨煎炸大雁嫩肉，
> 鹵子雞燒大龜香味撲鼻無比清爽。
> 還有蜜煎米糕粉餅和甜美的飴糖，
> 如玉的美酒加兌蜂蜜斟滿了羽觴。
> 濾糟的冰凍酒飲起來又醇又清涼，
> 華美的酒斗已擺好等待酌飲瓊漿。
> 快回到故居吧，親人們在恭敬等待！
> 不等你嘗遍佳餚美女就奏起樂章，
> 鏗鏘鐘聲咚咚鼓點伴著新歌歡唱。
> ……
> 盡情地暢飲使先輩靈魂得以安息，
> 魂啊快快歸來返回你生活的故鄉。

這一篇悲愴而優美的招魂曲，和盤托出戰國楚人所製作的佳餚，特別強調了楚國本地的風味菜餚，反映了南方地區烹飪所達到的高度。這裡有五穀飯食和點心，有牛羊龜鱉雞鴨鵠雁饌品，可以看出楚人極重野味。當然也少不了美酒，還要摻上甜甜的蜂蜜。楚地處於炎熱的南方，夏日重清涼飲料，故特作「凍飲」，藏冰而為之。

招魂時不僅僅口頭上如此呼喚，所言餚饌及用品都是實實在在準備齊全了的，一同葬入死者墓中，供其九泉之下受用。

靈魂不死，作為一種原始的觀念，在人們心目中很早就形成了。這

第二章　禮食中的神食與人食

種觀念伴隨人類由蒙昧時代進入野蠻時代，又進入文明時代。人們一直認為，人的肉體雖會死去，但靈魂會永遠活著，靈魂在肉體死後，照例對衣食住行有必需的要求。古來事死如事生，便是基於這種觀念。活著的親人十分仔細地為死者準備好一切物品用具，與死者埋葬在一起，其中食物和食器可算是隨葬品的一個主項。後來帝王在死亡前便著手營造地下宮殿，就是企望將至高的殊榮帶往冥間。

由這種事死如事生的做法，我們反轉過來觀察一番，可以由死者的待遇看到他生前的生活。要復原古人的飲食生活，這不失為一個最可取的途徑。

1978年初夏，湖北省隨縣（今隨州市）發掘出一座戰國早期的大墓，墓主人為曾國國君曾侯乙。這座墓深13公尺，墓穴面積220平方公尺。墓室周圍填充有6萬公斤的防潮木炭，木炭上再以青膏泥密封，上面蓋上厚重的大石板。墓穴內安置棺木和隨葬品的槨室，用380立方公尺的方木壘成，高達3公尺。

這座墓出土的隨葬品極為豐富，大部分為青銅器，總重量約為10噸。其中銅鼎就有三種，有2件烹牲體的大鼎，9件盛牲的無蓋鼎——列鼎，另有9件帶蓋圓鼎。盛食用的有8件同等大小的方座簋，進食用的有匕、勺和豆，烹飪用的有9件鬲等。如此九鼎八簋為中心的最高級別的禮器配置，照禮制是周天子所能獨享的特權，論者多以為這是當時「禮崩樂壞」造成的僭越現象。也有人認為按《周禮·天官·膳夫》，天子該享用列鼎十二，諸侯該享用列鼎九，這種東周時的九鼎諸侯墓目前已發現9座之多，可證是通例而不一定是僭越。曾國在當時大約已附屬於強楚，墓葬出土物反映出強烈的楚文化色彩。

曾侯乙墓青銅器除了鼎簋重器，還有酒器缶、壺、尊、冰鑑和水器

匜、盤等。其中的一對冰鑑,方形鑑箱內建一方壺,壺與鑑之間可放冰塊,可製如〈招魂〉中所說的「冰飲」。烹飪器中還有一件烤爐,下層為爐盤,上層為烤盤,出土時烤盤內還盛有魚骨,爐盤上有炭灰。

戰國時期銅冰鑑(湖北隨州曾侯乙墓出土)

除了青銅器,還有大量漆木飲食器具。其中製作精美、彩繪鮮豔的漆木豆就有16件,還有頗具特色的食具箱和酒具箱。食具箱有2套,箱內裝有銅鼎、銅盒、銅罐、銅勺等。酒具箱1套,裝有耳杯16件,木盒5件,木勺2件,竹夾2件。這種酒具與食具箱顯然是為方便外出而使用的,出行時可隨置在車中,便於臨時取用,或是畋獵,或是遠遊,都很實用。這座墓中隨葬有金器,還有一套金盞,配有金盃、金匕,是中國歷史上較早的金器。

戰國時期金盃與金勺(湖北隨州曾侯乙墓出土)

第二章　禮食中的神食與人食

曾侯乙墓中最重要的發現還在於樂器，共124件，有整架的全套編鐘和編磬，幾種不同式樣的鼓，二十五絃瑟，十絃琴和五絃琴，還有橫笛、排簫和笙等，是一個相當規模的管絃樂隊建制。其中最引人注目的是編鐘編磬，編鐘銅木結構的曲尺形鐘架，全長10多公尺，高達2.72公尺，分三層，懸掛著65件大小編鐘。這套鐘雖然在地下埋藏了2,400多年之久，出土後仍可以演奏樂曲，音域寬廣，音色優美，氣勢宏偉。有關編鐘的演奏方式，被清楚地描繪在同墓中出土的一件鴛鴦形漆盒上。

鐘鳴鼎食的傳統，到此時似乎演進到一個新的高峰，或者可以說達到了頂峰。人食與鬼食，保留在埋藏了數以千年計的墓葬中，高級貴族們的飲食生活方式，在曾侯乙墓中可以看到一個縮影。

四、初釀與酒池

人類的飲食是由食和飲兩部分組成的。現代世界的食品數不勝數，飲料也是如此，其中最流行的莫過於茶、可可、咖啡和酒。中國上古的飲料主要為漿、酒、茶，當然最大眾化的還是水，各有各的用場。水是自然物，論製作以酒和茶較為複雜，而酒的釀造年代又早於茶的炮製，所以關於釀酒的起源便成了科學研究的熱門課題。

漢代人稱酒為「天之美祿」，認為是上天給人類的恩賜，當然不能說是平白由天上掉下來的。從戰國起到漢代，人們在狂飲亂醉之後，自然想起了最先造酒者為他們所帶來的美好享受，這初釀者是誰呢？考究的結果，說法不一。按佚書《世本》說：「儀狄始作酒醪，變五味。」又說：「杜康造酒，少康作秫酒。」戰國末期編寫的《呂氏春秋・勿躬》亦有如是說。而《戰國策・魏策》說儀狄是奉禹帝女兒之命作酒的，言：「帝女令儀狄作酒而美，進之禹。禹飲而甘之，遂疏儀狄，絕旨酒。」東漢

人許慎在《說文解字》中曾分辨過究竟是儀狄還是杜康造酒，最後按《世本》的折中說法，以為「古者儀狄作酒醪，禹嘗而美，遂疏儀狄。杜康作秫酒」。陶淵明先生〈集述酒詩序〉更有高論，說「儀狄造酒，杜康潤色之」。

總之，是儀狄在杜康之前便釀成了酒。但創製甘美酒醪的儀狄，不但沒得到大禹的賞識，反而被疏遠了。既有疏遠之舉，儀狄原本必是近侍，或者即是帝女的婢僕，但歷史上沒有留下這個人更多的記載。當然，我們也用不著費更多的心思去查考儀狄的生平，因為一向認定的這位初始造酒的人，恐怕只是釀成了某一個更好的品種而已，並不見得就是天下的第一杯酒。大禹的時代不是酒的初釀時代，那種保守的說法可能將釀酒的發明拉後了數千年之久。

晉代文人江統作過一篇著名的〈酒誥〉，以為「酒之所興，肇自上皇。或曰儀狄，一曰杜康。有飯不盡，委餘空桑，鬱積成味，久蓄氣芳。本出於此，不由奇方」。他不相信是儀狄或是杜康始釀之說，認為酒的初釀要早到神農時代，這與漢時《淮南子》「清醠之美，始於耒耜」之說如出一轍。

為了探求酒的始釀年代，歷代學者都發揮了自己的想像力。宋人周密《癸辛雜識》說：「有所謂山梨者，味極佳，意頗惜之。漫用大甕貯數百枚，以缶蓋而泥其口，意欲久藏，旋取食之。久則忘之，及半歲後，因至園中，忽聞酒氣薰人。疑守舍者釀熟，因索之，則無有也。因啟觀所藏梨，則化而為水，清冷可愛，湛然甘美，真佳醞也。」這類事例還見諸元代著名詩人元好問的〈蒲桃酒賦·序〉，說他的鄰居避難自山中歸家，看到家中竹器上盛的葡萄正好掛在一個空盆上方，葡萄已乾枯，而汁卻流進盆中，其味如酒氣薰香，飲之如良酒。其實本來也用不著引經

第二章　禮食中的神食與人食

據典,常吃水果的人偶爾吃到那傷爛的果子時,會感到有一股酒味,這就是「酒化」的效果。由於「酒化」是一種自然現象,往往不一定需人力所為,人們由此斷定酒的起源似乎沒有源頭。一般野果很容易直接受到自然界中酵母菌的作用而發酵生酒,古籍中因此還出現過猿猴也會釀酒的記載。

這種猿酒似乎極易獲得,猿既能為,人就更不在話下了。可惜,中國遠古連這種人工果酒的傳說都沒有。我們不能據此斷定史前未曾釀過這果酒,即便有過,也是一種偶爾或個別的現象,沒有形成傳統,果酒沒有成為史前人生活的必需品,也可能儀狄所造的正是這果酒,由於過分甜美而被大禹禁絕。後來杜康發明了穀物釀酒新法,直到數千年後,人們反而忘卻了美而易得的果酒,甚至還要到域外去求取釀法,此事著實令人費解。

穀物釀酒不像果酒來得那麼容易,因為穀物不能與酵母菌直接發揮作用而生出酒來,澱粉必得經水解變成麥芽糖或葡萄糖後,也就是先經糖化後才可能酒化。

歷史上有這樣的巧事,一些無可挽回的錯誤,反而造成了意外的巨大成功。人類的初釀成功,可能就起因於穀物貯存不善而生芽發霉,這種穀物煮烹後食之不盡,很容易變成酒醪,這便是穀芽酒,正是江統所云「有飯不盡,委餘空桑,鬱積成味,久蓄氣芳」的立論所在。許多次的失誤,卻使人們多次嘗到另一種美味,於是有意識的釀造活動就開始了。

從一些晚近的記載中,我們可以粗略推知初釀發明時代的情形。明人陳繼儒《偃曝談餘》說:「琉球造酒,則以水漬米,越宿,令婦女口嚼手搓,取汁為之,名曰米奇。」這是用人的唾液來使澱粉糖化而發酵成

酒。還有郁永河的《裨海紀遊》中也說，臺灣原住民釀酒時，「聚男女老幼共嚼米，納筒中，數日成酒，飲時入清泉和之」。這種做法，是將釀酒的糖化和酒化分開進行的。中原地區大概很早就發明了糖化和酒化同步進行的複式發醸法，具體表現在酒麴，古時稱為「曲糵」。有人認為中國曲糵的使用是和穀物釀酒同時出現的，這極有可能。不過，人工酒麴的發明不可能是短時間所能完成的，製麴和釀酒實際是一個對微生物接種、選種、培養和應用的複雜過程，需要長期的經驗累積。

《尚書·說命》中記載了商王武丁把他的大臣比作曲糵的內容，叫做「若作酒醴，爾唯曲糵」，表明當時已完成曲糵的發明，這是距今 3,000 多年以前的事。酒麴釀酒是中國的偉大發明，這比其他古代世界文明地區所流行的用麥芽糖再加酵母發酵的釀造工藝要先進得多。直到 1890 年代，法國人卡爾邁特才從中國的酒麴中分離出糖化力強並能產生酒化作用的黴菌菌株，用於酒精生產，突破了西方釀酒非用麥芽做糖化劑不可的古老程序。難怪有的外國學者將酒麴的發明和應用與指南針、火藥、造紙、印刷術四大發明相提並論，合稱為中國對人類做出的「五大發明」。

30 多年前，學者在河北藁城臺西村商代遺址出土的酒器內，發現了不少灰白色的沉澱物，經鑑定，那是人工培植的酵母，是糧食造酒的重要原料，由此可證明商代確已有糧食酒。不少人還根據商代青銅酒器式樣，透過類比發現更早的龍山文化時期就有了一些相似器形，由此推斷釀酒始於該時期。

需要指出的是，人們所提到的大汶口文化和龍山文化時期的高足杯、觚形杯、觚等大都為飲器，而且都是禮器化了的器具，是酒文化發展到比較成熟階段的產物，不是初始階段的物品，這些禮器化的酒具為商周文明所繼承，延續使用了相當長的時間。這說明飲酒已形成了一套

第二章　禮食中的神食與人食

包括器具造型在內的禮儀規範。穀物酒在農業種植時代到來不久就被發明出來了，這應當是新石器時代初期的事。其實關於酒的起源，在儒家的經典著作中早有成說，只是極少有人注意罷了。如《禮記·禮運》便將酒的出現定在人工鑽木取火成功後的神農之世，或說在黃帝之時，不晚於夏代。

最新的研究顯示，仰韶文化時期已經有了成功的初釀，仰韶人已經品嚐到了甘美的穀物酒。仰韶文化流行的小口尖底瓶，它的造型獨特，尖尖的底，緊收的口，圓鼓的腹，對稱的耳，被認為是一種汲水器具，這在相當長的時間裡都是主流觀點。

考古學家蘇秉琦先生不僅對尖底瓶做過細緻的類型學研究，同時也論及它可能的用途。他認為甲骨文中的「酉」字有的就是尖底瓶的象形，由「酉」字組成的會意字如「尊」、「奠」，器具中所盛的不應是日常飲用的水，甚至不是日常飲用的酒，而應是禮儀和祭祀用酒。他由此進一步推斷，尖底瓶應是一種祭器或禮器，所謂「無酒不成禮」。

甲骨文中「酉」字的確是尖底瓶酒器的象形，「尊」字是雙手舉起尖底瓶的樣子，而「奠」則是標示著放置在臺座上的尖底瓶。商朝人好酒，但商代極少用這種尖底酒器，如此看來，像這樣的字形會不會在尖底瓶的時代就已經形成概念了？

還有一些研究者拿古埃及用尖底瓶釀酒的壁畫作旁證，進一步認定仰韶文化中的尖底瓶應當也與釀酒有關。近年更有考古學者透過分析尖底瓶內殘留物澱粉粒和植矽體，判定尖底瓶是釀造穀芽酒的器具，釀酒原料包括黍、薏薏、小麥、稻米、栝樓根、芡實，另外還有其他塊根等附加植物原料，確認在仰韶時期黍與稻兩種穀物已同時用作釀酒原料，最常用的原料為黍。

尖底瓶在黃土地帶流行的年代，是在 7,000～6,000 年前。仰韶人製備了專用的釀酒器具，表明他們已經掌握了成熟的釀造技術，而真正的初釀一定出現在比他們更早的時代。

在龍山文化時期，約略相當於中國歷史上的第一個王朝夏代和稍早的時期，在長江和黃河流域的許多遺址中，發現了大量陶製酒具，從中可以看出當時飲酒已是一種時尚，酒已成了人們最重要的飲料。最初釀酒成功的先民們不會想到，酒愈釀愈醇濃，而中國歷史上的許多可歌可泣、可愛可憎、可笑可悲的重要事件，竟都因酒而生，酒的作用與影響遠遠超出了它作為飲料存在的價值。

酒的釀造成功，開了其他許多釀造活動的先河，後來出現的醋、豉、醬、菹等的釀造工藝無不與釀酒技術有關。釀造在人類飲食生活中，占有相當重要的地位。

商代後母戊大方鼎（河南安陽出土）

漢代及以後的人，一說到殷商奢靡，無不以紂王的「酒池肉林」概而論之，這恐怕並非誇大之辭。成百上千頭的牲肉懸掛起來，不就是「懸肉為林」嗎？在安陽殷墟的一座大型墓葬中，曾出土過一尊舉世聞名的後母戊大方鼎，高 133 公分，重達 875 公斤，可供數十人進食之用。商代後期，這種巨型銅器逐漸增多，可見肉食量的增加趨勢是很明顯的。宰殺的牲肉多到銅器盛之不盡，於是便委之於地，這就成了史籍中所說的「肉圃」，《韓非子・喻老》中說「紂為肉圃」，指的可能是這類情形。

第二章　禮食中的神食與人食

商代的肉食來源，既有家畜家禽，也有野獸。在鄭州商城遺址發現過不少牛、羊、馬、豬、犬的遺骸，其中以牛和豬數量最多。殷墟的發現也與此相似，後世的所謂「六畜」——馬、牛、羊、雞、犬、豕，在商代已經齊備了。

野獸也是重要肉食來源之一，獲取的手段當然是狩獵。儘管貴族們將狩獵作為一種遊樂活動進行，但大概也不會為空手而歸興高采烈，獵獲物當然還是多多益善。有時一次狩獵活動需要很長時間，政府劃定有專用的獵區，重要的獵場還設有離宮別館。狩獵的方法，根據甲骨卜辭研究，主要有車攻、犬逐、焚山、矢射、圍網、陷阱等。在鄭州和殷墟出土動物遺骸中鑑定出的野生動物有：麋鹿、梅花鹿、獐、虎、獾、貓、熊、兔、黑鼠、竹鼠、犀牛、狐、豹、扭角羚、田鼠、鳥類，還有青魚、鯉魚、黃顙魚、赤眼鱒、草魚、田螺、蛤蜊、鱉、龜、河蚌及海產鱘魚、鯔魚、鯨、海蚌、海貝等。大部分當是殷人直接漁獵所得，少部分則是透過其他途徑得到的。

這些家畜和野獸，可以開列成一張十分豐盛的選單，殷人肉食品類之多，這是最直接的證據。

殷人嗜肉，更狂於飲酒。兵書《六韜》中說：「紂為酒池，回船糟丘而牛飲者三千餘人為輩。」三千之眾，同飲一池之酒，酒池之大，盛酒之豐，可以想見。也許這是誇大之詞，不過酒池總是建過的，究竟有多大，那就難以知曉了。近來在河南偃師商城宮城的後庭發現有巨大的水池遺跡，有人疑為酒池，還有待研究。

不僅商紂王建過酒池，晉人皇甫謐《帝王世紀》說夏代亡國之君桀也造肉山脯林，「以酒為池，使可運舟，一鼓而牛飲者三千人」。所謂「牛飲」，指毫無節律，飽足而不知止。漢代劉向《列女傳》中說用專人按著

飲者的頭到酒池中去飲，因醉而溺死池中者常有之。到漢代時，據說漢武帝劉徹也曾有過這樣的「壯舉」，他也象徵性地建過酒池肉林，引外國使臣泛舟於酒池之上。〈三輔黃圖〉中說秦始皇也造過酒池，可見酒池是帝王們的癖好。

酒池的建造，恐怕很難說清楚究竟是哪個帝王的創造，這倒很像是一種道地的遠古遺風。《禮記‧禮運》敘及太古之俗，謂「汙尊而抔飲」，經學家的注說是：「汙尊，鑿地為尊也；抔飲，手掬之也。」鑿地而飲，指的是掘井取水而飲之，水又有「玄酒」之名，西周時帝王還常用這玄酒祭祀。有一種意見認為，酒發明以後，很長一段時間是摻在水裡飲用的，為承繼原有的鑿井而飲的傳統，或將酒傾入井中，或掘大池盛水與酒，即為酒池。夏桀與商紂，只是在傳統的飲酒方式上做了一些變革，但是這一改變卻非同小可，使質樸一變而為奢靡，最終便落得個不可收拾的結局。

細心的考古學家發現，在商代一些貴族墓中，凡是爵、觚、斝、盉等酒器大都與棺木一起放在木槨之內，而鼎、鬲、甗、簋等飲食器具都放在槨外。可見商人嗜酒勝於食，他們格外注重酒器，隨葬時也要放在離身體更近的地方。貴族們的地位和等級的區別，通常在酒器而不是在食器上反映出來，較大的墓中可以見到10件左右的酒器，明顯地配成套。商代晚期一些大墓中多的可見到100多件酒器，但一般的平民墓中卻不大容易見到這些器具。

商代飲食文化是青銅文明的一個重要組成部分。青銅器的發明為文明社會的到來奠基，貴族階層把大量的青銅用於鑄造禮器，這些禮器多半都是飲食烹飪用具，它們將貴族們的飲食生活裝點得豐富多彩。燦爛的青銅文明和古老的酒文化可算是中國古代文明的象徵。這固然是那個社會發展的物質基礎，甚至可以說是強大的動力，可是在特定的場合，

第二章 禮食中的神食與人食

它們也會變成阻力,阻礙歷史的進展。大禹禁止儀狄造酒時,便曾說過「後世必有以酒而亡國者」,這話在夏在商都得到了印證。周人在許多文誥中,都說商紂王是因狂飲而亡國的,為吸取這個深刻的歷史教訓,周人制定了嚴厲的禁酒措施。

據《史記·殷本紀》及其他史籍記載,商紂王剛即位時,曾是一個很有作為的帝王,他「資辨捷疾,聞見甚敏;材力過人,手格猛獸」,能「倒曳九牛,撫梁易柱」,「知足以距諫,言足以飾非,矜人臣以能,高天下以聲,以為皆出己之下」。這雖不能全算是優點,但也著實不是昏君的模樣。後來,他逐漸變了,變得「好酒淫樂,嬖於婦人」,以至以酒為池,懸肉為林,「使男女倮相逐其間,為長夜之飲」。如此縱酒行樂,便越發昏庸了,於是就興出炮烙之法、醢脯之刑,良臣被囚被殺,或至叛逃。商王朝終為周武王率諸侯攻伐,紂王落了個自焚鹿臺的下場。

武王伐紂,在誓師大會上列舉紂王最重大的罪名,是聽信婦人之言,縱容「母雞司晨」。實際上,最根本的原因在於縱酒。西晉葛洪所著《抱樸子·酒誡》的論斷是:「宜生之具,莫先於食。食之過多,實結症瘕,況於酒醴之毒物乎?夫使彼夏桀、殷紂、信陵、漢惠,荒流於亡國之淫聲,沉溺於傾城之亂色,皆由乎酒燻其性,醉成其勢,所以致極情之失,忘修飾之術者也。」這是說,對人身體有補益的食物吃多了,會危害健康,更何況酒醴之類的毒物,飲多了更會給人帶來傷害。夏桀、殷紂之所以沉溺於聲色之中,都是因為縱酒改變了性情,導致越來越縱慾,而忘記克制修飾自己。用現代科學來分析,商紂王是飲酒過多而致酒精中毒,神經錯亂,後來顯然是身不由己而信婦人之言了。事實上,商紂王的可悲還不僅僅在酒精中毒,恐怕同時還有鉛中毒症狀。

商代所用的青銅酒器,乃是銅、錫、鉛的合金。早期青銅器含銅量高達90%~98%,接近於純銅。中期以後,鉛、錫比例增大,含銅量偏

低，錫、鉛比便分別占 5%～8%、1%～6%，有的含鉛量高達 21%～24%。晚期的銅器，如後母戊大方鼎，含鉛量約為 2.8%。考古學者注意到，年代愈晚的商代青銅禮器，以鉛代錫的趨勢愈為明顯。那時的青銅工匠們根本不會知道，以鉛代錫所鑄成的青銅酒器，帶來了多麼大的災難性的結果。現代科學證實，用含鉛的容器盛酒並加熱，每升酒中的含鉛量高達 33～778 毫克。一般人體的正常含鉛量是不超過 100 微克 / 升，長期飲用大量含鉛的酒，必然會引起鉛中毒。鉛對人體各部位的組織均有危害，尤其對神經系統、造血系統和血管組織危害極大。鉛在人體內會迅速被肝、腎、脾、肺及腦組織吸收，它抑制細胞內含巰基的酶，使人體生化和生理功能發生障礙。鉛還會使人血液中紅細胞膜脆性增加，發生溶血，使人易患動脈內膜炎、小動脈硬化和血管痙攣等病症。

嚴重的鉛中毒者，可出現鉛毒性腦病，表現出譫妄、痙攣、癱瘓、昏迷以至失明。商紂王長期使用含鉛量高的青銅器飲酒，可以推測他患了鉛中毒，從他典型的譫妄症可以看出來。譫妄症人神志恍惚，對時間、地點及周圍的事物失去辨認能力，以至出現幻覺、錯覺、胡言亂語。紂王在明知西伯（周文王）有推翻商王朝的舉動時，還自以為天命在身，毫不在乎。叔父比干，眼看國勢危急，死力相諫，不為所用，紂王反而十分憤怒，還命人剖比干之胸，挖心觀驗！真是神經錯亂到了極點，又怎能逃脫王朝滅亡的命運呢？

五、五味調和

面對豐盛飲食，不能胡吃亂喝，西周時至少在王室已總結出一些經驗，制定了一些主食與副食的配餐法則。《周禮・天官・食醫》中認為：「凡會膳食之宜，牛宜稌，羊宜黍，豕宜稷，犬宜粱，雁宜麥，魚宜苽。」將

第二章　禮食中的神食與人食

六穀與部分禽畜野物劃出對應關係，這裡面還有著極深奧的醫學道理。

比如說「牛宜稌」，是說食稻時最好配以牛肉。牛肉氣味甘平，稻米味苦而溫，二者甘苦相成，所以配食最宜於人。其他「羊宜黍」等五組亦皆「其味相成」，所以是最合適的配餐。那意思自然是說，如果一不注意，違反了這些條條，就免不了給身體帶來傷害，弄不好是要生病的。這當然只是貴族們的教條，與大眾是不相干的。即便是貴族，恐怕也不一定能不折不扣地照辦，而且一般也不易熟記這一套。當然天子不必去死記這配餐原則，宮廷內專設有「食醫」中士二人，主管此事，他們負責時常提醒天子。配餐原理，非醫道而不可諳，有食醫把關，天子自可放心地去吃了。

食有所宜，亦有所忌，周代時已有了許多經驗之談，其中自然也少不了臆斷。《禮記·內則》說：「凡食齊視春時，羹齊視夏時，醬齊視秋時，飲齊視冬時。」講的是飯要溫時食用，所以春天來作比方；肉羹則要趁熱吃，熱如炎夏；醬類則要吃涼的，涼如秋風；飲料又要冷飲為宜，冷如寒冬。作為禁忌，規定了一些不能吃的東西，如：雛鱉不可食，食狗要去腎，食狸要棄正脊；鱉要去醜（後竅），兔則去尻（尾脊）；狐不取首，豚不用腦；食魚則要小心那一塊卡喉的「乙」形小骨。對於禽鳥，也有諸多食用禁條，如雛尾不盈握，不食；舒雁翠（鵝尾肉）、舒鳧翠（鴨尾肉）不食；雞肝、雁腎不食等。古人認為這些部位對人體不利。

由於反覆的烹飪實踐活動，對於不宜食用的物類，人們也有了許多經驗累積，如所謂「牛夜鳴則庮」，說夜裡叫的牛肉有臭味；「羊泠毛而毳，羶」，講的是羊毛尖端擰結的羊，肉味過羶；「狗赤股而躁，臊」，說尾部發紅而狂躁的狗，肉味發臊；「鳥麃色而沙鳴，鬱」，色澤不光潤叫聲又不響亮的鳥，肉有腐臭之味；「豕望視而交睫，腥」，愛向上張望而眼毛黏連

的豬，有內病而不可食；「馬黑脊而般臂，漏」，脊毛髮黑前腿毛色斑雜的馬，肉亦臭不可食。由此種種，可見周代宮廷烹飪選料之精。

不唯如此，對於烹飪所用的作料，也規定了一些配餐法則，表明當時的飲食生活已建立在相對科學的基礎上，這些當是宮廷廚師們不斷探索的結果。例如做膾，規定作料「春用蔥，秋用芥」；而烹豚，則「春用韭，秋用蓼」。烹調牛羊豕三牲要用藙（茱萸），以散肉毒，調味用醯（醬）。如是野獸類，則取梅調味。又烹雉，只用香草而不用蓼。

要說調味，就要說到醬。商代之時，調味品主要是鹽、梅，取鹹、酸主味，正如《尚書·說命》中所言「若作和羹，爾唯鹽梅」。到周代時，調味固然也少不了用鹽、梅，而更多的是用醬，這種醬便是可以直接食用的醯醢。

中國歷代烹飪大師和美食家都十分看重醬的作用。《清異錄》中說：「醬，八珍主人；醋，食總管也。」意為沒有醬就難成體統。時代的變更，食者嗜醬的習慣多少會隨著有些改變。如《雲仙雜記》中說唐代風俗貴重葫蘆醬，《方言》中說漢代以魚皮烏賊之醬為貴。

周代的情形，詳見於三禮。《禮記·曲禮》中說，「獻孰食者操醬齊」，孰食即熟肉，醬齊指醬齏。經學家的註解是：「醬齊為食之主，執主來則食可知，若見芥醬，必知獻魚膾之屬也。」也就是說吃什麼肉，便用什麼醬。有經驗的吃客，只要看到侍者端上來的是什麼醬，便會知道要吃哪些珍味了。

難怪周王庶羞百二十品，還須配醬百二十甕！每種餚饌幾乎都要有專用的醬品配餐，這是周代貴族們創下的前所未有的飲食制度。根據《禮記·內則》記載，可以知道不少這樣的配餐規定。如食蝸醢配以雉羹，食麥飯配脯羹和雞羹，食稻飯則配犬羹和兔羹。煮豚配以苦菜，烹雞和

第二章　禮食中的神食與人食

炰鱉配以醢醬，燒魚則配卵醬。食干脯配蚔醢，食脯羹配兔醢，食麋膚（大鹿肉片）配魚醢。食魚膾用芥醬，食麋腥（生肉）用醢醬。孔子說「不得其醬不食」，正是這種配餐原則的體現。

大概到了漢代，醬才作為麵醬和豆醬的專稱，不再作為包括鹹菜和酸菜在內的泛稱。漢代人對醬有偏好，在長安甚至有因賣醬而成鉅富的人。桓譚《新論》中說有一個鄉下人得到了一碗膴醬，十分高興，吃飯時生怕別人要他的醬吃，於是公開在醬碗中吐了一口唾沫。旁人心裡氣不過，於是都往這醬碗裡擤鼻涕，結果弄得誰也沒吃成。這雖不過是個寓言，卻也反映了漢代人嗜醬的一面。

醬的製作離不了鹽。《風俗通義》說「醬成於鹽而鹹於鹽」，這也就是「青出於藍而勝於藍」的意思。古時傳說「宿沙作鹽」，指最初的煮海造鹽。宿沙傳說為炎帝時期的人，煮海鹽的技術大約是很早的時候形成的。當然作為食鹽，海鹽並不是唯一一種。古代各地取用的食鹽可分數種，都有獨特的製備方式。除海鹽外，另有池鹽、井鹽、末鹽、崖鹽等。海鹽取海水煎煮或日光晒成，井鹽取井鹵煎燒而成，池鹽取鹽池水風吹日晒而成，末鹽則是刮取鹼土煎成。只有崖鹽是直接刮取的崖上自生鹽，不須煎煮。鹽大都出自人力，也有純為天生者，有些河水中、大漠下，都有天然鹽塊可取用。

煉鹽的方法究竟起源於何時，我們現在並不太清楚。最早當是取鹼鹵食用，慢慢而製成了人工鹽。鹽對於人類生活來說，實在是太重要了，要是沒有鹽，烹調術難有尺寸進步。漢代時，鹽被稱為「食餚之將」、「食之急者」、「國之大寶」，所以國家當時十分重視鹽的生產。漢代鹽業較先秦有很大發展，海鹽、池鹽和井鹽產量都很高，臨邛等地還發明了用天然氣作燃料煮鹽，煉出了高品質的井鹽。

漢代「齊鹽魯豉」陶盒

六、天子與農夫之食

周代天子的飲食分飯、飲、膳、饈、珍、醬六大類，其他貴族則依等級遞降。據《周禮·天官·膳夫》載，王之食用稻、黍、稷、粱、麥、苽六穀，膳用馬、牛、羊、豕、犬、雞六牲，飲用水、漿、醴、涼、醫、酏六清，饈共百二十品，珍用八物，醬則百二十罋。這些大多指的是原料，烹調後所得饌品名目更多，天子之饈多至百二十品，不可列舉。燕食另加有「庶羞」，包括牛脩、鹿脯、田豕脯、麋脯、麕脯，還有雀、鷃、蜩（蟬）、范（蜂）、芝栭、菱、椇（白石李）、棗、栗、榛、柿、瓜、桃、李、梅、杏、楂、梨、薑、桂，瓜果等物，應有盡有。

八珍：周代精心烹製的八種珍食，是用獨特方法製作的風味饌品。其烹調方法完整地儲存在《禮記·內則》中，是古代典籍中所能查詢到的最古老的一份食譜。

一珍：淳熬。煎好肉汁，澆在稻米飯上，再淋上一些熟油，類乎湯泡飯，是主食的一種。

二珍：淳母。煎肉汁澆於黍米飯，再淋上油，法同一珍，只是主料不同。

三珍、四珍：炮豚、炮牂。將整隻小豬、母羊宰殺料理完畢，在腹中塞上棗果，用葦子等將豬羊包好，外面再塗上一層草拌泥，然後放在猛火中燒烤，此即為「炮」。待外面的黏泥烤乾，除掉泥殼葦草，淨手揭去豬羊皮表面烤皺的膜皮。接著用調好的稻米粉糊塗遍豬羊全體，即放入油鍋煎煮，油面必得沒過豬羊。最後將豬羊及香脯等調味料都盛在較小的鼎內，將小鼎放入大湯鍋中，不可使湯水沒過鼎口。就這樣連續燒煮三日三夜，中途不得停火。食用時，還要另調五味。實際上這全豬全羊的烹製經過了炮、煎、蒸三個程序，集中了烹調術之精華，到能放入口中時，一定是肉爛如泥，香美無比了。

五珍：擣珍。將牛、羊、鹿、獐等動物的夾脊肉，反覆捶擣，剔淨筋腱，烹熟後調味食用。這一步的主要功夫在肉料的加工上，以加工方法而命名為「擣」。

六珍：漬。用新宰牛的鮮肉，薄切為片，絕其肌理，浸在美酒內，經一晝夜。食時以肉汁、梅漿調和，這是一種生吃肉片。

七珍：熬。將牛、羊、麋、鹿、獐等肉捶打去皮膜，晾在葦蓆上，再用桂、薑細末等調味料撒在肉上，風乾後即可食用。這實際是火脯，食時既可煎以肉汁，亦可直接乾食。

八珍：肝膋。取狗肝，用腸間脂蒙好，放在火上炙烤，待腸脂乾燋即成。在此八珍之外，《禮記·內則》還夾雜其中記有「糁食」、「酏食」兩種饌品的製法。糁食是取牛、羊、豕等量，切成小塊，再用多一倍的稻粉拌為餅後煎成。酏特指以稻粉作主料，用狼膏煎成。後來的經學家或以「糁食」為八珍之一，而將上述「三珍四珍」合為一珍，恐怕不無道理。實際上「一珍」、「二珍」也是一回事，製作方法完全相同。或者這八珍的排列並不完全是上面那樣的順序，而應當是淳熬、炮豚、擣珍、漬、熬、糁、

肝膋、酏。不論怎麼說,這內裡一定存在著一些誤會與誤解。

這八珍可以看作周代烹飪發展水準的代表作,在選料、加工、調味和火候的掌握上,都有一定的章法,形成了一套固定的模式,奠定了中國飲食烹飪傳統的基礎。直到現在,這些烹飪方法有的還被我們的烹飪大師作為拿手戲而繼承。我們所食用的諸多饌品都是由這個基礎發展而來的,這是一些不大涉足歷史的美食家所未曾想到的。

當然,後來的美食家們有了許多新的「八珍」,如將龍肝、鳳髓、豹胎、鯉尾、鴞炙、猩唇、熊掌、酥酪蟬合稱八珍。這樣一來,八珍便成了一切珍稀饌品的代稱,失掉了它原有的內涵。

醬:這裡所指的醬,不是現在通指的麵醬和豆醬,而是「醯醢」的統稱。百二十甕醬中包括醯物六十甕、醢物六十甕,實際是分指「五齏、七醢、七菹、三臡」等。

五齏:細切的昌本(菖蒲根)、脾析(牛百葉)、蜃(大蛤)、豚拍(豬肋)、深蒲(蒲芽),都是醃製過的醬菜。

七醢:醓(肉汁)、蠃(蛤)、蠯(蚌)、蚳(蟻卵)、魚、兔、雁,均屬葷醬。

七菹:韭、菁(蔓菁)、茆(應為白茅)、葵葉、芹、箔(細筍)、筍,是不必細切的醃菜,與齏略有區別。

三臡:鹿臡、麋臡、麇臡,均為野味。臡為帶骨的肉塊,有骨為臡,無骨為醢,二者烹法相同,均用乾肉漬麴和酒醃百日而成。

天子與其他高級貴族,都是「肉食者」,盤中有時也能見到蔥韭之類的蔬品,不過那多是作調味用的。周代一般平民的飲食,蔬果野菜占相當大的比重,與周王有天壤之別,正如《禮記・王制》所云「庶人無故不食珍」,不逢祭祀大典,庶民是難以吃到肉食的。蔬食的品名,有不少

第二章　禮食中的神食與人食

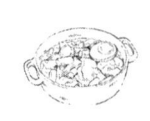

都儲存在那部最早的詩歌總集《詩經》中，如〈關雎〉中的荇菜，〈卷耳〉中的卷耳，〈芣苢〉中的芣苢，〈采蘩〉中的蘩，〈採蘋〉中的萍與藻，〈匏有苦葉〉中的匏，〈谷風〉中的葑、菲、荼、薺，〈園有桃〉中的桃棘，〈椒聊〉中的椒聊，〈七月〉中的蘩、鬱、薁、葵、菽、瓜、壺、苴、荼、樗，〈東山〉之苦瓜，〈採薇〉之薇，〈采菽〉之芹、菽，〈瓠葉〉之瓠，〈綿〉之堇荼，〈生民〉之荏菽、瓜，〈韓奕〉之筍、蒲，〈泮水〉之芹、茆等。可以看出，很多詩都是以野蔬為名，透過這些蔬果表達了詩人的情感與襟懷。

時代再往後推移，我們把眼光轉向明清朝廷，看到的依然是奢侈的景象。包括皇帝在內的顯貴們，除了大肆揮霍浪費，縱情享樂，根本不懂得簡樸為何物。據《大政紀》記載，明洪武二十七年（西元1394年），太祖朱元璋命工部在京城建立十五座大酒樓，分別取名鶴鳴、醉仙、謳歌、鼓腹、來賓等。這些酒樓都交給民間經營，然後賜錢鈔給文武百官，讓他們拿著這些錢去酒樓享樂。又據《明史‧食貨志》說，英宗朱祁鎮九歲即皇帝位，他一個人所用的「膳食器皿三十萬七千有奇，南工部造金龍鳳白瓷諸器，饒州造硃紅膳盒諸器」。他這個程度，還算是比較節省的。英宗在第二次當皇帝時，極為奢靡，天順八年（西元1464年），光祿寺僅準備的果品物料就有120多萬斤。他第一次當皇帝時，每年吃的雞鵝羊豕費錢三四萬，第二次當皇帝用量增加了4倍。憲宗朱見深下過一道詔書，令光祿寺為皇室準備牲口的費用不得超過10萬，如果不限，真不知會揮霍到什麼程度。要吃去這麼多東西，需要大量的御廚來操辦，據《明史‧食貨志》說，仁宗朱高熾時，宮中的廚役是比較少的，但也有6,300多名。到憲宗時達到近8,000名之多。

清朝是中國歷史上最後一個封建王朝，帝后的膳食集歷朝陳規，有

龐大的管理機構,也有大量的廚役,這一切都是空前絕後的。帝后的特權與尊嚴,在他們的飲食生活中得到了充分的體現。

明英宗

清代宮中膳食的管理機構,主要為內務府和光祿寺,不過實際上直接掌理宮廷膳食的是「御茶膳房」。御茶膳房設管理大臣若干人,由皇帝特別簡派。下面再設尚膳正、尚膳副、尚膳、主事、委署主事、筆帖式等職,作為次一級的管理官員。

七、食官

歷史上的文武百官,其中自然少不了有食官,尤其在王室,那更是少不了的。食官也必個個身懷絕技,想濫竽充數顯然不易辦到。

《周禮》將食官列為百官之首,統歸「天官」。所謂天官,有總理萬物之意,應是指最重要的一類官職。後世稱宮廷食官為大官或太官,應是源於此。這與「食為天」的說法也相吻合。周官中的天官主要分為宰官、食官、衣官和內侍幾大類,其中食官的排列次序僅次於主政的宰官。食官又分為膳夫、庖人、內饔、外饔、亨人、甸師、獸人、漁人、鱉人、臘人、食醫、酒正、酒人、漿人、凌人、籩人、醢人、醯人、鹽人、幕

第二章　禮食中的神食與人食

人等二十餘種。各類食官中又有屬下多人，分工合作，各司其職，總數多達2,294人。這些食官中府、士、史是主管官吏，胥、徒、奚為直接操作人員，前者約400人，後者為1,800多人。僅僅為了周王室幾個主要成員（王、后、夫人、世子）的祭祀、賓客和日常膳食，就需要這麼一個強大的陣容，所需食物之豐富，由此一端便可得而知了。

膳夫：食官之長，總管「王之食飲膳羞，以養王及后、世子」。所製食物品類包括前所述及的饈百二十品、八珍、醬百二十甕等。膳夫不僅要領導各部門做好飲食供給，還要負責天子的飲食安全，在天子進食之前，要當著天子的面嘗一嘗每樣饌品。天子等到確認食物沒有什麼毒害，才敢放心進食。不論是祭祀還是宴賓，天子所用的食案，都由膳夫親自擺設和撤下，別的人不能幫辦。

庖人：掌六畜、六獸、六禽之供，還包括其他種類的已死的鮮活動物。庖人負責辨認各類動物的名稱，他們並不直接參與廚事，至多只是殺牲而已，而且是由「徒」掌刀。庖人中還包括有八個賈人，負責採購肉物等。

內饔：掌膳饈割烹煎和之事，分辨牲肉各部位名稱、善別百味饌品名稱。負責選擇饌品，制定每日食譜，還要辨別那些腥、臊、羶等不可食者，不能倒了天子與王后的胃口。王用作頒賜的饌品也統由內饔製備。

外饔：主掌宮外祭祀籌備的工作，辦理祭祀所用的食物。國家招待耆老孤兒和王之庶子的食物，還有軍隊出師前天子頒賜用的脯肉，統由外饔辦理。

亨人：即烹人，職掌烹飪事務。內饔和外饔所需烹煮的食物，都由烹人製作。烹人直接主持廚事，主要是烹製大羹（不調和五味）和鉶羹（五味調和），既用於祭祀，也招待賓客。

甸師：主管糧草，供給穀物和內外饔烹飪所用柴草、桃李等瓜果。甸師還有一個附帶職責，就是執行對王室成員罪犯的判決，職掌頗重，難怪有三百之眾。

獸人：負責狩獵，冬天獻狼，夏季獻麋，春秋供其他小獸。這些官員當然大部分不會直接參與狩獵，主要是謀劃指揮，收取獵物。所得野獸直接送交臘人加工。

漁人：負責按季節捕魚，供王膳饈。同時，還要負責辨別魚的新鮮程度。

鱉人：掌管龜鱉及蛤蚌的供給，「春獻鱉蜃，秋獻龜魚」。

臘人：主管臘肉的製作，供內外饔使用。

食醫：負責天子飲食配伍，指導烹調事務。天子本來有醫師三十、疾醫八、瘍醫八人，共四十六人，又單設中士食醫二人，以確保飲食安全。

酒正：熟諳釀酒之法，按規定投放酒麴。負責分辨五種酒，指泛齊（有酒滓浮在面上的薄酒）、醴齊（帶滓的甜米酒）、盎齊（色白而味適中的酒）、緹齊（色紅味厚之酒）、沈齊（濾過的醇酒）五酒；辨別三酒四飲之物，三酒即事酒（有事而飲的平常之酒）、昔酒（陳釀）、清酒，四飲指清（濾去滓的醴酒）、醫（釀粥而成）、漿（酸性飲料）、酏（稀粥）。負責供給天子所用飲料和祭祀用酒，還要掌管酒的頒賜，按法則行事。

酒人：直接負責上述「五齊三酒」的釀造，提供祭祀和禮賓所用的酒。

漿人：負責提供天子所需的飲料，統稱為「六飲」，即水、漿、醴、涼（寒粥）、醫、酏。

第二章　禮食中的神食與人食

凌人：掌冰，十二月時斬冰入窖，春季準備好冰鑑，預備盛冰以儲存內外饗的膳饈和酒漿等。夏季時負責提供天子頒賜給群臣的冰塊，秋季則洗刷冰室，預備藏冰。

籩人：掌四籩之實。籩為竹編的高柄盤，四籩即朝事之籩、饋食之籩、加籩、羞籩。朝事之籩為早餐所用的籩，盛麷（麥飯）、蕡（麻飯）、白（稻飯）、黑（黍飯）、形鹽（築成虎形的鹽）、膴（生魚片）、鮑（鹹魚）、鱐（乾魚）；饋食之籩指盛果品所用籩，主要果品有棗、栗、桃、乾梅、榛子等；加籩為正餐間加食之籩，盛菱、芡、栗、脯各兩盤；羞籩所盛為糕饎，即糗餌、粉餈。

醢人：掌四豆之實。豆與籩相對應，也分朝事、饋食、加豆和羞豆四類。朝事之豆盛韭菹、醓醢、昌本、麋臡、菁菹、鹿臡、茆菹、麇臡，饋食之豆盛葵菹、蠃醢、脾析、蠯醢、蜃、蚳醢、豚拍、魚醢，加豆盛芹菹、兔醢、深蒲、醓醢、箈菹、雁醢，羞豆盛酏食、糝食。醢人所掌包括五齏、七醢、三臡在內，天子之食供醢六十甕，禮賓供醢五十甕。

醯人：負責製作酸菜、鹽菜之類，天子之食供醯物六十甕，禮賓供五十甕。

鹽人：掌供百事之鹽，祭祀用苦鹽（鹽池鹽）、散鹽（海鹽）。禮賓供形鹽、散鹽，供天子膳饈所用飴鹽（石鹽）。

冪人：掌供巾冪。祭祀時要以疏布巾蓋八尊（盛酒器，五齊三酒盛於八尊），以畫布巾（畫有五色雲氣之巾）冪六彝（盛酒器，鬱鬯之酒盛於彝）。天子所用布巾都有黑白相間的條紋。這種職位並不算繁複，卻設定31人用事，一為飲食衛生，二則是出於禮儀要求。

周代食官的設定，在事實上可能不盡如《周禮》所述，但這種制度的影響卻十分深遠，歷代朝廷大都有相當規模的機構操辦王室飲食，都可以從中看到《周禮》的影子。

士一般受過良好的教育，能文能武，有的出身貧苦，就要靠後天努力，不能世襲。這些士為了得到發揮才能的機會，四處遊說，一旦受到國君賞識，便可破格提拔，有的能進到卿相的位置，產生左右政局的作用。如商鞅原本是魏相公叔痤的家臣，到秦國說動了秦孝公，後被任為大良造，得到秦的重要官職。張儀也是透過遊說而得到重任的，成為顯赫一時的風雲人物。

戰國中期以後，諸侯國中有權勢的大臣常常養士為食客。有名的「戰國四君」──孟嘗君、平原君、信陵君、春申君，以及呂不韋等人，所養的食客都超 3,000 人。這些食客包括不同學派的士，也有罪犯、奸人、俠客，甚至包括有雞鳴狗盜之徒，凡有一技之長的，都可能被收養為食客。食客們幫主人出謀劃策，奔走遊說，以至代為著書立說，無所不能。

被各國權勢者當食客收養的士，在戰國時代成為社會最活躍的一個階層。他們接受主子的衣食，為主子效力賣命。有創造英雄業績者，也有禍國殃民者，魚龍混雜，不可勝數。

八、家國所繫

中國歷史上經歷過許多動亂時期，然而連續 500 多年大規模戰爭不斷、人民少有安寧的時間段卻並不多見，這便是歷史學家們所說的春秋戰國時代，其中以戰國時期的兼併戰爭更為頻繁劇烈，這在中國歷史上也是絕無僅有的。戰爭的勝負，取決於軍事力量的高下，但有時酒食的

第二章　禮食中的神食與人食

影響也很大。兩軍激烈交戰於沙場，成敗卻有時操控於樽俎之間，其微妙的結局往往令人難以置信。

列國爭霸主要是綜合國力和軍事上的較量，沒有強大的軍隊，就只能聽命於別國。如何養兵備戰，是軍事家們和政治家們十分關注的事情。秦國以變法著名的商鞅，變法的主要措施之一就是「重農重戰」，以重農政策發展國家的經濟實力，以重戰政策加強武裝力量，達到富國強兵的目的。在反映商鞅變法思想的《商君書》中，其〈兵守〉一章，談到軍糧的籌集形式，也算得是別具一格。在守城時，商鞅主張將軍民統一分為三軍，壯男一軍、壯女一軍、老弱一軍。壯男之軍每人要帶足乾糧，磨銳兵器，準備迎敵。壯女之軍亦帶足乾糧，幫助挖壕溝，壘土障，阻止敵人進軍。老弱之軍則負責放牧牛羊豬馬，在敵軍到來之前，將牲畜趕出城外，將可吃的草木都吃盡，讓草木化為肉食，實際上等於籌集了一份軍糧，物盡其用。

乾糧作為一種易於儲存、便於食用的方便食品，在西周之前就有了。《詩經‧大雅‧公劉》「乃裹餱糧」之「餱」，即是乾糧。後來乾糧成為軍隊的一種主要食品，在戰爭中發揮了重要作用。行軍用它，守城也用它，《墨子‧備城門》談到守城時即說：「為卒乾飯，人二斗，以備陰雨。」陰雨天不便生火炊飯，所以隨時都要準備一些乾糧。

戰事稍不留意，結局常有意外。尤其在軍隊飲食問題上，即便是老練的指揮家，也難免發生一些失誤。將士們在衣食上稍得慰撫，便能鬥志昂揚，所向披靡。傳說越王勾踐臥薪嘗膽，十年生聚，為報吳國之仇，出師前得人民所獻一囊乾糧，於是將乾糧分予軍士同食。自然是連牙縫都不夠塞的，可是軍士們卻受到了巨大的鼓舞。又有獻一壺酒者，越王命自上游倒進河中，與士卒共飲，結果也是「戰氣百倍」。無獨有

偶,當初秦穆公伐晉,渡黃河時準備慰勞將士,不料只剩下一壺酒醪,於是有人建議說:「即便只有一粒米,倒進河裡去釀成一河酒,將士們不就都能喝上了嗎?」於是將這一壺酒醪倒進了黃河,士兵們都趴到岸邊飲了黃河水,歷史上因此留下「三軍皆醉」的誇張之詞。古兵書《黃石公記》認為那一壺酒醪無論如何也不可能使一河之水都變得有酒味,可是三軍將士卻能因此出生入死,並非酒醪的滋味產生作用,而是一種精神激勵。

戰爭的勝負不一定全都在戰場上體現出來,談判桌上、酒席宴上,往往也能出奇制勝。朝聘與盟會,是東周諸侯國之間外交活動的主要形式。《左傳·昭公三年》:「令諸侯三歲而聘,五歲而朝,有事而會,不協而盟。」朝聘以禮物往來,會盟則以酒食相饗。

有人以《春秋》的記載統計,春秋時的 242 年中,列國朝聘盟會達 450 餘次,軍事行動達 480 餘次。無論軍事行動還是朝聘盟會,都造成了大國對小國的掠奪。朝聘要送上各種貢品,霸國可以用各種名義索取小國的貢品,貢品稍不如意,便會招來討伐之禍。盟會多是在吃喝之中,簽訂停戰協議,以割地賠城而結束。據《左傳·僖公四年》所記,這一年齊國出兵攻打楚國,理由是楚人不向周王室貢獻包茅。周王室用酒祭神,通常要用包茅濾酒,包茅生長在南方,要靠楚國上貢。楚國強盛後不願繼續進貢,因此而招來非議。周王室雖無力討伐,卻有人「替天行道」,於是齊桓公便打著「尊王攘夷」的旗號,組織起齊、魯、宋、陳、衛、曹、鄭等國聯軍,浩浩蕩蕩南下討伐楚國。直到楚國同意恢復進貢包茅後,才訂立盟約,退兵北還。

楚國也有欺人太甚的時候。楚宣王有一次盟會諸侯,魯國和趙國都給楚王獻酒,魯酒薄而趙酒厚。楚國的主酒吏對趙酒很感興趣,希望趙

第二章　禮食中的神食與人食

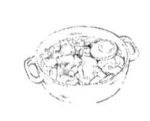

國能單送一些給他，結果沒得應允。於是這主酒吏好生不快，想出一個報復趙國的主意。他用魯國的薄酒換了趙國的厚酒，楚王覺得趙酒太難飲，下了一個荒唐命令，派兵去圍攻趙國的都城邯鄲。這就是「魯酒薄而邯鄲圍」的近乎荒誕的故事（《莊子‧胠篋》）。

會盟有酒有肉，強國主盟，氣氛一般比較平和。但如果會盟雙方實力相當，有時也會相持不下，發生意想不到的事。如由平民自薦指揮長勺之戰擊敗齊國軍隊的曹沫，被魯莊公任命為大夫。後來齊國不甘失敗，又進犯魯國，來勢凶猛，魯國有些招抵不上了，魯莊公準備割地獻城請降。兩國會盟於柯（今山東陽穀東北），正準備舉行割地的簽字儀式時，曹沫突然手持匕首劫持齊桓公，要他歸還侵占的魯地，齊桓公為保住性命，不得已同意歸還一部分魯國失地。

此外還有與和氏璧相關的故事，更有戲劇性。趙惠文王得到了楚國的和氏璧，秦昭王聽說後，也極想得到這塊寶璧，而且假言願以十五城相換。趙人不信有此等事，秦王因此很不高興，接連兩次討伐趙國，拔一城而殺二萬人。兩年之後，秦王又假意與趙王和好，於是兩王會於澠池。秦王飲酒飲到興頭上，脫口說道：「寡人聽說趙王愛好音樂，請為鼓瑟助興。」這當然是一種侮辱，趙王迫不得已而鼓瑟。此事當時便被秦國御史記載下來，云「某年月日，秦王與趙王會飲，令趙王鼓瑟」。跟隨趙王赴會的上大夫藺相如，不甘忍受此等屈辱，便想出個以牙還牙之法，走上前說道：「趙王聽說秦王擅奏秦地樂曲，請秦王敲敲瓦盆以此互相娛樂。」秦王沒有答應，藺相如端著瓦盆，跪著要秦王敲打，秦王仍然不肯。相如要挾說：「再等五步工夫，不答應我就跟你拚命！」秦王左右不敢妄動，秦王雖是滿心不快，不得已還是敲了幾下瓦盆。藺相如十分得意，回過頭叫趙國御史也記上這一筆。秦國的大臣又要趙國獻十五城為

秦王祝壽，藺相如亦不示弱，要秦國把都城咸陽獻給趙王祝壽。兩相僵持，不歡而散。50多年之後，秦國最終吞併趙國。

　　類似在宴會上發生的險情，在春秋戰國時代絕不止一二，甚至還有因嗜味而喪命的事。吳國公子光與伍子胥密謀，決定讓勇士專諸刺殺吳王僚。專諸聽說吳王僚十分喜歡吃烤魚，便到太湖邊向人學習烤魚之技，「三月乃得其味」。公子光設宴，請吳王僚來自己家赴會。酒酣之時，專諸將匕首藏於烤魚腹中，獻給僚。既至王前，專諸擘魚，以匕首刺之，吳王僚當場斃命。公子光自立為吳王，是為闔閭。公子光本人也十分愛吃烤魚，他有一個女兒驕恣非常，據說每每與王爭食烤魚，竟至怨恚而死。

　　兩軍對壘，情勢險惡，你死我活，來不得半點含糊。然而緊張之中，也會摻雜一絲絲輕鬆的氣氛。敵對之軍，還常以禮贈作為點綴。西元前575年，晉國和楚國在鄭國鄢陵發生了一場惡戰。晉厲公在戰鬥間隙還派出侍臣帶著飲品，代表欒針去敵陣拜訪率領楚國左軍的令尹子重，以示晉國之勇。子重向使者述說了過去與欒針的交情，不客氣地接受了使者帶來的飲品，並當面喝了下去。放走這位特別使者後，緊接著子重擊鼓出戰，與晉軍從早一直戰到星辰出現在天空。後來因楚國將軍司馬子反喝了僕從所給的酒，醉不能戰，楚師因之戰敗。

　　因飲食變故而帶來的國難家禍，在春秋戰國時代似乎特別多，這也從一個側面反映出那個時代的人對飲食問題的態度。據《戰國策‧中山策》說，中山國君有一次宴請他的士大夫們，有個叫司馬子期的也在座，就因為有一道羊肉羹的菜他沒有吃到，心裡十分生氣。子期一氣之下跑到楚國，請楚王派兵討伐中山國。中山國君隻身逃脫，不料有二人緊隨其後。一問才知，原來是弟兄倆，早年他們的父親餓得快死了，是

第二章　禮食中的神食與人食

中山國君送給他隨身帶的乾糧吃了，救了一命。二人救駕，正是為了報這救命之恩。中山國君十分感嘆地說：「我因為一碗羊肉羹而亡了國，卻因一壺乾糧而得到兩個勇士救護！」

像司馬子期這樣，因為一道菜而鬧出這麼大的亂子的，在那個時代並不是什麼稀罕事。又據《左傳·宣公二年》所述，鄭國公子歸生受命於楚，前去攻打宋國，宋國將領華元帶兵迎戰。戰前華元殺羊慰勞將士，結果忘了給自己的御手羊斟吃肉。開戰後，羊斟生氣地說：「前日裡給誰吃羊肉由你華元說了算，今日這勝負之事可得由我說了算！」於是駕著華元的戰車直入鄭國軍陣，宋師沒了統帥，遭到了慘敗。以個人私怨而敗國殄民，羊斟要算典型的一例。還有一件事發生於上述戰爭兩年之後，即魯宣公四年（西元前605年），楚人獻了一個大鱉給鄭靈公，鄭公子宋（子公）和子家（歸生）知道了這樣的美味，很想一飽口福。靈公知道子公之意，有意刁難他。靈公把大夫們都召集來，讓他們一起來嘗嘗鱉湯，同時也把子公叫來，卻並不給他鱉吃。子公站立一旁，怒火中燒，跑上前去，將手指伸到鼎中，沾了一點鱉湯嘗了嘗，轉身走出殿去。這使靈公十分惱怒，想殺掉子公。子公與子家有謀在先，還沒等靈公動手，他們先殺了鄭靈公。就這樣，一鍋王八湯，釀成了一幕宮廷悲劇。

一肉之恨必洩，一飯之恩必報，是東周時人們的典型品德之一。晉人靈輒在翳桑餓得走不動路了，躺在地上等死。正好被趙盾遇見，送給他隨身所帶的食物，並接濟他年老的母親。靈輒後來做了晉靈公的衛士，有一次靈公派人追殺趙盾，情勢危急，靈輒倒戈相救，趙盾倖免於難，後方得知是靈輒報翳桑救命之恩。後來靈公被弒，趙盾又有機會回朝迎立成公。

九、禮始諸飲食

崇尚禮儀以規範社會行為，在周代是非常嚴肅的事。《禮記‧曲禮》曰：「入境而問禁，入國而問俗，入門而問諱。」這話成了周代那個崇尚禮儀的社會所奉行的行為準則。尤其對於飲食禮儀，人們態度之嚴肅，遠不是現代人所能想像到的。

《禮記‧禮運》中說：「夫禮之初，始諸飲食。」意思是，禮儀產生於飲食活動，飲食之禮是一切禮儀的基礎。飲食禮節雖然不是文明社會所獨有的現象，它的產生可能與飲食本身大體同時，但文明社會的繁文縟節卻遠不是野蠻時代所可比擬的。由於文獻資料的缺乏，我們對夏商時的飲食禮儀不是太清楚，但至遲在周代，飲食禮儀已形成了一套相當完整的制度。飲食內容的豐富，居室、餐具等飲食環境的改善，如何使飲食過程規範化，就成了一個急待解決的問題。於是，高層次的飲食禮儀自然而然就產生了，與禮儀相關連的一些習慣也逐漸形成了。這些飲食禮俗即使在今天也有一定的合理性，許多規範一直出現在現代人的飲食生活中，這也是構成中國飲食文化的重要特徵之一。

周代的飲食禮俗，經過儒家後來的精心整理，比較完整地儲存在《周禮》、《儀禮》和《禮記》的篇章中。這裡我們簡單敘述一下客食之禮、待客之禮、侍食之禮、喪食之禮、進食之禮、侑食之禮、宴飲之禮，從中可見周代飲食禮俗之大端。

(1)客食之禮。作為一個客人，首先，赴宴時坐的位置就很有講究，要求「虛坐盡後，食坐盡前」。古時無椅、凳之類，席地而坐，一般情況下要坐得比尊者長者靠後一些，以示謙恭；而飲食時則要盡量坐得靠前一些，靠近擺放饌品的食案，以免食物掉在坐席上。

第二章　禮食中的神食與人食

其次，要求「食至起，上客起」。宴飲開始，饌品端上來時，客人要起立。在有貴客到來時，其他客人都要起立，以示恭敬。如果來賓地位低於主人，必須端起食物面向主人道謝，等主人寒暄完畢，客人才可入席落座。

進食之先，等饌品擺好之後，主人引導客人行祭。古人為了表示不忘本，每食之先必撥出各種饌品少許，放在杯盤之間，以報答發明飲食的先人，是謂之「祭」。食祭於板，酒祭於地，等食畢後即撤下。如果在自己家裡吃上一餐的剩飯，或是吃晚輩準備的飲食，就不必行祭，稱為「餕餘不祭」。

享用主人準備的美味佳餚，雖然佳餚都擺在面前，而客人卻不可隨便取用。須得「三飯」之後，主人才指點肉食讓客人享用，還要告知客人所食肉物的名稱，細細品味。所謂「三飯」，指一般的客人吃三小碗飯後便說吃飽了，須主人再勸而食肉。實際上，主要饌品還沒享用，何得而飽？這一條實為虛禮。據《禮記·禮器》所云：「天子一食，諸侯再，大夫、士三，食力無數。」這是說天子位尊，以德為飽，不在於食味，所以一飯即告飽，要等陪同進食的人勸食，才繼續吃下去。而諸侯王是二飯、士和大夫是三飯而告飽，都要等到再勸而再食。至於農、工、商及庶人，便不受這禮法的約束，所以沒有幾飯而告飽的虛禮，吃飽了便止，正所謂「禮不下庶人」。

宴飲將近結束，主人不能先吃完飯而撤下客人，要等客人食畢才停止進食。主人未飽，「客不虛口」。虛口是指以酒漿盪口，使清潔安食。主人未食畢而客先虛口，便是不恭。

宴飲完畢，客人自己須跪立在食案前，整理好自己所用的餐具及剩下的食物，交給主人的僕從。待主人說不必客人親自動手，客人才住

手,復又坐下。如果是本家人,或是同事聚會,沒有主賓之分,可由一人統一收拾食案。

如果是較隆重的筵席,這種撤食案的事不能讓婦女承擔,怕她們力不勝勞,可以讓年輕男子來做。

(2)待客之禮。主人接待客人的方式,上面已言明一二。及至僕從待客,也有一些很具體的禮節,大意不得。僕從安排筵席,對於饌品的擺放有嚴格的規定,例如帶骨的肉要放在淨肉的左方,飯食要放在客人左邊,肉羹則放在右邊。膾炙等肉食放在外邊,醯醬調味品則放在距人較近的地方。酒漿也要放在近旁,蔥末之類的可放遠一點。如有肉脯之類,還要注意擺放的方向。這些規矩大致上還是切合實際的,主要還是為了取食方便。

食器飲器的安排也毫不含糊。僕從擺放酒尊、酒壺等酒器,要將壺嘴面向貴客。端出菜餚時,不能面對客人和菜盤子大口喘氣。如果此時客人正巧有問話,僕從回答時,必須將臉側向一邊,避免呼氣和唾沫濺到盤中或客人臉上。如果上的菜是整尾的燒魚,一定要將魚尾指向客人,因為鮮魚肉從尾部易與骨刺剝離。乾魚則正好相反,上菜時要將魚頭對著客人,乾魚從頭端更易於剝離。冬天的魚腹部肥美,擺放時魚腹向右,便於取食;夏天的魚鰭部較肥,所以將背部朝右。主人的情意,由此可以見其深厚和真切。

(3)侍食之禮。陪侍年長位尊者進餐,自己不是主要的客人,主人親自進饌,則不必出言為謝,拜而食之即可。如果主人顧不上親自供饌,客人則不拜而食。

陪長者飲酒時,酌酒時須起立,離開坐席面向長者拜而受之。待長者表示不必如此,少者才返還入座而飲。如果長者一杯酒沒飲盡,少者

第二章　禮食中的神食與人食

不得先飲盡。長者如有酒食賜予少者和僮僕等低賤者,他們不必辭謝,地位差別太大,連道謝的資格都沒有。

侍食年長位尊的人,少者還得準備先吃幾口飯,謂之「嘗飯」。雖先嘗食,卻又不得自個兒先吃飽肚子,必得等尊長者吃飽後才能放下碗筷。少者吃飯時還得小口小口地吃,而且要快些嚥下去,以準備隨時能回覆長者的問話,謹防有噴飯的事。

凡是熟食製品,侍食者都得先嘗嘗。如果是水果之類,則必讓尊者先食,少者不能搶先。古來重生食,尊者若賜給位卑者水果,如桃、棗、李子之類的,吃完這果子,剩下的果核不能扔下,須懷而歸之,否則便是極不尊重的了。如果尊者將沒吃完的食物賜給你,若是盛食物的器皿不易洗滌乾淨,就得先都倒在自己用的餐具中才可食用,貴族們對於個人飲食衛生可是相當講究的。

(4)喪食之禮。家國之喪,有喪食之禮。《禮記‧問喪》說:「親始死……三日不舉火,故鄰里為之糜粥以飲食之。」親人死去,家裡三日不做飯,而由鄰里鄉親送些粥來給他們吃。

如果是君王去世,王子、大夫、公子(庶子)、眾士三日不吃飯,但以食粥服喪。大夫死了,家臣、室老、子姓都是只能吃粥。魯悼公死後,季昭子問孟敬子道:「為君王服喪,該吃什麼?」敬子說:「那當然是吃粥,吃粥為天下之達禮。」

病人服喪,可以受到一些照顧,不必死守吃粥的規矩。這服喪之禮到了後來,發展到一些孝子終身食粥,連鹽菜都要戒絕。當然也有不孝的子孫,祖先去世,依然吃大肉大魚。現在有的地方辦喪事也大吃大喝,喪事當成喜事辦,那又另當別論了。

(5)進食之禮。進食時無論主賓還是客人,對於如何使用餐具,如何

吃飯食肉，都有一系列具體的行為準則，這些準則主要有：

共食不飽。與別人一起進食，不能吃得太飽，要注意謙讓。

共飯不澤手。據經學家的解釋，認為古時吃飯無有器具，但用手而已，兩手摩挲，恐生汗汙飯，為人所穢。這是一種誤解。當指同器食飯，不可用手，食飯本來一般用匙。

毋搏飯。不要把飯搏成大團，大口大口地吃，有爭飽不謙之嫌。過去把「搏」釋為手抓飯，同樣也不妥當。

毋放飯。要入口的飯不要再放回飯器中去，這樣很不衛生。

毋流歠（ㄔㄨㄛˋ）。不要長飲，讓人覺得自己是想快吃多吃。

毋吒食。咀嚼時不要讓舌在口中作聲，有不滿主人飯食之嫌。

毋齧骨。不要啃骨頭，一是容易發出不中聽的聲響，使人感到不敬重；二是怕主人感到是肉不夠吃，還要啃骨頭致飽；三是啃得滿嘴流油，面目可憎可笑。

毋投與狗骨。客人自己不要啃骨頭，也不要把骨頭扔給狗去啃，否則主人會覺得你看不起他準備的飲食。

毋反魚肉。自己吃過的魚肉不要再放回去，應當吃完。

毋固獲。「專取曰固，爭取曰獲。」是說不要因喜歡吃某一味食物就只吃那一種，或者爭著去吃，有貪吃之嫌。

毋揚飯。不要為了能吃得快些，就揚起飯料以散去熱氣。

飯黍毋以箸。吃黍飯不要用筷子，但也不是提倡直接用手抓。食時用匙，筷子是專用於食羹中之菜的，不可混用。

毋嚺羹。吃羹時不可太快，快到連羹中菜都顧不上嚼，既易出惡聲，亦有貪多之嫌。

毋絮羹。客人不要自行調和羹味，這會使主人懷疑客人更長於烹調。

毋刺齒。進食時不要隨意剔牙齒，但並不是絕對禁止剔齒，如齒塞須待飯後再剔。周墓中曾出土過很多牙籤。

毋歠醢。不要直接端起肉醬就喝。肉醬本來很鹹，是用於調味的，客人如端起就喝，主人便會覺得自己的醬沒做好，味太淡了。看到客人歠醢，主人甚至可能說出自己太窮，連鹽都買不起的話來。

濡肉齒決，乾肉不齒決。溼軟的肉可直接用牙齒咬斷，不可用手擘；而乾肉則不能用嘴撕咬，須用刀匕幫忙。

毋嘬炙。大塊烤肉或烤肉串不要一口吃下去，如此不及細嚼，狼吞虎嚥，儀態不佳。

當食不嘆。吃飯時不要唉聲嘆氣，唯食忘憂，不可哀嘆。

對於這些禁條，我們無須以現代人的標準橫加評論。中國古代文明的細枝末節，就這樣在飲食生活中得到了圓滿體現。

(6)侑食之禮。貴族們進食，往往有龐大的樂隊奏樂，以樂侑食，口嘗美味，耳聽妙樂。地位越高，樂隊的規模也就越大。這類「飲食進行曲」令人陶醉，使整個宴飲過程變得莊重而有韻律，在音樂所造就的藝術氛圍裡，大約不常出現狂呼亂醉的不和諧場面。

古代的樂器按製作材料的不同，分為金、石、土、革、絲、木、匏、竹八大類，總稱為「八音」，簡稱金石之樂。八音和鳴，象徵國泰民安。所有樂器中最考究的是金鐘和石磬。磬為石塊思索而成，最早的磬出現在龍山文化時代。到了周代，磬成為編組樂器，與編鐘一樣，都須並排懸在立架上演奏，聲音清亮高亢。

從西周起開始流行編鐘,幾個不同音階的青銅鐘編為一組演奏。最早的編鐘見於周穆王之時,都是三個一組。到了西周晚期,編鐘陣容開始擴大,增加到 7～9 件一套。到戰國時更是大大擴展,竟有了像曾侯乙墓那樣大小 64 件組合而成的壯觀編鐘。曾侯乙不過是個小小的諸侯國君,我們難以想像出周天子的編鐘有多大規模。

擊鼓撞鐘,以樂侑食的場景在後來戰國銅器上有生動的刻劃,大約也能反映出西周時的一般情形,僅以影像觀之,已是十分壯觀了。

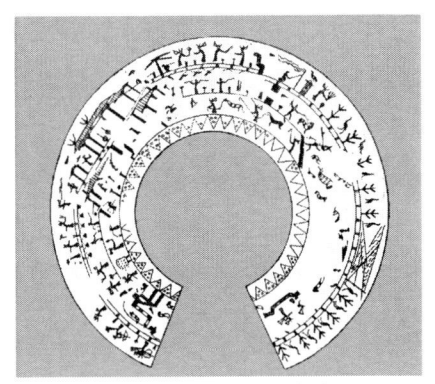

戰國銅器:刻紋射禮宴樂圖

如果年景不好,遭逢饑荒,則要變食止樂。《禮記‧玉藻》中說:「年不順成,則天子素服,乘素車,食無樂。」吃飯時不僅免了奏樂,而且不食魚肉,須「稷食菜羹」,自戒自貶。或國有災難,大臣傷亡,均按此例。又如《春秋傳》所載:「司寇行戮,君為之不舉。」逢外寇入侵,以至斬決罪犯的事,國君都不可一面欣賞歌舞,一面大吃大喝。

(7)宴飲之禮。周代禮儀之謹嚴,在宴飲活動中表現得最為充分。在《儀禮》中的〈鄉飲酒禮〉、〈鄉射禮〉、〈大射儀〉、〈燕禮〉、〈公食大夫禮〉、〈聘禮〉、〈覲禮〉各篇中,對相關的飲食禮儀有著嚴格的規範。如「鄉飲酒」之禮,鄉學三年大比,按學生德行選其賢能者,向國家推薦,正月

推薦學生之時，鄉里大夫以主人身分，與中選者以禮飲酒而後薦之。整個鄉飲酒程序，大約分 27 個步驟進行。

首先，鄉大夫請鄉學先生按學生德能分為賓、介、眾賓三等，賓為最優，大夫主持大禮，告誡賓介互行拜答之禮。接著是陳設，為主人及賓、介鋪陳坐席，眾賓之席鋪的位置略遠一些，以示德行有所區別。在房戶間擺上兩大壺酒，還有肉羹等。擺設完畢，主人引賓、介入席，入席過程中，賓主不時揖拜。

飲酒開始，主人拿起酒杯，親自在水裡盥洗一過，將杯子獻給賓，賓拜謝。主人接著為賓斟酒，賓又拜。酒肉之先，照例要祭食。席上設俎案，放上肉食，賓左手執爵杯，右手執脯醢，祭酒肉，然後嘗酒，拜謝主人。主人勸賓飲酒，賓一飲而盡，又拜謝安坐。接著主人又獻介飲酒，禮儀與賓相同。介回敬主人飲酒。主人又勸眾賓飲，眾賓也回敬主人。

席間有樂工四人，二人鼓瑟，二人歌唱，另有樂師一人擔任指揮。所歌為《詩經·小雅》之〈鹿鳴〉、〈四牡〉、〈皇皇者華〉。〈鹿鳴〉為君臣同燕、講道修政之歌，〈四牡〉為國君慰勞使君之歌，〈皇皇者華〉為國君遣使者之歌。三曲歌畢，主人請樂工飲酒。接著又是吹竹擊磬，都是演奏為《詩經》所譜的樂曲。整個飲酒過程中，樂聲間而不斷，最後還有合樂，即合奏合唱，所歌也都是《詩經》中的篇章，如《周南·關雎》、《召南·鵲巢》等。

賓主應酬之禮和笙歌之禮畢，大概主賓已有些疲倦了，於是主人指使一人為「司正」，作為監察，以防發生失禮的事。以下進行的是相互比較隨意的祝酒，賓、介和眾賓之間也可互相祝酒，這時的禮節稍有懈怠，不像起初那麼一本正經。

末了,主人請撤去俎案。賓主飲酒前都曾脫了鞋子上堂,現在要去把鞋子穿上,又是互相揖讓,升坐如初。燕坐時,主人命進饈饌如狗肉之類,以示敬賢盡愛之意。最後,賓、介等起身告辭,樂工奏樂,主人送賓於門外,拜別。

到了此時,這鄉飲酒禮還不能說已經結束。第二天,賓還要穿著禮服前往拜謝主人的恩惠,這時又要舉行一次簡單一點的宴會,禮儀要求不甚嚴格。如飲酒不限量,將醉而止;奏樂不限次數,合歡而已。有時也不必特為殺牲,有什麼就吃什麼,不必大操大辦。另外,與會者還可帶一些親友同飲,沒什麼特別的限制。如此「鄉飲酒」,對鼓勵年輕人勤學上進具有一定的積極意義。

又如「大射」之禮,將飲食活動引進到娛樂遊戲之中,增添了幾多活潑的氣氛。諸侯王在舉行一次祭祀之前,要與臣屬一起射矢觀禮。射靶及格者方得與諸侯同祭,否則就沒有同祭的資格。這本是極簡單的射擊比賽,卻被賦予了繁複的禮儀教條,約需經過四十道程序,這大射禮方算完成。

射禮開始,主持的宰官告誡百官,公布大射禮儀程序。宰夫吩咐宰與司馬等官員布置靶位,靶子為布巾,稱作「侯」。樂工布置笙、磬、鍾、鼓等樂器,食官布置酒食百官之饌。一切安排妥當,百官按規定順序入席。宰夫主持酒宴,諸侯王與百官相互祝酒、獻膳,酌酒前都要洗一下爵杯,受酒時都要拜謝。席間樂聲起伏,隆重而熱烈。

酒足食飽,正式射擊比賽才開始,與會者輪番發射,數靶、取矢。勝負既明,便要罰負者飲酒,同時也勸勝者飲,數靶者亦飲。接著樂正指揮奏樂,比賽隨著樂聲的節奏又一次開始,又是取矢、數靶,負者飲酒。射者將弓矢放下,重新入席坐定,其他小臣收拾射擊用具。下面又

第二章　禮食中的神食與人食

開始飲酒，享用各種美味饌品。諸侯王叫大家開懷暢飲，眾人聽命。相互間又是一番應酬，飲在興頭，說不定又要重射一次。最後，宰夫勸庶子及其餘小臣飲酒，多少不限。

此時天色已晚，侍臣在宴飲場所點上燈燭。百官告辭，諸侯王卻還要坐一會兒，又一陣樂聲終了，射禮才算結束。這種射禮的場面不僅見諸儒家經典的描述，更見於東周時代的一些圖案紋飾，從中可以清楚地找到勸酒、持弓、發射、數靶、奏樂的活動片段，生動地再現了當時的情形。

戰國青銅器上的射禮圖

再如「公食大夫」之禮，為國君宴請他國使臣之禮。國君先派大夫到賓館迎請使臣，告以將行宴飲之事，使臣三辭不敢當，最後還是跟著大夫到了宴會之所。這時宴會的準備工作自然早已開始，陳列著七鼎、洗盤等器具。坐席鋪好，几案擺正，酒漿和饌品也已齊備。國君身穿禮服，迎賓於大門內。賓主揖讓再三，答拜連連，然後落座。膳夫和僕從獻上鼎俎魚肉和醢醬，這些饌品的種類和擺放的位置都有一定之規，不得錯亂。最後獻上的是飯食和大羹，擺設完畢，大宴開始。賓主又是互拜一番，賓祭酒食，開始進食。開始也是不可吃得太飽，照例須「三飯而告飽」。宴會結束，使臣告辭，國君送於門邊。膳夫等人則將沒有吃完

的牛、羊、豕肉盛裝起來,送到來賓下榻之地。把殘肉剩飯送給客人去吃,有點「吃不了兜著走」的意思,這件事要是放在今天,不僅是極不敬重的舉動,恐怕還會是對客人的侮辱。

東周時的宴飲場面在《詩經》中也有許多描寫,而最經典的則要算《小雅·賓之初筵》一篇。詩中寫道:

> 賓之初筵,左右秩秩。籩豆有楚,殽核維旅。
> 酒既和旨,飲酒孔偕。鐘鼓既設,舉酬逸逸。
> 大侯既抗,弓矢斯張。射夫既同,獻爾發功。
> 發彼有的,以祈爾爵。……

詩的意思是:賓客就席,揖拜有禮。籩豆成行,餚饌豐盛。酒醇且甘,飲而舒心。懸鐘按鼓獻酬不停。箭靶張立,弓已滿弦。對手賽射,比試高低。中靶為勝,敗者罰飲。這顯然是大射禮的藝術描寫,讀來引人入勝。

禮儀之於飲食,在周代貴族們看來,那是比性命還要重要的事。《禮記·禮運》中說:「禮之於人也,猶酒之有糵也。」意即無糵不成酒,無禮不為人。《詩經·鄘風·相鼠》更強調:「相鼠有體,人而無禮。人而無禮,胡不遄死!」不講禮儀的人,還不如去死的好,這話實在過於嚴苛了。唐代崔融〈為韋將軍請上禮食表〉中有云:「飲食之禮,聖賢所貴,以奉君人,以親宗族。」這句話道出了飲食之禮形成的根蒂,古代的人們之所以對此津津樂道,奧妙也正在於此。

當然禮儀過於繁複,也會表現出不切實際的弊病,甚至統治者們也會感到不方便。例如食物,符合禮儀規定的食物並不一定都愛吃,如大羹、玄酒和菖蒲菹之類;另外想吃的食物,卻又因不符合禮儀規定而不能一飽口福。賈誼《新書》載:周武王為太子時,很喜歡吃那聞著臭吃著

第二章　禮食中的神食與人食

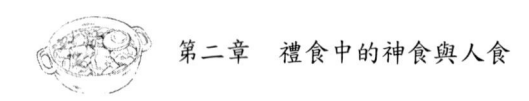

香的鮑魚,可是姜太公就是不讓他吃,說:「鮑魚祭祀不用,所以不能用這類不合禮儀的東西給太子吃。」不用於祭祀的食物都不能吃,而用於祭祀的食物卻未必全都好吃,有時真會倒人胃口,這是周禮的另一種情形。

第三章　食制與食具

　　每日飲食，一般安排幾餐？這當然不是學問，也許只是習慣。當代人用一日三餐製作為膳食規制，早中晚安排得有條有理。但在古時卻是不同的，有正餐，也有加餐，並不限於三餐。正餐以菜餚佐食，加餐可能就是點心而已。

　　除了餐食規制，怎樣進食，也有習慣與風俗的講究。採用什麼進食方式，選擇什麼食具，慢慢也形成了傳統，成為飲食文化的一個重要內容，也成為區分不同群體的標識。

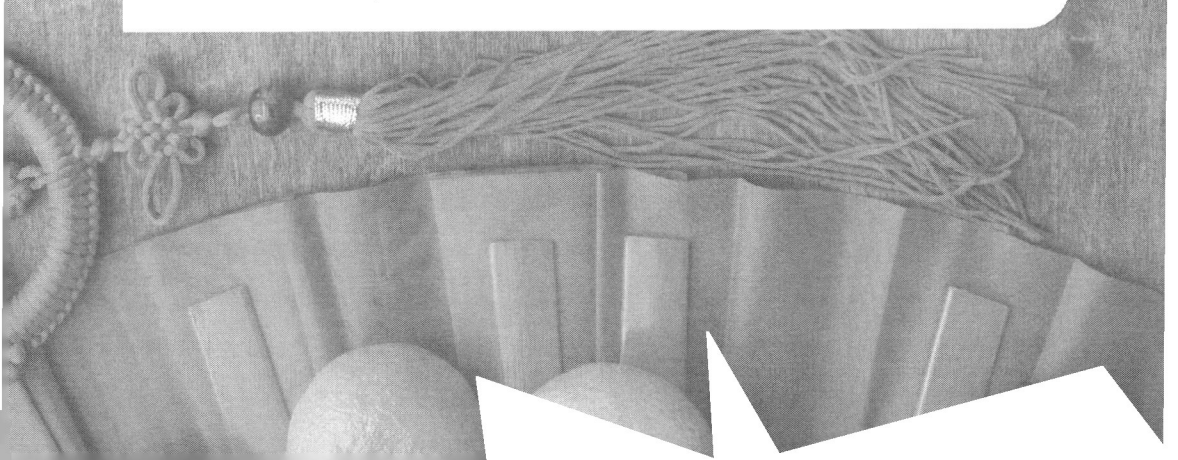

第三章　食制與食具

一、羹食與飯食

中國古代傳統飲食中的主體，除了粒食粥與飯，佐餐副食是羹，飲料當然就是穀物酒了。司馬遷在《史記》中將長江流域人的生活用「飯稻羹魚」來概括，說的就是這樣的傳統。

說到羹和酒，不能不提到「大羹」與「玄酒」，這些本是周代食禮中的必備之物，是很特別的食飲。玄酒在貴族們的飲食中有很重要的意義，《禮記·禮運》中說，進食時要把玄酒放在最重要的位置，比其他酒更受重視。又說「玄酒以祭」，是說祭祀時一定少不了玄酒。在《禮記》的其他食禮條文中曾也提到玄酒，說玄酒要用漂亮的酒器盛裝，並說「尊有玄酒，教民不忘本也」。

何謂「玄酒」，清水而已，以酒為名，古以水色黑，謂之「玄」。太古無酒，以水為飲，酒釀成功後，水就有了玄酒之名。周禮用清水作為祭品，表現了當時對無酒時代以水作飲料的一種追憶，並且以此作為不忘飲食本源的一種經常性措施。這個祭法的施行，可能在周以前就有了很久遠的歷史，應當產生於更早的時代。

再說大羹。羹是中國古代很流行的饌品，它是將肉物菜料一鍋煮的食法，尤其是在油炒方法沒有推行的時代，人們享用的美味多半是由羹法得到的。《儀禮·士昏禮》中說，大羹要放在食器中溫食，又說大羹溫而不調和五味。《周禮·天官·亨人》中說，祭祀和招待賓客都要用大羹和鉶羹。何謂「大羹」？學者認為它是不加鹽菜和任何佐料的肉羹。

用大羹作祭品，與用玄酒一樣，也是為了讓人回憶飲食的本始，同時也是為了以質樸之物交於神明，以討得神明的歡心。招待賓客亦用大羹，則是很尊貴的饌品，而且要放在火爐上，以便在用餐時能趁熱食

之。由於大羹不調五味，熱食味道略好一些，所以須放在爐火上。考古發現過不少周代的爐形鼎器，器中可燃炭，可能就是用作溫熱大羹的，考古學家們稱它們為「溫鼎」。

我們不知道史前人類只限於享用大羹玄酒的年代持續了多久，恐怕要以百萬年計。換句話說，人類發展歷程中的絕大部分時光都是在無滋無味中度過的。當以甜、酸、苦、辣、鹹這五味為代表的滋味成為人類飲食的重要追求目標時，烹飪才又具有了烹調的內涵，一個新的飲食時代也就開始了。這個時代的開端並沒有導致大羹玄酒完全從飲食生活中退出，但它確實是個重要的開端，意義重大。

烹羹積久成習，很自然地成為古代食饌的主幹，也一直影響到後世乃至現代人的生活。《尚書·說命》借商王的話，將做宰相總比為「和羹」，這與後來老子說的「治大國若烹小鮮」是一樣的道理，治理國家與當個廚師沒什麼不同。這樣的道理，漢代劉向《新序·雜事》也有妙說，值得一讀：

> 晉平公問於叔向曰：「昔者齊桓公九合諸侯，一匡天下，不識其君之力乎？其臣之力乎？」……師曠侍曰：「臣請譬之以喻五味。管仲善斷割之，隰朋善煎熬之，賓胥無善齊和之。羹以熟矣，奉而進之。而君不食，誰能強之？亦君之力也。」

一個國君好比一個美食家，他的大臣們就是廚師。這些廚藝高超的大臣，有的善屠宰，有的善火候，有的善調味，如此做出來的「餚饌」不會不美，國家不愁治理不好。商王武丁有名相傅說，他於夢中見到他想得到的這個人，令人四處訪求，舉以為相。武丁重用傅說，國家大治，他將傅說比為釀酒的酵母、調羹的鹽梅，也是以廚事喻治國。武丁讚美傅說的話是：「若作酒醴，爾唯麴糵；若作和羹，爾唯鹽梅。」此外，還

第三章　食制與食具

有以烹飪喻君臣關係的，由平常的烹飪原理演繹出令人信服的哲理，這是受到了伊尹的影響。

從禮儀進食規範看，羹食傳統也是根深蒂固的。《禮記・曲禮上》中說：「凡進食之禮，左殽右胾，食居人之左，羹居人之右。」為何要將羹放置在右邊，因為右手執箸，為著取食方便。《禮記・曲禮上》中又說：「羹之有菜者用梜，其無菜者不用。」這裡的梜依《廣韻》說即為筴，也就是箸，《廣雅・釋器》中也說「筴謂之箸」。《禮記》中說得非常清楚，梜是專用於夾取羹湯中的菜食的。

羹食是先秦乃至漢代佐食的傳統饌品，這傳統大體可上溯至新石器時代。新石器時代的主副食大多採用蒸煮法，用煮法汁水較多，米豆多水而成粥，菜肉多汁則成羹。一直到漢代，先人們使用的烹飪器具都是以釜（鼎、鬲、罐）為主，說明在很長時期享用的菜餚確是以羹為主，不論什麼菜，只要加點水一煮就成，古代說的羹藿、羹魚便是如此。先秦乃至漢代，佐飯的副食主要就是羹，羹常常與飯食連稱，見之於許多文獻，例如：

> 堯之王天下也……糲粢之食，藜藿之羹。
> ——《韓非子・五蠹》

> 孫叔敖相楚，棧車牝馬，糲餅菜羹，枯魚之膳。
> ——《韓非子・外儲說左下》

菜肉沉在羹汁中，用餐匙取食很不方便，而且匙面較平，不容易撈出肉塊，也不容易撈出菜葉。這時最適用的自然就是成雙的箸了，只有它才能在滾燙的羹湯中夾起菜和肉來，如果直接用手指食羹，那是不方便的。羹食的出現，促進了古箸的出現；古箸的出現與普及，又促進了羹食的發展。從羹與箸的關係看來，烹飪方式與進食方式有一種互相依存的關係。

河南新密出土的漢畫〈備宴圖〉

以羹佐飯的配餐方式，應該創立於史前時代，創立在陶釜發明不久的時代。食羹用的箸也應當發明在史前時代，發明在烹羹技術出現的年代。

有個成語是「懲羹吹齏」，也是羹食傳統的一個生動寫照。羹以熱食為宜，齏則以冷食最佳。人們有時會被熱羹燙著，心懷戒懼，吃冷齏時習慣吹一下，生怕再燙著。語出《楚辭‧九章‧惜誦》：「懲於羹者而吹齏兮，何不變此志也。」後來用於形容心有餘悸、過於謹慎的心態，與蛇咬之後怕井繩的道理相似。

羹食作為一種飲食傳統，一直到漢代還十分穩固，馬王堆漢墓出土遣冊所記的77款隨葬饌品中，就有羹名5種共24款，即大羹、白羹、巾羹、逢羹、苦羹。大羹就是前面說的不調味的淡羹，講究本味，共9鼎之多。

及至唐代，羹仍為常食。唐代習俗，婚後三日的新嫁娘，要親自下廚，表現自己持家的本事。有王建〈新嫁娘〉一詩為證：

三日入廚下，洗手作羹湯。

未諳姑食性，先遣小姑嘗。

103

第三章　食制與食具

羹湯調好，味道究竟如何，要待婆婆來品嚐。可是又不知婆婆的口味標準，只好請小姑子先嘗一嘗，這是萬無一失的法子，這個新嫁娘很聰敏。

唐代宰相李吉甫的兒子李德裕，後來也做了宰相，據說他窮奢極欲，有錢到不知如何花費才好。李德裕曾吃一杯羹，花費三萬之巨，羹中雜有寶貝珠玉，只煎三次，這些珠寶便倒棄在汙水溝中。這有點像魏晉時期何宴製作的五石散，沒有花不完的錢是做不了這勾當的。

清代著名戲曲理論家、作家李漁在他的《閒情偶寄》中論及羹湯，很是精彩，言他書所不言，他說：「飯猶舟也，羹猶水也。舟之在灘，非水不下，與飯之在喉非湯不下，其勢一也。且養生之法，食貴能消；飯得羹而即消，其理易見。故善養生者，吃飯不可無羹；善作家者，吃飯亦不可無羹。宴客而為省饌計者，不可無羹；即宴客而欲其果腹始去，一饌不留者，亦不可無羹。何也？羹能下飯，亦能下饌，故也。近來吳越張筵，每饌必注以湯，大得此法。吾謂家常自膳，亦莫妙於此。寧可食無饌，不可飯無湯。有湯下飯，即小菜不設，亦可使哺啜如流。無湯下飯，即美味盈前，亦有時食不下嚥。予以一赤貧之士，而養半百口之家，有飢時而無饉日者，遵是道也。」

李漁說了這麼多的道理，並無什麼不當之處，遺憾的是他沒有往文化傳統的途徑去追溯羹之內涵，有所欠缺。

李漁在他的《閒情偶寄》中也論及粥、飯與麵食，他說：「食之養人，全賴五穀。」五穀為食，粒食的粥飯為首選，所以李漁又說：「粥飯二物，為家常日用之需，其中機轂，無人不曉。」他還用心於粥飯用水用火的機巧，道出了不少理論來。

雖是以五穀為食，南北方卻有明顯不同，所以李漁又說：「南人飯米，北人飯麵，常也。」這個不同，至今依然如是。

二、小食與點心

其實李漁在《閒情偶寄》中，說五穀還提到了糕餅，這便是當今常說的點心之類的食品。

古代「小食」之名，最早見於《稗海》本晉人干寶所著的《搜神記》。《搜神記》中有「卯日小食時」一語，指的可能是早餐之時，與正餐相對，並不直接指食物。又如《梁書・昭明太子傳》所言：「京師穀貴，太子因命菲衣減膳，改常饌為小食。」那時所說的小食，顯然指的是較為簡便的飲食，又不一定專指早餐而言。

其實「小食」一詞出現比這要早得多，漢代許慎在《說文解字》中即已提及：「既，小食也」；「嘰，小食也……相如〈大人賦〉曰嘰瓊華」。在甲骨文裡，「既」是一個會意字，字左邊是食器的形狀，右邊則像一人吃過轉身將要離開的樣子，它的本義是「吃過了」。《禮記・玉藻》中有「君既食」這樣的話，也是吃完了的意思。這個意思還有引申，可以轉用到特指日全食或月全食，「既」就有了食盡的意思。《左傳・桓公三年》：「秋七月壬辰朔，日有食之，既。」杜預注說：「既，盡也。」

近人羅振玉不太贊成《說文解字》的解釋，他說：「即，像人就食；既，像人食既。許訓既為小食，義與形不協矣。」不論許慎的解釋有無差錯，他的話是非常重要的，他的文字說明在漢代時應有了「小食」的說法。當然，那時的小食可能只是指一種非正式場合的食法，而不一定具體指食物本體。

按照烹飪史家的說法，小食是一種小分量的食品，以有無湯汁作區別：如有湯，則稱為小吃；如無湯，就是點心。這當然是現代人所作的區別。其實在古代，小吃與點心並無明確區別，或者本來就是一事兩說，通指正餐之外的飲食，並沒有具體指稱何種食物。如《唐六典》有

第三章　食制與食具

記錄說,「凡諸王以下,皆有小食料、午時粥料,各有差」。所謂「小食料」,指的當是早點,而「午時粥料」就更明確了。唐代人將早餐稱為「小食」,在這裡尋找到一個很好的證據。

宋人吳曾的《能改齋漫錄》,曾對「點心」一詞做過考論。他說那時通常「以早晨小食為點心,自唐時已有此語」。唐代人已將隨意吃點東西稱作「點心」,早晨的小食也可稱為「點心」,點心的說法看來是唐人的發明。我們現在將吃早餐說成吃「早點」,這是早晨的點心,與唐代時的說法沒有明顯區別。

小食作為早餐的名稱,在宋代還沒有明顯變化。《普濟方》有「平旦服藥,至小食時……」語,這「小食時」明確指的就是早餐之時。但《雙橋隨筆》有文字這樣表達:「一日手製小食上之。」這裡的小食,顯然就指的是具體食品了,可能就是麵食點心之類的。

現代將小吃與點心區分得非常清楚,小食一語已不再流行,而且也不再像古代固定指早餐或是某種加餐。不過現代漢語中的「早點」一詞,顯然與古代「點心」一詞有語源關係。早點也具有雙重語義,可以指早餐的食時,也可以指早餐食物本體。

但如果將點心和小吃全稱為小食,用現代的含義去看,古代小食的內涵是相當豐富的。古代有平民小食,有市肆小食,還有節令小食,更有御膳小食。按照這樣一個粗略的分類,並不能將古代小食的品種與樣相說得太清楚,但許多的小食點心我們今天仍然還在享用,在我們當今的餐桌上還能看到它們的影子。

市肆小食,也值得說一下。飲食店的出現,應當是很早的,小食進入食店作為行銷品類,自然也不會太晚。先秦時代的市集上,已經有了飲食店。《鶡冠子·世兵》中說「伊尹酒保,太公屠牛」,《古史考》中還

說姜太公「屠牛於朝歌,賣飲於孟津」,這些雖不過是傳說,也許商代時真有了食肆酒店。到了周代,飲食店的存在已是千真萬確的了,《詩·小雅·伐木》中的「有酒湑我,無酒酤我」即是證據,當時肯定有酒店可以買酒喝了。東周時代,飲食店在市鎮上當有一定規模和數量了,《論語·鄉黨》有「酤酒市脯不食」的孔子語錄,《史記·魏公子列傳》有「薛公藏於賣漿家」的故事,《史記·刺客列傳》有荊軻與高漸離「飲於燕市」的記載,都是直接的證明。

古代市肆製售小食,在唐宋時代已形成相當規模。唐代長安頒政坊有餛飩店,長興坊有(指古代一種包有餡心的麵製點心)店,輔興坊有胡餅店,長樂坊有稠酒店,永昌坊有茶館,行街攤販也不少。

宋代以前,都會的商業活動均有規定的範圍,有集中的市場,如長安的東市和西市。宋代的汴京,已完全打破了這種傳統格局,城內城外,店鋪林立。這些店鋪中,酒樓飯館占很大比重。據《東京夢華錄》的記述,汴京御街上的州橋一帶就有十幾家酒樓飯館,其他街面上的食店更是數不勝數。

清明上河圖(部分)

第三章　食制與食具

　　飲食店在宋代大體可區分為酒店、食店、麵食店、葷家從食店等幾類，經營品種有一定區別。除了酒店以外，一般經營的食品大都可以歸入小食之列。如食店經營頭羹、石髓羹、白肉、胡餅、桐皮麵、寄爐麵飯等；川飯店經營插肉麵、大㶿麵、生熟燒飯等；南食店經營魚兜子、煎魚飯等；羹店經營的主要是肉絲麵之類，是速食類的小食。經營小食的店鋪有曹婆婆肉餅、曹家從食、鹿家包子、徐家瓠羹店、張家油餅、段家爐物、史家瓠羹、鄭家油餅店、石逢巴子、萬家饅頭、馬鐺家羹店等。

　　南宋的杭州，市肆小食品種繁多。《夢粱錄》卷十六所列「食次名件」，可以看到臨安的市肆小食有這樣一些名稱：

百味羹	錦絲頭羹	十色頭羹	間細頭羹	海鮮頭食
酥沒辣	象眼頭食	百味韻羹	雜彩羹	集脆羹
五軟羹	三軟羹	羊四軟	三鮮粉	生絲江瑤
四軟羹	雙脆羹	五味雞	三脆羹	群鮮羹
脂蒸腰子	蝦元子	八焙雞	辣菜餅	熟肉餅
羊脂韭餅	三鮮麵	鹽煎麵	筍潑肉麵	大熬麵
蝦魚棋子	絲雞棋子	絲雞淘	銀絲冷淘	素骨頭麵
生餡饅頭	煎花饅頭	荷葉餅	菊花餅	月餅
梅花餅	重陽糕	肉絲糕	水晶包兒	蝦魚包兒
蟹肉包兒	鵝鴨包兒	筍肉夾兒	油炸夾兒	甘露餅
羊肉饅頭	太學饅頭	蟹肉饅頭	炊餅	豐糖糕
乳糕	鏡面糕	乳餅	棗糕	裹蒸饅頭
七寶包兒	拍花糕	真珠元子	金桔水團	栗粽
裹蒸粽子	巧粽	麻團	湯糰	薄脆
絲雞麵	炒雞麵	七寶棋子	四色饅頭	芙蓉餅
開爐餅	筍肉包兒	細餡夾兒	糖肉饅頭	栗糕
筍絲饅頭	山藥元子	澄粉水團	豆團	春餅

這些小食名目，花樣真是不少，我們知道，有許多吃法一直傳到了現代，有的連名字也沒有改變，依然是風味小吃。這傳統應當還會延續下去。像北京見到很多「成都小吃」，成都本地則有小吃套餐，許多歷史「名小吃」在市面上得到發揚光大。

我們知道「過早」，是湖北地區對吃早餐的俗稱。身處九省通衢的武漢人，有出門「過早」的習慣。熟人早晨相遇，最親近的問候語言是「過早冇」？問的是吃過早餐沒有，這話可以代替「早上好」。

有人說，在清代道光年間的《漢口竹枝詞》中，見到有「過早」一詞。武漢的早點也非常豐富。武漢作家池莉在《冷也好熱也好活著就好》裡排點過武漢的早點：老通城的豆皮，一品香的一品大包，蔡林記的熱乾麵，談炎記的水餃，田恆啟的糊湯米粉，厚生裡的什錦豆腐腦，老謙記的牛肉枯炒豆絲，民生食堂的小小湯圓，五芳齋的麻蓉湯圓，同興裡的油香，順香居的重油燒梅，民眾甜食的汰汁酒，福慶和的牛肉米粉……當然這大多是一些老字號，平實的早點會更多。

過早，在北方說的是吃早點，或者直言「早點」。早點的品類，又有點心和小吃之名。小吃可以當早點，也可以作其他輔餐。我們現代人所說的小吃與點心，是與大餐、正餐相對而言的食品，在古代通稱之為「小食」。在一定的歷史時期，「小食」並不是具體指小吃與點心，而是指與正餐不同的早餐或加餐，是一個表述「餐時」的特定名稱。

三、進食姿勢

面對一日三餐程式化的飲食，我們實踐著程式化的進食方式，這樣的進食方式很傳統，也很有文化意蘊。人類進食採用的方式，據國外學者的研究，在現代社會流行最廣的是這樣三種：用手指，用叉子，用筷

第三章　食制與食具

子。用叉子的人主要分佈在歐洲和北美洲，用手指抓食的人生活在非洲、中東、印尼和印度次大陸的許多地區，用筷子的人主要分佈在東亞大部。中國人是用筷子群體的主體，是筷子的創製者，是筷子傳統的當然傳人。

我們使用筷子的歷史是何時開端的，古代中國人是如何進食的呢？古代是否還採用過其他什麼進食器具呢？要回答這樣的問題，應當說並不困難，我們有浩如煙海的典籍，仔仔細細一查，一定會有答案。但歷史學家們並不是不屑於回答這看來似乎不怎麼重要的問題，史籍中確實並不容易找到完滿的答案，有人做過這樣的嘗試，但這種努力的收穫微乎其微。

現代考古學提供了一個新的機會，考古發掘讓我們得到了許多古籍中沒有載入的重要資訊。田野考古發掘出土的大量古代進食具實物，將我們所要尋求的答案明晰地展示到了世人面前。這些物件雖然很小，卻是人們生活的必需品，所以在古代的墓葬中也用它們作隨葬品，是為了讓死者在冥間也擁有它們。

我們可以這樣設想，遠古時代的人類最初並不知道要使用什麼餐具享用食物，甚至還沒有發明任何容器和取食用具，連嚴格意義的烹飪也沒有發明，自然也不可能會有規範的進食方式，人們隨手將食物取來送達口腔，一切順其自然。人類在這一時代的飲食方式，與其他靈長類動物應當沒有什麼明顯的區別。飲食生活發展到了一定階段，人類的進食方式開始有了一些變化，不僅發明了烹飪用具，還創製了一些進食器具。除了仍然有一些至今還在直接用手指將食物送達口腔的部族以外，人們大都或先或後地創造或選擇了一種乃至幾種進食用具。在漫長的歲月中，生活在不同地域的人類群體，將自己所創造或接受的進食方式形成傳統保留下來，作為自己文化傳統的一個重要內涵，使它代代相傳。

漢畫〈哺父圖〉中有用箸取食的影像

　　考古資料提供的證據表明，古代中國人使用的進餐用具主要有勺和筷子兩類，還曾一度用過刀叉。這些進食器具中，最能體現中國文化特色的是筷子，筷子是中國的國粹之一，它的使用至少已有 3,000 年連續不斷的歷史。考古學證實中國的餐叉出現在 4,000 多年前，而隨著西餐傳入的餐叉卻只有 1,000 年左右的歷史，這樣的發現讓我們感到驚異。

　　古代中國人使用餐勺的歷史也十分悠久，餐勺的起源可以追溯到距今 7,000 多年以前的新石器時代。勺與筷子一樣，成為中國傳統的進食器具，也成為我們傳統文化的一個重要組成部分。

　　中國歷史上擁有過世界上各國所常用種類的進食具，在所有以往使用過的進食具中，筷子具有比刀、叉輕巧、靈活、適用的優點，我們的歷史曾經淘汰了叉子，現在的許多場合正在淘汰勺子，但筷子的地位依然穩如泰山，一絲也沒有動搖。筷子陪著我們走過了 3,000 年以上的歷史，它還要陪著我們走向未來。我們還高興地看到，筷子正在超越自我，走向手抓和用叉進食的人群，走向廣闊的世界。

第三章 食制與食具

宋傳世的〈文會圖〉中餐桌上可見到筷子和勺子

四、古老的餐勺

中國古代餐勺的起源，可以追溯到農耕文化出現的新石器時代。原始農耕時代的先民們，在創造獨到烹飪方式的同時，也創造出了講究的進食方式，製作出小巧的餐勺作為進食具。

栽培技術的發明，讓人類擁有了新的食物來源，農人們每年都能收穫自己生產的糧食。在東方，最早培育成功的糧食作物主要是稻米和小米，這兩種糧食的食用方式雖然比較簡單，從古到今都是以粒食為主，但不能像麵食那樣直接用手指取食。尤其在享用滾燙的粥飯時，必須藉助另外的器具才可以。於是餐勺就很自然地被發明出來，它成了古代中國人餐桌上一種雖不那麼起眼，卻是很重要的傢什。

生活在黃河流域及其他一些地區的農耕部落的居民，大多都形成了使用餐勺進食的傳統。考古工作者在許多新石器時代遺址都發現了餐勺，有些地點出土的數量相當可觀。這些餐勺大都以獸骨為主要製作材料，形狀常見匕形和勺形兩種。匕形勺為扁平長條形，末端磨有薄利的

刃口；勺形的窄柄有平勺，製作較為講究。兩種勺表面磨製都很光滑，用於取食的一端往往還磨出刃口。很多餐勺在柄端都穿有一繫繩的小孔，便於攜帶。在這兩種勺中，以匕形勺發現的數量較多，表明新石器時代居民使用最多的是長條形的勺，它的製作相對而言要簡便一些。

在黃河流域的新石器時代遺址，一般都有餐勺出土，其中以磁山文化時期（距今 7,000 年以前）所見年代最早，該時期的餐勺大體都屬長條形。關中地區的仰韶文化時期（距今 7,000～5,000 年），一些遺址中也有骨質餐勺發現，西安半坡遺址出土的大量骨器中包括有餐勺 27 件，它們多用骨片磨成。這些餐勺也是長條形，有的尾端有穿孔。黃河下游地區大汶口文化時期（距今 6,500～4,500 年）居民普遍採用骨質餐勺進食，另外還見到一些用蚌片磨製的餐勺。這個時期的墓葬中，將餐勺作為死者的隨葬品是一種比較常見的現象，有些餐勺出土時可以清楚地看出是握在死者手中的。

距今 4,800～4,000 年的龍山文化時期，在山西、河北、河南和山東地區的很多遺址中，都見到餐勺出土。在黃河上游地區的齊家文化中發現較多的餐勺，餐勺大都是墓葬中的隨葬品，作為一種必備的日用品放置在墓穴中。在發掘中可以清楚地看到，餐勺幾乎都放置在死者的腰部，看樣子齊家文化區的居民平日裡要將餐勺穿上繩索懸在腰際，便於隨時取用。

新石器時代的長江中下游，也有使用餐勺的傳統。河姆渡文化區的居民使用的骨餐勺表面磨製光潔，柄部都有穿孔。幾件帶柄的餐勺，柄部刻有精美的花紋，其中一件刻的是雙鳥紋，被研究者們看作一件非常珍貴的藝術品。河姆渡遺址還出土了一件非常標準的勺形骨質餐勺，是中國新石器時代最古老的一件勺形餐勺。同時還發現了 2 件鳥首形的象牙餐勺，勺

第三章　食制與食具

頭扁平，柄部雕刻成鳥首狀，這是非常難得的中國史前餐勺珍品。

考古發現的遠古中國人最早使用餐勺進食的證據，屬於距今七、八千年前的新石器時代。古代中國人發明餐勺進食，與農耕文化的出現有直接關連。中國新石器時代農作物品種主要是水稻和粟，分別適於溼潤的南方和乾旱的北方種植。這兩種食物的烹飪比較簡單，可以直接粒食，加上水，煮成粥飯即可食用。古代進食方式的確立，與農作物品種和烹飪方式都有密切的關係，史前廣泛的粒食傳統，特別是粥食方式的確立，使餐勺的出現成為必然的事情。因為有了迫切需求，於是人們撿來獸骨骨片或蚌殼，起初也許並沒有修整就用它取食了。後來人們不再滿足於骨片長長短短的自然狀態，於是真正意義的餐勺就被製作出來了。以後隨著時代的發展，工藝水準逐漸提高，餐勺也就變得更加實用、更加精緻了。

我們知道，現在在正式的餐飲場合，餐桌上應該是放兩樣進食的餐具，一個是筷子，一個是勺子。不論你喜歡用哪個，但是一定要擺兩樣，這個是傳統，不是新規範。它們就像是兄弟一般，在餐桌上同時出現。西餐是三小件，刀、叉、勺子，我們有兩件，其實我們也有叉子，也有那樣的三小件，在齊家文化時期同時並出的就有刀、叉、勺子，只是後來這種傳統就沒有了。到了規範禮制開始，就很規範地用筷子和勺子。有個發現很有意思，就是跨湖橋遺址，發現了幾件小木棒，發掘者當時好像認定是筷子。如果是筷子，這可就是考古見到的年代最早的筷子，有 7,000 多年了。過去還發掘到一些筷子，有春秋時代的，還比較細。有漢代的，如湖南長沙馬王堆漢墓出土的竹筷子，非常細，直徑只有 2～3 公釐。

筷子的用法在漢畫像石畫像磚上表現得很清楚，我們可以找到很多這樣的影像，你不仔細看則看不出來。一些畫面上表現有盤子，盤子上

都有筷子。還有嘉峪關魏晉時代的磚畫,表現包含生活的畫面也繪有筷子,繪兩條黑道表示的就是筷子。

從敦煌壁畫上可以看到,唐代的桌面上都擺有筷子,一人一雙,一個人一雙筷子一個勺子。這個就是上面說的規範,至少從唐代看就很明確了。從文獻上看,這種用餐規範可以追溯到周代。唐代這樣的畫面很多,不是偶爾出現的,已經形成了一種時尚。〈清明上河圖〉描述了多麼壯觀的場景,過去我們也沒有注意到,其實這個畫面上是有筷子的。

說了一通筷子,我們再說說匙。匙古代叫匕,匙的名字實際還有很多,都是指的這樣東西,就是我們所說的勺子。它是做什麼的?考古工作者已經確定它是用來食用羹湯的,它可以用來舀湯喝。實際古代的傳統不是這樣,勺子是吃飯的,不能用來喝湯。從周禮的規定一直到唐宋時代,甚至更晚,都是這樣。勺子跟羹湯沒有關係,「三禮」的規定很明確,勺子一定是用來吃飯的。《禮記》明確規定,「飯黍毋以箸」,就是說你吃飯的時候不能用筷子。用筷子直接去吃米飯,這是越禮的行為。實際上是要用勺子吃飯,不是喝湯。匕即勺子,是用來吃飯的。箸是筷子,是用來吃羹中的菜、撈湯裡的菜的。我們現在就不分這個用法,很多人用一個勺子什麼都可以吃了,同樣一般的宴席上也沒這麼明確的分別,一雙筷子也可以打天下。

河姆渡文化時期的象牙匕

第三章　食制與食具

再回過頭來說凌家灘的玉匙。像凌家灘那樣的可能已經進入了初步禮制的社會，有可能已經有了一定的規範，這個玉匙可不能等閒視之。用我們看到的一些相關資料比較，就可以了解它的造型非常成熟，應該是考古發現的史前最完美的餐匙。但是我們不能把它歸納到我現在理出來的這個時空範圍裡，它這種形制應該是更晚時代出現的東西，為什麼5,000多年前就有了，還這麼成熟，是一個謎。從另一個方面講，用這樣的一個玉匙的，就這麼一件，也許以後還會出土，我想這個玉工不會是突然心血來潮，就做了這麼一件。使用這樣的餐匙，也許並不是一般的場合，會不會是在禮儀場合上才能用它呢？

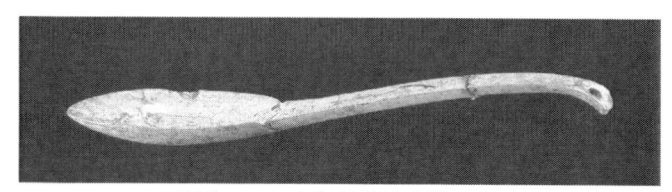

距今5,000多年前的凌家灘玉匙

進入青銅時代以後，中原地區仍然承續著新石器時代使用餐勺進餐的傳統，不僅繼續使用骨質餐勺，而且使用銅質餐勺。自冶銅技術出現以後，作為進餐用的餐勺也開始用銅打造。中原在青銅時代，骨質餐勺仍然是一種受到普遍重視的進食器具，在河南安陽殷墟發掘的一些王室陵墓中，出土過不少精美的骨質餐勺。到了西周時期，骨質餐勺的使用已不如過去那樣普遍了。

最先出現的銅質餐勺，形制多仿照長條形骨質餐勺。中原地區從西周時代開始，流行使用一種青銅勺形餐勺。這種餐勺呈尖葉狀，柄部扁平而且比較寬大。在陝西扶風一座窖藏中出土了2件勺形青銅餐勺，它們出現的年代在同類餐勺中是比較早的。這兩件餐勺柄部有幾何形紋飾，在勺體上還鐫有所有者的名字，有銘文自名為「匕」。

東周時出現了一種長柄舌形勺的餐勺，在陝西省寶雞市福臨堡遺址，屬於春秋早期的一座秦墓中就出土了一件這樣的餐勺，它的柄部較細，勺體已改為橢圓狀的舌形。

窄柄舌形餐勺，大約在春秋時代晚期就已經定型生產出來，雲南省祥雲縣大波那銅棺墓中發現5件這樣的餐勺，都是用銅片打製而成，規格大小不等。從戰國時代開始，窄柄舌形餐勺成為中國古代餐勺的主流形態，一直沿用了2,000多年。雖然在以後的各個時代，餐勺在造型上或多或少有些改變，但基本上沒有突破窄柄和舌形勺的格局，這是很值得研究的一個問題。許多地方人們見到的青銅餐勺均為窄柄，多數為扁平的窄柄，有的製成了棒形的細柄，這就使餐勺變得更加實用了。戰國餐勺還採用了漆木工藝，出現了秀美的漆木餐勺。漆木餐勺與青銅餐勺一樣，造型亦取窄柄舌形勺的樣式，整體髹漆，通常還描繪有精美的幾何紋飾。

大一統的秦漢時代，人們進餐時使用的餐勺，無論在器具的造型還是製作材料的選擇上，都大體承續了戰國時代的傳統，考古發現較多的仍然是那種窄柄舌形餐勺。引人注意的是，如今出土的屬於秦漢時代的漆木餐勺數量很多，尤其是在南方地區，可以想見當時貴族們的餐桌上漆木餐勺越來越受歡迎。在湖北省雲夢縣發掘的秦漢時代的墓葬中，就出土了不少漆木餐勺。這些餐勺都是圓棒形細柄，通體髹紅漆，用黑漆繪有紋飾，柄部繪環帶紋，勺面繪行雲流水紋飾。

漢代也使用青銅餐勺，東漢時代又出現了銀質餐勺。兩晉時代的餐勺，在考古中很少發現，具體形制還不是太清楚。到了南北朝時期，青銅餐勺的形制表現出一種復古傾向，這個時期的寬柄尖葉形餐勺形狀與戰國時代的同類餐勺十分相似，而與漢代的餐勺明顯不同。

第三章　食制與食具

　　從隋代開始，細長柄的舌形餐勺又出現了。雖然同是長柄舌形勺，但與戰國秦漢時代流行的那種相似的餐勺多少有些不同。西安李靜訓墓就出土一件長柄銀餐勺，勺體為舌形，器形比較大。唐代承繼了隋代的傳統，上層社會盛行使用白銀打造餐具，餐勺亦不例外。

　　在遼宋金元各代，社會上除了大量製作銅質餐勺以外，還有不少用白銀打造的餐勺。在這一時期，餐勺的造型基本上承繼了唐代細柄舌形餐勺的傳統，區別僅在柄尾略為加寬而已。宋代出土的餐勺，屬於北宋時代的較少，屬於南宋時代的稍多。江蘇溧陽出土一件北宋舌形紫銅餐勺，柄尾略寬。四川閬中的一座南宋窖藏中，一次就出土銅餐勺111件。金代的餐勺也有零星出土，以黑龍江肇東蛤蜊城遺址和遼寧遼陽北園的發現為例，形制與遼代的相去不遠，遼陽北園的銅餐勺附加有雁尾飾，規格也比較大。遼寧瀋陽也出土了幾件金代的青銅餐勺，柄部扁平呈魚尾形，勺面為花瓣形。屬於元代的餐勺，也發現有一些銀質的，所見餐勺一般都比較長、大。元代銅餐勺在吉林發現較多，可分為尖葉勺、舌形勺和圓形勺三種類型，以尖葉形餐勺數量為多。

　　古代中國人進食使用的餐勺，最遲在新石器時代中期已開始製作使用，經歷了至少7,000年的發展過程。新石器時代餐勺的製作材料，主要取自獸骨，而銅器時代則主要取用的是青銅。自戰國時代開始，除了青銅餐勺還在繼續使用以外，又出現了漆木勺。隋唐時期開始用白銀大量打製餐勺，在上層社會，這用白銀打製餐勺的傳統一直到宋元時代仍然受到重視。在歷代皇室貴胄們的餐桌上，還常常擺有金質餐勺。

　　秦漢以後，餐勺的製作以小巧精緻為流行風格，考古發現的餐勺基本都是實用器。餐勺的質料也逐漸多樣化，除以銅質為主外，還有漆木、金銀、陶瓷質的餐勺。餐勺的形狀，除南北朝出現過寬柄尖葉勺頭

的餐勺以外，一直都流行窄細柄的舌形勺頭餐勺。隋唐宋元時代的餐勺造型已相當規範，隋唐時代的勺頭勺柄稍顯寬大，宋元時代的勺頭勺柄略為細小，這是一種比較明顯的發展趨向。

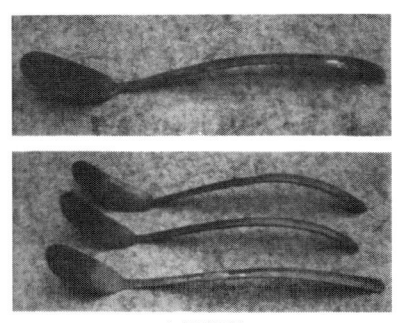

唐代銀匙

在現代社會，匕的古稱已經完全消失，我們可以把餐勺稱為勺子、飯勺，也可以稱為調羹、湯匙，還可以稱為茶匙等，既體現了古代的傳統，也體現了現代的色彩。

五、4,000 年前的餐叉

很多人已非常熟悉西餐，自然知道享用西餐應當用刀叉，會想當然地認為刀叉是西方人的發明，會因此而對西方文明津津樂道。許多人不知道，其實中國人在很早的時候就發明了餐叉，這個發明完成於史前時代。在歷史時代，我們的先人仍然保留著使用餐叉進食的古老傳統，只是由於這傳統時有中斷，餐叉的使用在地域上又不很普及，所以不為我們一般人所知曉。

考古學家在青海同德發掘了一處名為宗日的遺址，年代可早到距今4,000 年前的新石器時代堆積中，意外發現了一枚骨質餐叉。這枚餐叉為雙齒式，全長 25.7 公分。新石器時代的餐叉在中國並不是第一次出土，

第三章　食制與食具

此前在甘肅武威市皇娘娘臺齊家文化遺址，也曾出土一枚扁平形骨質餐叉，為三齒。這兩枚餐叉都出土於西北地區，這倒是一個很有意義的問題，應當說明那裡可能是餐叉起源的一個很重要的地區。

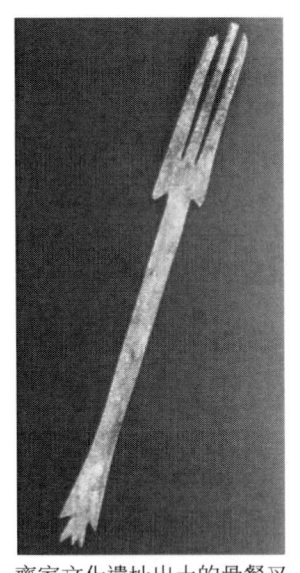

餐叉在中國起源於新石器時代，它與餐勺一樣，起初都是以獸骨為材料製作而成。到了青銅時代，使用餐叉的傳統得到延續，考古發現的這個時期的餐叉也多由獸骨製成。如在河南鄭州二裡岡商代遺址就出土過一枚骨質餐叉，也是三齒，全長 8.7 公分。這枚餐叉柄部扁平，和齒部之間沒有明顯的分界，製作稍顯粗糙。

在夏商周三代，餐叉的使用情況不是很清楚，各地出土餐叉數量很少。到了戰國時代，餐叉的使用在上流社會顯然受到重視，在這個時代，考古發現了較多的餐叉。如河南洛陽中州路

齊家文化遺址出土的骨餐叉

2717 號墓，一次就出土了骨質餐叉 51 枚，都是雙齒，圓形細柄，長度在 12 公分上下，這些餐叉出土時包裹在織物中。在洛陽西工區也發現過 1 枚類似的骨質餐叉，製作更為精緻，柄部飾有弦紋。山西侯馬故城遺址也曾兩次出土戰國時代的骨質餐叉，也都是雙齒，與洛陽所見相同，其中有一枚在柄部還有火印燙花圖案。

戰國以後，各地出土餐叉實物很少，漢晉時代以後只有零星發現。古代中國對餐叉的使用，好像沒有形成經久不變的傳統，雖然它在新石器時代就已經發明，但只是在商周至戰國時代比較流行，在其他時代使用並不廣泛。在古代，作進食具的餐叉並不是單獨使用的，與它配套使用的除了餐刀，還有餐勺。例如在鄭州二里岡同餐叉一起出土的還有餐

勺；侯馬故城的餐叉也與餐勺共存。

餐叉的使用與肉食有密切的連繫，它是以叉的力量獲取食物的，與匕與箸都不相同。先秦時代將「肉食者」作為貴族階層的代稱，餐叉在那個時代可能是上層社會的專用品，不可能十分普及。下層社會的「藿食者」，因為食物中沒有肉，所以用不著置備專門叉肉的餐叉。

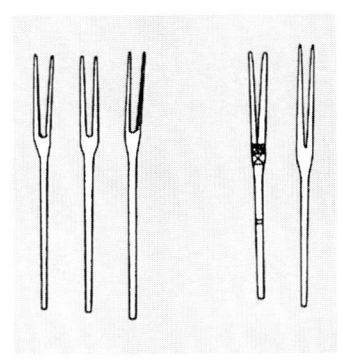

商周時期的骨餐叉

過去對古代餐叉的名稱不清楚，文獻中不易查尋到相關記述。我們注意到，「三禮」中記有一種叫做「畢」的禮器，是用於叉取祭肉的，略大於餐叉。考古也發現過一些青銅製作的畢，長可達 30 公分，應當就是文獻記述的禮器 —— 畢。與畢形狀相同，用途也相同的餐叉，在先秦時代名稱可能一樣，也叫做畢。餐叉在漢代以後的古稱，是否仍叫做畢，我們現在還無法知道。古人以為畢是因形如叉的畢星而得名，實際上也可能是畢星因作進食具的畢而命名，不少星宿都是借常用物的形狀命名的。

在古代中國人的餐飲生活中，餐叉在相當的時空範圍內有過中斷，以至於很多人不知道我們的先人曾經製作和使用過餐叉。隨著西餐的漸入，與西餐一同到來的刀叉與餐勺也讓人們了解到，它們是享用西餐必備的進食具。事實上，西人用餐叉的歷史並不久遠，在 3 個世紀以前，

第三章　食制與食具

相當多的人還在直接用手指抓食,包括貴族統治者在內。有的研究者認為,西人廣泛使用餐叉進食,是從西元10世紀的拜占庭帝國開始的,也有人說是始於16世紀,最多也不過1,000年的歷史。中國人用餐叉的歷史已經追溯到了5,000年以前,不過我們沒有將餐叉作為首選的進食器具,它實際上是基本被淘汰出了餐桌,這顯然是我們有更適用的筷子的緣故。現代中國在引進西餐的同時,我們也引進了餐叉,叉子優越與否,是極好比較的。我們之所以在享用西餐時還在那裡不得已舉著叉子,完全是因了尊重西人進食方式的緣故,不然,相信許多食客都會以筷子取而代之。

我們還發現在現代社會中出現了「中餐西吃」的現象,有人架起刀叉吃中餐,這可以看作一種新的文化現象。類似的這種文化融合在我們的鄰邦早已經出現,並且成為一種趨勢。不過餐叉是否會在筷子王國占據主導地位,我們用不著擔心,我們對筷子擁有的優勢充滿信心。

六、發明筷子

現在發現的古箸實物年代早到商代後期,箸的始作年代應當早於這個發現的時期,但究竟起源於何時,還是一個值得研究的問題。有些學者曾由箸的具體用途來推論它的起源,認為中國烹調術的特點是把食物切成小塊,用碗盛著,要將這小塊食物從碗中送進嘴裡,於是筷子便產生了。這個說法有一定的道理,但筷子出現的大致時代沒說清楚。

我們知道,古代中國人的熟食,以周代為例,主要有飯食、粥食、菜餚和羹食幾類,大都需要藉助食具進食,而且食具並不只有箸一種。根據「三禮」的說法,箸原本不是用於取食小塊食物的,至少在周代它有特定的用途,而且按禮制規定,箸還不能隨便移作他用。

六、發明筷子

《禮記》說得非常清楚，箸是專用於夾取羹湯中的菜食的。《曲禮》另外還有一句有關的說法，叫做「飯黍毋以箸」，是說吃米飯米粥不能用箸，一定得用匕。由此看來，漢代以前的箸可能主要是用於夾菜而不是扒飯。唐代薛令之所作《自悼詩》，其中有「飯澀匙難綰，羹稀箸易寬」之句，表明在唐代也是以匕食飯，以箸食羹中菜。甘肅敦煌473窟唐代〈宴飲圖〉壁畫，繪有男女9人圍在一張長桌前準備進食的場面，每人面前都擺著匕和箸，可見這兩樣食具都是正式宴飲場合不可缺少的。

到了宋代，匕箸的分工依然十分明顯，繼承了前代的傳統。據明代田汝成《西湖遊覽志餘》說，宋高宗趙構在德壽宮進膳時，「必置匙箸兩副，食前多品擇取欲食者，以別箸取置一器中，食之必盡；飯則以別匙減而後食。吳後嘗問其故，對曰：不欲以殘食與宮人食也」。意思是，宋高宗每在用膳時，都要準備兩套匙箸，匙箸兩件一套就夠用了，多餘的那一套是用來撥取菜餚和飯食的，類似於現在說的「公筷」。趙構是想能吃多少就撥出來多少，因為剩下的饌品還要賜給宮人，怕弄亂弄髒了。趙構是否有如此德行姑且不論，這裡將匕箸的分工說得十分清楚，應當是可信的，還是以箸夾菜，以匕食飯。

因為古代的箸主要是用於夾取羹中菜食，所以用不著過於粗壯，不必用它承受過重的分量。考古發現的古箸大都比較纖細，其原因也在於此。

古箸的用途為我們尋找它的起源提供了重要線索。也就是說，要探究箸的起源，一定要涉及羹食的起源問題。箸的發明，可能與匕一樣，並沒經過太複雜的過程，隨手摺兩根樹枝，或者砍兩根細竹，也就可以使用了。箸最早的用途可能只限於將肉菜從羹湯中夾出，還沒有用它直接去碰唇齒。過了不知多少個世紀，用箸形成了傳統，技巧也有了提

第三章　食制與食具

高，製作也趨於精巧，它也許就十分自然地轉變成了進食具。遺憾的是，考古發掘沒有發現確認的史前箸，主要原因恐怕是沒有儲存下來，或者是發掘中沒有顧及，沒有細心甄別。我想應當會有發現的，只是遲早的事。

筷子至今仍有國粹之稱。比起勺子和叉子來，華人對筷子有更為特別的感情，朝夕相處，每日作伴，「不可一日無此君」。雖然如此，我們對筷子的歷史，卻未必都能道得出究竟，論說起來就有「不識廬山真面目」的遺憾了。

筷子的古稱為「箸」。明人陸容《菽園雜記》上說：當時民間會話有一些避諱的風俗，以蘇州一帶最為突出，如行船諱「住」，諱「翻」，所以要改箸為快（筷）兒，改幡布為抹布。這樣一來，叫了幾千年的箸就變成了「筷子」。明人李豫亨在《推篷寤語》裡也論及此事，而且說當時士大夫也出口言筷子，忘卻了箸的本來名稱，似乎說明筷子的稱呼確實只有數百年的歷史。對我們這個最講究名實相符的民族來說，「筷子」一名恐怕是最不那麼名副其實的了。

中國古代的箸，它的出現要晚於餐勺。自從箸出現以後，它便與餐勺一起，為人們的進食分擔起不同的職責。

雖然箸的形狀是那樣的小巧，不過考古發掘獲得的古箸數量卻不少。年代最早的古箸出自安陽殷墟1005號墓，有青銅箸6支，為接柄使用的箸頭。湖北長陽香爐石遺址發掘時，在商代晚期和春秋時代的地層裡都出土有箸，有骨箸，也有像牙箸，箸面還裝飾著簡練的紋飾。春秋時期的箸還見於雲南祥雲大波那遺址木槨銅棺墓，墓中出土銅箸二支，整體為圓柱形。

到了漢代，箸的使用非常普遍，它被大量用作死者的隨葬品。考古

發現漢代的箸除銅箸外，多見竹箸，湖北雲夢大墳頭和荊州市江陵鳳凰山等地，都出土了西漢時代的竹箸。雲夢大墳頭1號漢墓出土竹箸16支，一端粗一端細，整體為圓柱形。馬王堆漢墓也有竹箸出土，箸放置在漆案上，案上還有盛放食品的小漆盤、耳杯和酒卮等飲食器具。在雲夢和江陵漢墓出土的竹箸，一般都裝置在竹質箸筒裡，有的箸筒還彩繪有幾何紋圖案。

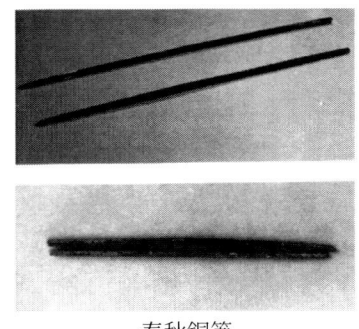

春秋銅箸

考古發現的東漢時代的箸，大都是銅箸。湖南長沙仰天湖8號漢墓發現的銅箸2支，首粗足細，整體為圓柱形。在山東和四川等地的漢墓畫像石與畫像磚上，也能見到用箸進食的影像。例如四川新都出土的東漢墓畫像磚上宴飲圖，圖中三人跽坐案前，案上放置箸兩雙，左邊一人手托一碗，碗中斜插箸一雙，這表明當時箸的使用已是相當普遍。

隋唐時代的箸考古發現較多，箸的質料有明顯變化，很多都是用白銀打製的，文獻記載唐代還有金箸和犀箸。考古所見年代最早的銀箸，出四川新都出土的東漢墓畫像磚上的宴飲圖自長安隋代李靜訓墓，箸兩端細圓，中部略粗。浙江長興下莘橋發現的一批唐代銀器中，有銀箸30支，也是中部稍粗。江蘇丹徒丁卯橋出土的一批唐代銀器中，有箸36支，一端粗一端細。隋唐時期的箸，大都為首粗足細的圓棒形，長度一般在28～33公分。

第三章　食制與食具

新都出土的東漢墓畫像磚上的宴飲圖

　　對於宋代的箸，考古有不少發現。如江西鄱陽湖北宋大觀三年（西元1109年）墓出土了銀箸2雙，長23公分，首為六稜柱形，足為圓柱形。四川閬中曾發現過一座南宋銅器窖藏，一次出土銅箸多達244支，銅匙111件，銅箸首部亦為六稜柱形，足為圓柱形。成都南郊的一座宋代銅器窖藏中，發現首粗足細的圓柱形銅箸32支。

　　元代的箸略有變長的趨勢，如安徽合肥的一座窖藏中有銀箸110支，其中長25.6公分的有106支，首部截面呈八角形。

　　宋遼金元的箸，形制比起以往並沒有明顯的變化，大都是圓柱形或圓錐形，也有了六稜柱形、八稜柱形，比較重視箸首的裝飾。長度一般為23～27公分，最短的為15公分。

　　明清兩代，箸的形狀有了明顯變化，流行款式大都是首方足圓形，也有圓柱形的。明代開始有了類似現代的首方足圓箸，四川珙縣懸棺中發現竹箸一支，首方足圓，滿髹紅漆，上有吉祥話語題字。

　　清代的箸，由帝妃使用的箸品非常豪華。光緒二十八年（1902年）

二月《御膳房庫存金銀玉器皿冊》記載了當時宮中所用的餐具，其中筷子有：金兩鑲牙筷6雙、金鑲漢玉筷1雙；紫檀金鑲商絲嵌玉筷1雙；紫檀金銀商絲嵌瑪瑙筷1雙；紫檀金銀商絲嵌象牙筷16雙；紫檀商絲嵌玉鑲牙筷2雙；銀鍍金兩鑲牙筷1雙；包金兩鑲牙筷2雙；銅鍍金駝骨筷8雙；銅鍍金兩鑲牙筷2雙；銀鍍金筷2雙；銀兩鑲牙筷大小35雙；紫檀商絲嵌玉金筷1雙、象牙筷10雙；銀三鑲綠秋角筷10雙；銀兩鑲綠秋角筷10雙；烏木筷14雙。這些筷子用料珍貴，製作考究。清代箸的款式與現代箸已沒有太大區別，首方足圓為最流行的樣式。箸面還出現了圖畫題詞，工藝考究的箸不僅是實用的食具，也是高雅的藝術品。

七、筷子與勺子的分工

在現代正式的宴會上，餐桌上一般都要擺上兩樣進食用具：筷子和勺子，它們各有各的功用。古代中國人在進食時，餐勺與筷子通常也是配合使用的，兩者一般也會同時出現在餐案上。依「三禮」的記述，周代時的禮食既用匕，也用箸，匕、箸的分工相當明確，兩者不能混用。箸是專用於取食羹中菜的，正如《禮記·曲禮上》所說，箸是用於夾取菜食的，不能用它去夾取別的食物，還特別強調食米飯、米粥時不能用箸，一定得用匕。

到了漢代，餐勺和箸也是同時使用的，人們將勺與箸作為隨葬品一起埋入逝者墓中。《三國志》記曹操與劉備煮酒論英雄，曹操說了一句「當今天下英雄，只有你劉備和我兩人而已」，嚇得劉備手中拿著的勺和箸都掉在了地上。從這個故事裡，我們看到了漢代末年匕箸同用的一個生動例證。漢代以後，比較正式的筵宴，都要同時使用勺和箸作為進食具，如唐人所撰《雲仙雜記》述前朝故事說：「向範待客，有漆花盤、科斗箸、魚尾匙。」賞賜與貢獻，匕箸也是不能分離的物件，如《宋書·沈

第三章　食制與食具

慶之傳》記載說:「太子妃上世祖金鏤匕箸及杅(ㄩˊ)杓,上以賜慶之。」金鏤匕箸一定是非常名貴的。就是平日的飲食,對具有一定身分的人而言,也要匕箸齊舉,不敢馬虎。

敦煌壁畫〈宴飲圖〉

在唐宋時代,筵宴上仍然要備齊勺和箸,人們在進食時對兩者的使用範圍區分得依然非常清楚。在甘肅敦煌473窟唐代〈宴飲圖〉壁畫中,繪有男女9人圍坐在一張長桌前準備進食,每人面前都到了現代社會,擺放著勺和箸,擺放位置劃一,相當整齊,可見勺與箸是宴飲時不可或缺的進食工具。唐人薛令之所作的〈自悼〉詩中有「飯澀匙難綰,羹稀箸易寬」的句子,將以勺食飯、以箸食羹菜的分工說得清清楚楚。

敦煌473窟唐代壁畫上,每人面前都有箸和匙

到了現代社會，正規的中餐宴會在餐桌上也要同時擺放勺與筷子，食客每人一套，這顯然是古代傳統的延續。值得注意的是，這個傳統有了一些明顯的改變，勺與筷子各自承擔的職責發生了變化。勺已不像古代那樣專用於食飯，而主要用於取用羹湯；筷子也不再是夾取羹中菜的專用工具，它幾乎可以用於取食餐桌上的所有餚饌，而且它也用於食飯，已經打破了吃飯不得用筷子的古訓了。雖然如此，餐勺與筷子在兩種進食具之間的那種密切的連繫，古今都是存在的。我們還可以斷言，它們之間的連繫在未來還會繼續存在，我們還沒有發現這種連繫將要中斷的跡象。

八、筷子縱橫觀

這些年在旅行中，我始終保有一種好奇心，無論到何處大小館子，都要先觀察餐桌上筷子的擺法。這成了一種偏好，我不知道世上還有沒有第二個像我一樣的人。

這是一種小小的好奇心，似乎沒有什麼意義，關注這樣的生活細節，看它是如何擺著，也用不著花專門的功夫。

先來說說我看到的餐桌風景。

在日本，在世界遺產合掌屋裡的農家樂，依老傳統，人們席地而坐，餐具就擺在蓆子上，中間大盤中的小盤盛著菜餚，周圍是空著的飯碗，碗上放著方向不一的筷子。用餐沿用著傳統方式，可是筷子卻自由得沒有了規矩。這多少讓我有點失望，在日本不應當是這個樣子的。

不過在東京、大阪和京都的小館用餐，筷子都是橫置在餐桌上，秩序井然，這是傳統。筷子的形狀不斷有所改變，但它的方向沒有改變。

第三章　食制與食具

參觀大阪國立民俗學博物館，可見小餐桌上橫置著筷子和勺子，這也是傳統的展示。

這種放置筷子的方式不僅被收藏在博物館，日本人進餐時大多也是這個樣子，這個傳統延續了 1,000 多年。

日本的橫置筷子的傳統，是遣唐使由大唐帶過去的。我們現在雖然大都將筷子縱向放置，可是在唐代，卻是將筷子橫置在餐桌上，我們在許多壁畫上看到了這樣的景象。

唐代的墓室壁畫〈野宴圖〉，一幫貴族少年在明媚的光影裡享受著快樂，享受著美味，偌大的餐桌上擺滿了佳餚。仔細看看，他們面前的餐桌邊緣，都橫放著筷子和勺子。這是唐代餐具慣常的擺法，下面還有敦煌壁畫上的影像，也都可以看到相同的例證。

唐代壁畫〈野宴圖〉

敦煌 473 窟唐代壁畫〈宴飲圖〉，這是青年男女對飲的場面，妙齡的四男五女在涼亭裡對席而坐，看起來那麼彬彬有禮，似乎還沒開席。值得注意的是，每人面前都橫置著勺子、筷子，看來這確實是唐代流行風。

八、筷子縱橫觀

唐代筷子的這個用法，在文獻上還沒有找到相關記述，為何要將筷子和勺子橫著放置，現代人並不清楚。橫放當然是放在桌面上，放在碗上，那是不成的。唐李商隱撰《義山雜纂》的「惡模樣」一節說到了筷子，指責社會流行惡習，如「作客與人爭相罵」、「對大僚食咽」、「作客踏翻檯桌」、「說主人密事」、「對丈人丈母唱豔曲」、「嚼殘魚肉歸盤上」、「對眾倒臥」，再就是「橫箸在羹碗上」。這些行為放在今天，也都是十分不雅的，這「橫箸在羹碗上」為何不雅？古時筷子是專用於食菜的，羹中有菜全得靠筷子夾取，取了菜筷子不可橫在碗上，得橫在面前的桌面上。

大唐之後，在北方興起的大遼，似乎受大唐文化的強烈影響，使用筷子和勺子也是橫置。如內蒙古巴林左旗遼墓出土壁畫上，有一幅〈備宴獻食圖〉繪有一端食盤的男子，盤中橫置筷子和勺子。稍不同的是，這兩樣餐具一裡一外，並不是放置在一起。

內蒙古巴林左旗遼墓出土的壁畫摹本

第三章　食制與食具

唐代筷子這麼橫著，大遼也橫著，宋代還橫著嗎？到了現在，怎麼筷子一般都縱放呢？唐代以前，比如漢代筷子也是橫放的嗎？

漢代人們使用筷子的情形，同樣在文獻上沒有見到有關記述，不過考古研究提供了答案。在不少漢畫上可以見到使用筷子的場面，例如在四川出土的漢代畫像磚上，經常可以見到宴飲場景，宴飲者席地而坐，面前擺著方形或圓形食案，案上有筷子和其他餐具。這些筷子都是縱向擺放在食者面前，似乎沒有例外。

四川中江東漢崖墓發現的這幅彩繪壁畫，表現的是宴飲場景，宴飲者席地而坐，面前擺著酒器和食案，食案上縱向放著成雙成對的筷子。如果仔細看也沒有發現筷子，也未必是視力有問題，是筷子太不起眼了。也難怪在正式發表的摹本上，就沒有畫上筷子，畫者壓根就沒有看到筷子的影子。

四川中江東漢崖墓發現的彩繪壁畫

在山東地區出土的漢代畫像石上，也時常見到宴飲場面，當然也刻劃有筷子。筷子的擺放，不論是在食案中間還是在邊上，都是採用縱向擺法。

這些漢畫都屬於東漢時期，表明漢代人用筷子，遵守著縱向放置的規矩。漢代以前，還沒有證據顯示筷子的縱橫狀態，可以推測在戰國時代可能已經有了縱向放置筷子的傳統，漢代人繼承了前代的規矩。可是漢代以後，情形開始有了改變，筷子出現在餐桌上時，由縱向轉到了橫向。

在甘肅嘉峪關發現的一批魏晉時代的墓室磚畫上，有不少宴飲圖，圖上大多描繪有筷子，執筷或置筷都有清晰的影像。

從圖中看，這一位要吃叉燒肉的人，放下了手中的筷子，正要接過僕人送來的肉叉。那雙筷子應當是橫擺在餐案邊，旁邊還有酒杯。

磚畫上還看到兩個男人在共享一串叉燒肉，面前有食案和酒杯，一人一雙筷子，也都橫在案邊。

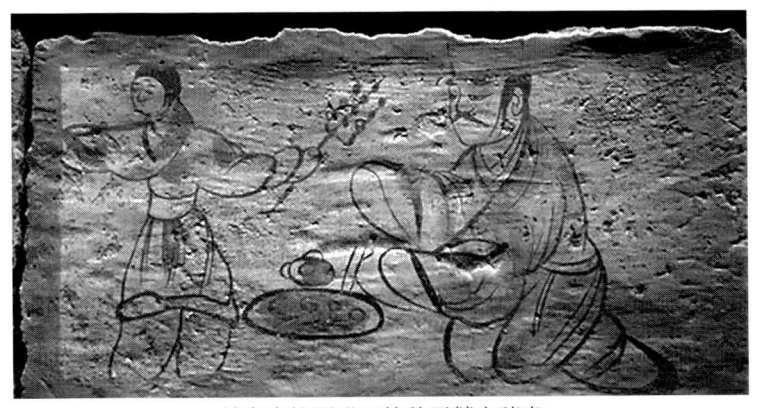

甘肅嘉峪關發現的魏晉墓室磚畫

圖中還有一位少女也在品嚐盤中美味，好像正要執筷取食，有婢女在一旁打扇侍候。注意案邊的筷子，它是橫放在女子的左手邊的，如果不是畫工的疏忽，我們可以判斷她是一個左撇子。這方形的食案上也擺著筷子，是縱著還是橫著擺放不大明確，重點是看看畫中執筷的婢女不是左撇子。

第三章　食制與食具

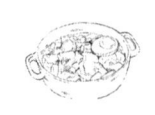

甘肅嘉峪關發現的魏晉時代的墓室磚畫

這些送食的婢女端的盤、案上的筷子，似乎也是橫置著。

甘肅嘉峪關發現的魏晉時代的墓室磚畫

這樣看來，筷子由縱向橫的姿態轉變，是在魏晉時代完成的，應當是在西元三、四世紀之際。

這種筷子的「橫行」，在唐代還是無可阻擋的，也許持續了 500 年的光景。因為到了五代至宋時，這情形開始有所改變，筷子又回歸至縱向姿態了。

五代南唐畫家顧閎中的傳世名作中有長卷〈韓熙載夜宴圖〉，這圖有人說時代未必能早到五代，我們不做這個考證，我們只要知道這圖上有筷子就足夠。這幅夜宴圖上有五位重要的與宴者，兩張餐桌上應當有五雙筷子。不過在一般的印本上，我們看不到筷子的蹤影，黑黑的餐桌上模糊一片。

在比較清晰的摹本夜宴圖上,摹出這餐桌上擺滿了酒餚,卻忽略了筷子。

五代南唐畫家顧閎中繪〈韓熙載夜宴圖〉(部分)

反倒是在另外一些不甚清晰的摹本上,我們可以尋到至少三雙筷子的影像。

上頁圖是放大的部分,隱約可以看到餐桌上的筷子。這幾雙筷子無一例外地都是縱向擺放,這說明五代或宋代時,筷子由橫向至縱向的轉變已經完成。

宋代張擇端的〈清明上河圖〉長卷,熟知它的人也許可以隨意說出熟識的許多場景,可有一個場景你未必注意到。這是一個部分場景,我說

第三章　食制與食具

我看到了筷子你也許不信,這樣大的畫面,也會出現筷子?

不錯,真的有筷子。畫面上表現了許多餐廳,如果不表現筷子倒是很不合理的事。線上描圖中大屋簷的左下方,餐廳裡有兩位對飲者,餐桌上的餐具與美味並不多,店小二正在為他們上菜。不用太仔細就能發現,餐桌上擺著兩雙筷子,而且是縱向擺著。看到這裡,我們可以確信,筷子由橫向縱的方向轉變,在宋代時是一定完成了的。

宋代張擇端的〈清明上河圖〉線描圖(部分)

宋代名畫〈文會圖〉中也出現過筷子和勺子。圖中這些配套的筷子與勺子都是縱向擺放著,這是進行中的宴飲場景,可以想見進餐過程中放下筷子時,也要取縱向方式,不可造次。

宋傳世的〈文會圖〉（部分）

一位食學長者問我，日本從唐代學去筷子的傳統用法，餐桌上橫置筷子，那我們是什麼時候改變為縱放的呢？我就用上述資料回答了他，他說解決了多年的困惑疑難。我們在唐代以後改變了過去橫置筷子的傳統，但日本並沒有改變，現在到日本還可以感受到唐代的用餐風尚。我甚至覺得，即使在中國，也許某些地區還維繫著唐代的做法，橫置筷子的習慣未必在中國消失得那麼徹底。

宋代以後，縱置筷子成為習慣，從古代墓葬壁畫和傳世繪畫上都能見到這樣的場景。

在陝西甘泉一座金代墓葬裡見到的墓主人進食圖壁畫上，這位有名有姓有年齡紀錄的老者，他面前的餐桌上擺著茶盞菜盤，當然也有一套筷子和勺子，雖然筷子和勺子放置不齊整，但縱向放置是明確的。

明代陳洪綬所繪〈博古葉子〉，其中一幅畫描述的是晉代何曾「日食萬錢」的故事，他是用明代人的風情演繹古代的故事，高桌大椅是何曾未有享受到的，那筷子縱放也不是晉代時尚，這顯然是明代的生活寫照。

《翦勝野聞》記述了這樣一個故事——明朝初年，唐肅有一次陪皇帝朱元璋吃飯，他吃完後將筷子橫在碗上。朱元璋問這是什麼意思，

137

第三章　食制與食具

他說是從小學的禮節。朱元璋大怒，說：「民間俗禮怎麼能用在天子這裡？」居然給唐肅定了個大不敬的罪名，發配濠州去了。

這種把筷子橫在飯碗上的做法，本意是出於對長者的尊重，用意源出周禮，長輩沒吃完，晚輩不得先放下筷子。周禮要求：晚輩已吃飽，而長輩尚未停止進食時，不得放下筷子，還要裝模作樣慢慢吃。否則，你把碗筷一放，顯得長輩很貪吃似的。宋代以後，這禮法略有改進，晚輩先吃完也不必還舉著筷子，只需橫在碗上，敬意也就到了。但是朱元璋做了皇帝，卻看不慣這個做法，本是個致敬的禮法，卻引來不敬的罪名，因為天子不認這一套。

清代不論在宮中還是民間，筷子的擺放都遵循前朝規矩，仍然承繼著縱向傳統。

清代人所繪的《紅樓夢》插圖，表現大大小小的宴會，餐桌上是少不了筷子的，仔細看去，筷子放置的方向是縱向。在一般的禮儀場合中，這個規矩都沒有什麼改變。

現代宴會擺臺也是藝術，任你如何變化造型，那筷子與勺子的位置與方向都不會改變。

九、古遠的分餐制

一般聚會，不論是在家中還是在餐廳，如果是享用中餐，一般都採用圍桌會食的方式，隆重熱烈的氣氛會深深感染每一個與宴者。這種親密接觸的會食方式，是中國飲食文化的一個重要傳統。雖然中國烹飪的發達在相當程度上是依賴這個傳統會食方式的，但今天我們卻不想再繼承這個傳統了，有關部門還正式制定了分餐制的操作規範與標準，看來

餐桌上的光景就要煥然一新了。在一些正規的宴會場合，分餐制的推廣初見成效，會食方式的改變已漸成湧潮之勢。

現代人之所以要痛下這樣的決心，目的並不是為了避開那份熱烈、濃重和親密，主要是為了擺脫津液交流而造成的困擾。這種親密交流的結果，是將各人特有的那些菌種毫無保留地傳播給了同桌共餐的人，人們在歡快醉飽之時自然感覺不到這樣的危險已經逼近了。王力教授有〈勸菜〉一文，對這樣的「津液交流」有十分深刻的諷刺。他說十多個人共食一盤菜，共飲一碗湯，酒席上一桌人同時操起筷子，同時把菜夾到嘴裡去。一碗湯上桌，主人喜歡用自己的調羹去把裡面的東西先攪一攪；一盤菜端上來，主人也喜歡用自己的筷子去拌一拌。一盤山珍海味，一人一筷子之後，上面就有了多個人的津液。王力先生提到的類似宴會，我們差不多都親見或親歷過，許多人也曾多次地為避免這種津液交流做過努力。當然我們只是傳統的繼承者和發揚者，對於這傳統產生的負面後果並不用負任何責任，但我們不知不覺把自己置於危險之中。

這種在一個盤子裡共餐的會食方式，雖然是中國傳統飲食文化的重要內容之一，但以我們現在的眼光看，它確實算不上優良。這種會食傳統產生的歷史也並不像我們想像的那麼古老，存在的時間也就 1,000 年多一點。比這更古老的傳統倒要優良很多，那是道地的分餐方式，我們可以尋到不少古代中國曾實行了至少 3,000 年分餐制的證據。

《史記‧孟嘗君列傳》說，戰國四君子之一的孟嘗君田文廣招賓客，禮賢下士，他平等對待前來投奔的數千食客，無論貴賤，都與自己吃一樣的饌品，穿一樣的衣裳。一天夜裡，田文宴請新來投奔的俠士，有人無意擋住了燈光，有俠士認為自己吃的飯一定與田文不一樣，要不然怎麼會故意擋住光線而不讓人看清楚。這俠士一時怒火中燒，他以為田文

第三章　食制與食具

是個偽君子，就輟食辭去。田文趕緊親自端起自己的飯菜給俠士看，原來他們所用的都是一樣的飲食。俠士愧容滿面，當下拔出佩劍自刎，以謝誤會之罪。一個小小的誤會，致使一位剛勇之士丟掉了寶貴的性命。試想如果不是分餐制，如果不是一人一張飯桌（食案），如果主客都圍在一張大桌子邊上享用同一盤菜，就不會有厚薄之別的猜想，這條性命也就不會如此輕易斷送了。

又據《陳書・徐孝克傳》說，國子祭酒徐孝克在陪侍陳宣帝宴飲時，並不曾動過一下筷子，可是擺在他面前的餚饌卻不知怎麼減少了，這是散席後才發現的。原來徐某人將珍果悄悄藏到懷中，帶回家孝敬老母去了。皇上大受感動，下令以後御筵上的食物，凡是擺在徐孝克面前的，他都可以大大方方帶回家去，不用偷偷摸摸的。這說明起碼在隋唐以前，正式的筵宴還維持著一人一份食物的分餐制。

由考古發現的實物資料和繪畫資料，可以看到古代分餐制的真實場景。在漢墓壁畫、畫像石和畫像磚上，經常可以看到席地而坐、一人一案的宴飲場面，看不到許多人圍坐在一起狼吞虎嚥的場景。低矮的食案是適應席地而坐的習慣而設計的，從戰國到漢代的墓葬中，出土了不少實物，以木料製成的為多，常常飾有漂亮的漆繪圖案。漢代送食物還使用一種案盤，或圓或方，有實物出土，也有畫像石描繪出的影像。承托食物的盤如果加上三足或四足，便是案，正如顏師古《急就章注》所說：「無足曰盤，有足曰案，所以陳舉食也。」

以小食案進食的方式，至遲在龍山文化時期便已形成。考古已經發掘到西元前 2,500 年時的木案實物，雖然木質已經腐朽，但形跡還相當清晰。在山西襄汾陶寺遺址發現了一些用於飲食的木案，木案平面多為長方形或圓角長方形，長約 1 公尺，寬約 30 公分。案下三面有木條做

成的支架,高 15 公分左右。木案通塗紅彩,有的還用白色繪出邊框圖案。木案出土時都放置在死者棺前,案上還放有酒具多種,有杯、觚和用於溫酒的斝。稍小一些的墓,棺前放的不是木案,而是一塊長 50 公分的厚木板,板上照例也擺上酒器。陶寺遺址還發現了與木案形狀相近的木俎,略小於木案,俎上放有石刀、豬排或豬腳、豬肘,這是我們今天所能見到的最早的一套廚房用具實物。可以想像,當時長於烹調的主婦們,操作時一定也坐在地上,木俎最高不過 25 公分。漢代廚人仍是以這個方式作業,出土的許多庖廚陶俑全是蹲坐地上,面前擺著低矮的俎案,俎上堆滿了生鮮食料。

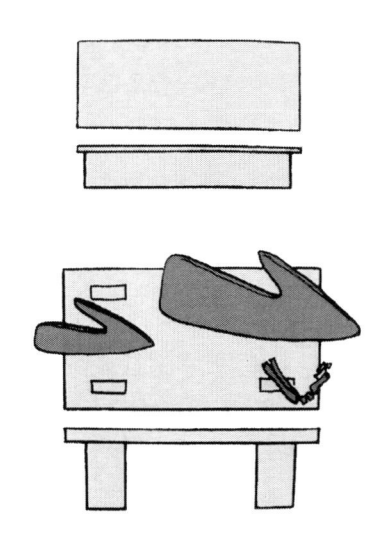

陶寺遺址出土的食案　　　重慶忠縣出土的三國時期的庖丁俑

　　陶寺遺址的發現十分重要,它不僅將中國食案的歷史提到了 4,500 年以前,而且也揭示了分餐制在古代中國出現的源頭。古代分餐制的發展與這種小食案有不可分割的連繫,小食案是禮制化的分餐制的產物。在原始氏族公社制社會裡,人類遵循一條共同的原則:對財物共同占有,

第三章　食制與食具

平均分配。在一些開化較晚的原始部族中，可以看到這樣的事實：氏族內食物是公有的，食物烹調好了以後，按人數平分，沒有飯桌，各人取到飯食後都是站著或坐著吃。飯菜的分配，先是男人，然後是婦女和兒童，多餘的就存起來。這是最原始的分餐制，與後來等級制森嚴的文明社會的分餐制雖有本質的區別，但在淵源上考察，恐怕也不能將它們說成是毫不相關的兩回事。

漢畫宴飲圖，每人面前的食盤上都放有箸

十、分餐制的改變

分餐制的歷史無疑可追溯到史前時代，它經過了不少於3,000年的發展過程。會食制的誕生大體是在唐代，發展到具有現代意義的會食制，經歷了一個逐漸轉變的過程。周秦漢晉時代，筵宴上分餐制之所以實行，應用小食案進食是個重要原因。雖不能絕對地說是一個小小的食案阻礙了飲食方式的改變，但如果食案沒有改變，飲食方式也不可能會有大的改變。事實上，中國古代飲食方式的改變，確實是由高桌大椅的出現而完成的，這是中國古代由分食制向會食制轉變的一個重要契機。

西晉王朝滅亡以後，生活在北方的匈奴、羯、鮮卑、氐、羌等族陸

續進入中原，先後建立了各自的政權，這就是歷史上的十六國時期。頻繁的戰亂，還有居於國家統治地位民族的變更，使得中原地區自殷周以來建立的傳統習俗、生活秩序及與之緊密關連的禮儀制度，受到了一次次強烈的衝擊。正是在這種新的歷史背景下，家具發展有了新趨勢，傳統的席地而坐的姿勢也隨之有了改變，常見的跪姿坐式受到更輕鬆的垂足坐姿的衝擊，這就促進了高足坐具的使用和流行。西元5～6世紀出現的高足坐具——束腰圓凳、方凳、胡床（馬紮子）、椅子，逐漸取代了鋪在地上的蓆子，「席不正不坐」的傳統要求也就慢慢消失了。

在敦煌285窟的西魏時代壁畫上，可以看到年代最早的靠背椅子圖形。有意思的是，椅子上的仙人還用著慣常的蹲跪姿勢，雙足並沒有垂到地面上，這顯然是高足坐具使用不久或不普遍時可能出現的現象。在同時代的其他壁畫上，又可看到坐胡床的人將雙足坦然垂放到了地上。洛陽龍門浮雕所見的坐圓凳的佛像，也有一條腿垂到了地上。

唐代時各式各樣的高足坐具已相當流行，垂足而坐已成為標準姿勢。1955年，在西安發掘的唐代大宦官高力士之兄高元珪墓，墓室壁畫中有一個端坐椅子上的墓主人像，雙足並排放在地上，這是唐代中期以後已有標準垂足坐姿的證據。可以肯定地說，在唐代，至晚在唐代中晚期，古代中國人已經基本上拋棄了席地而坐的方式，最終完成了坐姿的革命性改變。

第三章　食制與食具

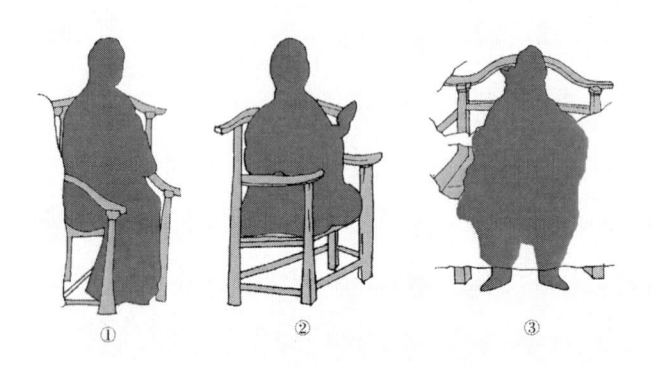

唐代的坐椅①②敦煌莫高窟壁畫，③西安高氏墓壁畫

在敦煌唐代壁畫〈屠房圖〉中，可以看到站在高桌前屠牲的庖丁像，表明廚房中也不再使用低矮的俎案了。

敦煌唐代壁畫〈屠房圖〉

用高椅大桌進餐，在唐代已不是稀罕事，不少繪畫作品都提供了可靠研究線索。如敦煌473窟唐代宴飲壁畫，畫中繪一涼亭，亭內擺著一個長方食桌，兩側有高足條凳，凳上面對面地坐著9位規規矩矩的男女。食桌上擺滿大盆小盞，每人面前各有一副匙箸配套的餐具。這已是

144

眾人圍坐一起的會食場景了，這樣的畫面在敦煌還發現了一些，構圖一般區別不大。

在西安附近發掘的一座唐代韋氏家族墓中，墓室東壁見到一幅〈野宴圖〉壁畫，畫面正中繪著擺放食物的大案，案的三面都有大條凳，各坐著3個男子。男子們似乎還不太習慣把雙腿垂放下地，依然還有人採用盤腿的姿勢坐著。

大約從唐代後期開始，高椅大桌的會食已十分常見，無論在宮內還是民間，都是如此。家具的變革引起了社會生活的許多變化，也直接影響了飲食方式的變化。沒有這場家具變革，分餐向會食的轉變是不可能完成的。據家具史專家們的研究，古代中國家具發展到唐末五代之際，在品種和類型上已基本齊全。這當然主要指的是高足家具，其中桌和椅是最重要的兩個品類。家具的穩定發展，也保證了人們飲食方式的恆定性。

其實中國古代的分餐制轉變為會食制，並不是一下子就轉變成了現在這個樣子，還有一段過渡時期。這個過渡時期的飲食方式，又有一些鮮明的時代特點。在會食成為潮流之後，分餐方式並未完全消失，在某些場合還會偶爾出現。例如五代南唐畫家顧閎中的傳世名作〈韓熙載夜宴圖〉中就透露出了有關的資訊。據《宣和畫譜》說，南唐後主李煜想了解韓熙載夜生活的情況，令顧閎中去現場考察，於是就繪成了這幅夜宴圖。夜宴圖為一長卷，夜宴部分繪韓熙載和其他幾個貴族子弟，分坐床上和靠背大椅上，欣賞著一位琵琶女的演奏。他們面前擺著幾張小桌子，在每人面前都放有完全相同的一份食物，是用8個盤盞盛著的果品和佳餚。碗邊還放著包括餐匙和筷子在內的一套進食具，互不混雜。這裡表現的不是圍繞大桌面的會食場景，而是古老的分餐制，似乎是貴族

第三章　食制與食具

們懷古心緒的一種顯露。其實，這也說明了分餐制的傳統制約力還是很強的，在會食出現後它還有一定的影響力。

在晚唐五代之際，表面上場面熱烈的會食方式已成潮流，但那只是一種有會食氣氛的分餐制。人們雖然圍坐在一起了，但食物還是一人一份，還沒有出現後來那樣的「津液交流」的情況。這種以會食為名、分餐為實的飲食方式，是古代分餐制向會食制轉變過程中的一個必然發展階段。到宋代以後，真正的會食——具有現代意義的會食才出現在餐廳裡和飯館裡。宋代的會食，由白席人的創設可以看得非常清楚。陸游的《老學庵筆記》說，北方民間有紅白喜事會食時，有專人掌筵席禮儀，謂之「白席」。白席人還有一樣職責，即是在喜慶賓客的場合中，提醒客人送多少禮可以吃多少道菜。陸游以前，白席人已有記述，《東京夢華錄》就提到了這種特殊的職業，下請書、安排座次、勸酒勸菜，謂之「白席人」。白席人正是會食制的產物，他的主要職責是統一食客行動、掌握宴飲速度、維持宴會秩序。現代雖然不常見白席人，但每張桌面上總有主席（東道）一人，他的職責基本上相當於白席人，他要引導食客一起舉筷子，一起將筷子伸向同一個盤子。

在張擇端的〈清明上河圖〉上，我們看到汴京餐廳裡擺放的都是大桌高椅。在宋代墓葬的一些壁畫上，我們也看到不少夫婦同桌共飲的場景。在17世紀日本畫中描繪的清代船宴中，我們看到官員們圍著一張桌子猜拳行令，桌上擺放著美酒佳餚。這都說明會食傳統經過千年的發揚光大，已是根深蒂固了。

當我們現在大力倡導分餐制時，會遇到傳統觀念的挑戰，也會遇到一些具體的問題。會食制在客觀上促進了中國烹調術的進步，比如一道菜完完整整上桌，色香味形俱佳，如果分得七零八碎，不大容易讓人接

受。難怪有些美食家非常擔心，改革了會食制，具有優良傳統的烹調術會受到衝擊，也許會因此失掉中國飲食的許多優勢，分餐與會食對饌品的要求肯定會有很大不同。其實，這也沒什麼要緊的，丟掉一些傳統的東西，意味著有更多的機會創造新的東西。

分餐制是歷史的產物，會食制也是歷史的產物，那種實質為分餐的會食制也是歷史的產物。我們今天正在追求的新的進食方式，看來只需按照唐代的模式，排練出──套仿唐式的進食方式就可以了，不必非要去照搬西方的。這種分餐制借了會食制固有的條件，既有熱烈的氣氛，又講究飲食衛生，而且弘揚了優秀的飲食文化。

第三章　食制與食具

第四章 味天下之味

　　歷來人們在滋味的追求上，都表現有明顯的兩重性，一是趨本，一是逐流。所謂趨本，就是從小養成的習慣，這是傳統，對越是道地的鄉土風味就越欣賞。所謂逐流，則是受他方時尚所吸引，反傳統，追求新奇滋味。

　　古時帝王愛燒餅，如今小兒愛漢堡，均屬逐流者也。燒餅古稱胡食，漢堡歸屬西食，對中原而言，均屬外來之食，按古代先人的說法，均為胡食。古代中原為華夏所居，歷史上的周邊民族被稱為蠻夷胡狄。漢時將包括匈奴在內的西域和北方民族，統稱胡人，更遠國度的人自然也是胡人，他們的飲食都被冠以「胡」字，稱為胡食。胡食在歷史上有數次內傳的高潮，從皇上到臣民都沒有抵擋住這樣的誘惑，紛紛做了胡食的「俘虜」。這種傳播對中國飲食傳統帶來了明顯衝擊，但也使它不斷更新，不斷完善。

第四章　味天下之味

一、粒食與餅食

當穀物成為我們餐桌上的主角,最初是稻米和小米滋養了南方人與北方人。稻米和小米怎麼吃,先人並沒有進行太大難度的選擇,採用直接粒食。當然粒食也須先脫粒才行,稻米和小米的脫粒現在看技術上再簡單不過了,杵臼發明後,接下來烹調就變得非常容易了。

小麥傳入中國,是飲食史上的重大事件。小麥在中國傳播和普及經歷了一個漫長的過程。小麥傳入時,相應的食用方法卻沒有傳入,經歷了粒食到粉食的本土化過程,形成了不同於西亞啤酒麵包傳統的麵條饅頭傳統。小麥傳入中國後,食用方式經歷了幾個漢化過程,小麥漢化後,不僅完全適應了東方的土壤與氣候,也完全適應了東方的人群。在使用合適的加工技術之前,便得不到可口的麥食製品,小麥在更大範圍的傳播也是不可能的。東方本土的古老粒食傳統的借用,是小麥在它的新立足地生根的第一步。

當小麥進入飲食生活後,曾經在很長時期借用了稻米和小米的粒食方法,只是用於煮粥蒸飯。後來麵粉磨製技術成熟後,麵粉也使用蒸法食用了。當蒸法借用到麵食的烹飪中,一個區別於西方以烤食為傳統的麵食體系也就建立起來了。麵食技術的普遍運用,是小麥在東方立足的第二步,也是它傳播很廣的主要原因。

小麥做成麵食最重要的技術是粉碎技術,需要磨麵設備。有了合適的磨麵設備,小麥的麵食才有普及推廣的可能。當然小麥麵食時代到來後,有了磨出的麵粉,將麵粉製成麵條、饅頭、包子之類的,用蒸與煮的方法烹熟,所以古時就有了湯餅、籠餅和蒸餅。由漢史游《急就篇》的「餅餌麥飯甘豆羹」,可知漢時小麥粒食與麵食的方式並存。

漢代揚雄的《方言》中提到了餅,餅是對麵食的通稱。後來劉熙《釋

名》中更明確地說,「餅,並也,溲麵使合併也」,同時提到了胡餅、蒸餅、湯餅、索餅等麵食名稱,而湯餅與索餅便是道地的麵片與麵條之屬,蒸餅則是我們現在所說的饅頭。

文獻記錄了一些愛吃蒸餅的著名人物,如《晉書‧何曾傳》中說何曾「蒸餅上不坼作十字不食」,他也因為這個理由而被列為豪奢之人。《太平御覽》引述《趙錄》說,後趙「石虎好食蒸餅,常以乾棗、胡桃瓤為心,蒸之使坼裂方食」。當發酵技術用於蒸餅以後,這一款採用蒸法製作的麵食更受歡迎,也讓麵食有了更好的普及形式。古代發酵技術最初是用在釀酒工藝上的,鄭司農注《周禮‧醢人》中的酏食,說是「以酒酏為餅」,唐賈公彥疏說「以酒酏為餅,若今之起膠餅」。膠字又寫作「教」,通「酵」,所以有人認定酏食是一種發麵餅,這也許是發酵技術在麵食上最早的應用。

東方的蒸餅,即我們現在所說的饅頭,是 8,000 年的蒸法在麵食上的成功運用。我們用甑將麥麵蒸成了饅頭、包子,而西人卻把它放進爐子烤成了麵包、蛋糕,這就是中西飲食文化的一個重要區別。不同的烹飪技術,決定了麥食傳統發展的方向,饅頭和麵包代表了東西不同的飲食傳統。稻米與甑結合,帶給了我們香噴噴的米飯。小麥麵粉與甑結合,帶給了我們軟綿綿的饅頭。

二、小麥怎樣生根

作為重要穀物的小麥,原產地並不是中國,它是在史前傳入,後來才廣泛栽培,這似乎已經是一種定論。但是讓人疑惑的是,最初小麥傳入的路線我們現在還不會太清楚,傳入的仲介也不能確切判明,而且小麥物種傳入時不僅改變了種植技術,也改變了相應的加工技術與食用方法。

第四章　味天下之味

　　由漢式餅食技術傳統建立的新角度，我們看到小麥傳播過程中在東方文化傳統中顯現出來的另一番景象。

　　小麥的傳播是一個熱門話題，近年來許多人透過考古發現研究了小麥的傳播途徑。全面探討中國考古中發現的小麥遺存的靳桂雲教授認為，目前中國發現年代較早的小麥遺存是甘肅天水西山坪遺址，距今約4,800年。更早發現是甘肅國樂東灰山遺址出土的炭化小麥，年代為距今5,000～4,000年。這樣的年代資料是否說明黃河中上游地區的小麥種植比黃河下游早出現呢？答案要等待更多的考古遺存證據。

　　陳星燦在〈作為食物的小麥〉一文中認為，「中國小麥自西亞經新疆沿河西走廊傳播而來的道路日漸明顯」，山東地區多處龍山時代小麥遺存的發現，和河南地區二里頭與龍山文化小麥遺存的發現，對了解中國小麥起源與傳播的途徑非常重要。他認為這些發現表明，小麥的種植在黃河上中下游都有4,500～5,000年的歷史，因為西部小麥的年代更為久遠，可以認為最初小麥是由新疆和甘肅傳入中國。

　　小麥傳入中國的途徑近年來又有了一些新的觀點。趙志軍以「小麥之路」為題，近年多次論及中國早期小麥的傳播過程問題。他說目前發現的最早的小麥遺存大多集中在黃河中下游地區，這說明小麥傳入中國的途徑並不是絲綢之路，可能走的是另外一條路線，或幾條不同的路線，如透過蒙古草原或沿著南亞和東南亞的海岸線。小麥可能由海上傳入，這是一個新的提法。

　　陸上與海上，小麥究竟如何傳進中國本土，考古似乎並沒有最終的結論。至於小麥傳入以後在中國播散的情形，還沒有成為考古學者所關注的問題。從事農業史研究的曾雄生有〈論小麥在古代中國的擴張〉，專論小麥的傳入與在古代中國的傳播，他關注「小麥擴張對於中國本土原

產糧食作物和食物習慣的衝擊」，顯然接受了有的考古學者的說法，說小麥自出現在中國西北之後，在中國經歷了一個由西向東，由北而南的擴張過程，直到唐宋以後才基本上完成了在中國的定位。「小麥擴張擠對了本土原有的一些糧食作物，也改變中國人的食物習慣」。曾雄生還指出，麥子是在中國種植稻、粟之後 4,000～6,000 年乃至更晚之後才出現在中國的，在黃河流域麥子進入比稻子還晚，小麥對於稻作區和粟作區來說是個闖入者。

小麥由西北進入到中原地區，其最初的栽培季節是春季，並借用了粟的栽培技術。這正是賈思勰《齊民要術·大小麥》說的「三月種、八月熟」的「旋麥」，也即是春麥。當人們發現小麥的耐寒力強於粟而抗旱力不及粟時，春季乾旱多風的北方並不利於春播小麥的發芽生長，於是發明了秋播夏收的冬麥技術，歷史上稱為「宿麥」。一些學者注意到冬麥在商代就已經出現，不過依然還是以春麥為多，只是到東周時冬麥的種植面積才有明顯擴大。

《禮記·月令》說「季春之月……乃為麥祈實」，「仲秋之月……乃勸種麥，毋或失時，其有失時，行罪無疑」，這是東周時期小麥秋種夏收技術存在的一個可信的證明。所以曾雄生評價「冬麥的出現是麥作適應中國自然條件所發生的最大的改變，也是小麥在中國擴張最具有革命意義的一步」。雖然在長城以北地區，春麥的種植面積在現代也非常可觀，但冬麥的出現意義仍然不可低估。

小麥傳入後先是沿襲粟的栽培技術，春種秋收。後來改變為上年秋種而下年夏收，真是一個了不得的創造。有了這一個變化，小麥才真正開始適應了東方水土，也就有了向更大範圍傳播的重要技術基礎。

第四章　味天下之味

三、麥食本土化

　　種植技術的改變，其實還只是小麥在古代中國生根的一個方面。小麥傳播過程中還有另外一個不容忽視的問題，就是食用技術的傳承。有一點非常明確，沒有合適的加工食用技術作支撐，就得不到可口的麥食製品，小麥也就不會引起更大範圍人群的興趣，這對它的傳播而言也是一個很大的障礙。

　　雖然我們現在還不能完全回答小麥由粒食向麵食轉變的契機，以及產生這種轉變的確切年代，也不能準確復原這個轉變的過程，但這個轉變確實發生了，而且轉變得非常成功。其實稻米和小米也有類似於麵食的粉食技術，只是那樣的粉食一直沒有成為主流飲食方式，它只是粒食的補充。小麥有可能最初是借用了這種初級粉食技術，逐漸過渡到精細的麵食階段。

青海民和喇家遺址出土的齊家文化陶碗和麵條

　　小麥麵食最重要的技術，是粉碎技術，需要磨麵設備。有了合適的磨麵設備，小麥的麵食才有普及推廣的可能。陳星燦注意到這一點，他說：「目前在考古學上還罕見從食物加工的角度討論秦漢之前小麥如何被磨成麵粉的研究案例。無論如何，研究中原地區從龍山時代經二里頭到商周時代小麥加工方式的演變，可以為我們提供小麥被中國上古居民利用的間接證據。」

三、麥食本土化

衛斯曾由考古發現研究石磨的起源。圓形石磨分上下兩扇，兩扇相合，下扇固定，上扇繞軸在下扇上轉動。兩扇的接觸面有「磨膛」，膛的外周有起伏的磨齒。圓形石磨的製作在秦漢已經比較成熟，它的使用時間應當可以追溯到戰國時期。衛斯認為，圓形石磨的誕生，是大豆和小麥在糧食加工技術上的需求。所以就有了這樣的說法：「磨的誕生，不僅使人們改變了對大豆、小麥粒食的傳統吃法，而且促進了小麥的大面積推廣種植。」

磨的發明，有人認為是由石碾發展而來，不過這個觀點卻沒有太早的證據。圓形石磨和石碾都屬於半機械裝置，在發明年代上孰先孰後，現在並沒有確定的結論。在更早的時代，穀物加工普遍使用一種磨盤與磨棒配合的工具，在新石器時代有大量發現，考古上通稱為磨盤。這所謂的磨盤，其實是一種碾盤，上面的磨棒不論是長是圓，主要的用力方式是碾而不是磨，並不能使用旋轉力。長長的或圓圓的磨棒有一個明顯的固定磨麵，這是反覆碾壓形成的磨損面。有的研究者由史前陶車陶輪盤的使用，推測是旋轉石磨發明的技術基礎，這是很有道理的，不過這還只屬於推論。

不論怎麼說，旋轉石磨真的是一個很偉大的發明，它在沒有明顯改變的情形下一直使用到現代，現代的自動鋼磨也都是以石磨工作原理設計的。石磨在有的地方也實現了全自動旋轉，還在服務於現代人類生活。

現在所知最早的石磨，時代上並沒有早於東周，這可以從兩個層面理解。一是更早時代小麥的麵食並沒有出現，一是小麥的粉碎可能有另外的方式。但另外的方式最有可能的是碾法，早期的碾是小盤平碾，不是後來的大盤輪碾，不可能為麵食的普及做出太大的貢獻。更重要的是，那個時代小麥的粒食趨勢並沒有發生根本的改變，麥飯仍然頻頻出現在人們的餐桌上。

第四章　味天下之味

西晉束皙〈餅賦〉中說：「餅之作也，其來近矣。……或名生於里巷，或法出乎殊俗。」麵食的名稱在開始時並沒有太多講究，以形狀、製法為名是最直接的選擇，正如明王三聘《古今事物考》引《雜記》所說，「凡以麵為餐者皆謂之餅，故火燒而食者呼為燒餅，水瀹而食者呼為湯餅，籠蒸而食者呼為蒸餅」。

宋代驢拉磨畫像磚

漢魏時代西域各族的飲食風俗傳入中原，稱為胡食。胡食中最重要的麵食就是烤製的胡餅，應屬我們現在所說的燒餅。東漢後期，出現了一場規模不小的飲食變革浪潮，帶頭變革的人就是漢靈帝劉宏，他是一個胡食天子。據《後漢書·五行志》的記述，漢靈帝喜愛胡服、胡帳、胡床、胡座、胡飯、胡箜篌、胡笛、胡舞，引得一幫貴戚都跟著學，穿胡服，用胡器，吃胡食，一時間蔚然成風。漢靈帝喜愛的胡食主要是胡餅和胡飯等。胡飯也是一種餅食，是將酸瓜菹長切成條，與烤肥肉一起捲在餅中，捲緊後切成二寸長的小段，蘸醋芹食用。

從西域傳來的胡食，也為唐人所喜愛。西域胡人在唐代長安經營酒肆與餅店，胡食中自然有胡餅。白居易有詩說「胡麻餅樣學京都，麵脆油香新出爐」，明確指出它不同於本土的蒸餅。開元年間開始，富貴人家

三、麥食本土化

的餚饌，幾乎都是胡食。最流行的胡食是各種類型的小胡餅，特別是帶芝麻的蒸餅和油煎餅尤受唐人喜愛。

甘肅嘉峪關出土的魏晉墓磚畫〈煎餅圖〉

宋代的兩京，南北食風薈萃，各類麵館遍布食肆。宋代時麵食花樣逐漸增多，因為食法的區別，有了一些特別的名稱。《東京夢華錄》中提到北宋汴京食肆上的麵食館，就有包子、饅頭、肉餅、油餅、胡餅店，分茶店經營生軟羊麵、桐皮麵、冷淘、棋子麵等。《夢粱錄》記南宋臨安的麵食店，也稱為分茶店，經營各形各色的麵食。

內蒙古巴林左旗出土的遼墓壁畫

第四章 味天下之味

任何外來物種傳入後,都經歷了曲折的本土化過程。這種中國化或稱漢化的過程,最終得到的是漢式食物。

物種的傳入與文化的容忍度有關,接納過程變成了一種文化行為。小麥的傳入正是如此,也經歷了明確的漢化過程,饅頭就是小麥漢化食用一個成功的範例。

四、胡食在漢唐

人們在飲食上對風味的追求,一般與個體的飲食生活經歷有關,也與飲食傳統相關。人們常常對家鄉的飲食風味念念不忘,津津樂道,其原因正在於此。

中原人對遠國食物的熱切期待,至遲在商代初期便已存在,我們由史籍中關於伊尹以割烹說商湯的記述獲得了這方面的資訊。

經過秦代統一大潮的湧動,漢武帝時期中國文化的發展除了具備統一性,又有了開放性,對域外的經濟文化交流開始表現出高度的主動性。這種交流很快便突破了長城關隘,通向遙遠的國度,絲綢之路的出現就是最有力的見證。

西元前138年,張騫自長安(今西安)出發前往西域,經歷10多年艱辛回到長安,帶回來西域各國有關風俗物產的許多消息。西元前119年,漢武帝又命張騫帶領300人的探險隊,每人備馬兩匹,帶牛羊1萬頭,金帛貨物,出使烏孫國,同時與大宛、康居、月氏、大夏等國建立了交通關係。文交武攻,不僅將偉大的漢文化輸送到遙遠的西方,而且從西方也傳入了包括佛教在內的宗教、文化、藝術,對中國這個東方古國的精神文化生活產生了深遠的影響。由於從西域傳入的物產大都與飲食有關,這種交流對人們的物質文化生活也同樣產生了深遠的影響。

敦煌壁畫：張騫出使西域圖

從西域傳來的大量物產，使漢武帝興奮不已。他命令在都城長安以西的皇家園囿上林苑，修建一座別緻的離宮。離宮門前聳立著按安息獅子模樣雕成的石獅，宮內畫有開屏的印度孔雀，點燃著西域香料，擺設著安息鴕鳥蛋和千塗國的水晶盤等。離宮不遠處，栽種著大宛引進的紫花苜蓿和葡萄。上林苑中餵養著西域來的獅子、孔雀、大象、駱駝、汗血馬等珍禽異獸，完全一派異國風光。

在漢代從西域傳來的物產還有鵲紋芝麻（胡麻）、無花果、甜瓜、西瓜、安石榴、綠豆、黃瓜（胡瓜）、大蔥、胡蘿蔔、大蒜（胡蒜）、番紅花、芫荽（胡荽）、核桃（胡桃）、酒杯藤，以及玻璃、海西布（呢絨）、寶石、藥劑等，它們不僅豐富了帝王將相的生活，也為下層人民帶來了實惠，流澤直至今日。幾種用於調味的香菜香料，可以確定由西域傳來，充實了人們的口味。苜蓿或稱光風草、連枝草，可供食用，多用為牲畜的優質飼料。胡荽別名香菜，有異香，調羹味美。胡蒜即大蒜，較之原有小蒜辛味更為濃烈，也是調味佳品。還有從印度傳進的胡椒，也都是我們熟知的調味品。

漢代時對異國異地的物產有特別的嗜好，極求遠方珍食，並不只限於西域，四海九州，無所不求。據〈三輔黃圖〉所記，漢武帝在元鼎六

第四章　味天下之味

年（西元前 111 年）破南越之後，在長安建起一座扶荔宮，用來栽植從南方所得的奇草異木，其中包括山薑十本、甘蔗十二本，龍眼、荔枝、檳榔、橄欖、千歲子、柑橘各百餘本。由於北方氣候與南方差異太大，這些植物生長得都不太好，本來有些常綠的果木，到了冬季也枯萎了，很難結出碩果來。要想吃到南方的新鮮果品，還得靠地方的歲貢，靠驛傳的遞送，郵傳者疲斃於道，極為生民之患。

東漢末年，靈帝劉宏崇尚享樂，對胡食狄器有特別的嗜好，是一個道地的胡食天子。史籍記載說，靈帝在皇家苑囿西園開設了一些飲食店，讓後宮采女充當店老闆，靈帝則穿上商人服裝，扮作遠道來的客商，到了店中，「采女下酒食，因共飲食，以為戲樂」。靈帝也算得一個風流天子。

胡食中的肉食，首推「羌煮貊炙」，具有一套獨特的烹飪方法。羌和貊代指古代西北的少數民族，煮和炙指的是具體的烹調技法。羌煮就是煮鹿頭肉，選上好的鹿頭洗淨、煮熟，將皮肉切成兩指大小的塊，然後將切碎的豬肉熬成濃湯，加一把蔥白和一些薑、橘皮、花椒、醋、鹽、豆豉等調好味，將鹿頭肉蘸著肉湯吃。貊炙為烤全羊和全豬之類，吃時各人用刀切割，這原本是游牧民族慣常的吃法。以烤全豬為例，取尚在吃乳的小肥豬，褪毛洗滌乾淨，在腹下開小口取出五臟，用茅塞滿腹腔，並用柞木棍穿好，用慢火隔遠些烤。一面烤一面轉動小豬，面面俱烤到。烤時要反覆塗上濾過的清酒，不停地抹上鮮豬油或潔淨麻油，這樣烤好的小豬顏色像琥珀，又像真金，吃到口裡，立刻融化，如冰雪一般，汁多肉潤，比用其他方法烹製的肉風味更佳。

漢畫烤肉串

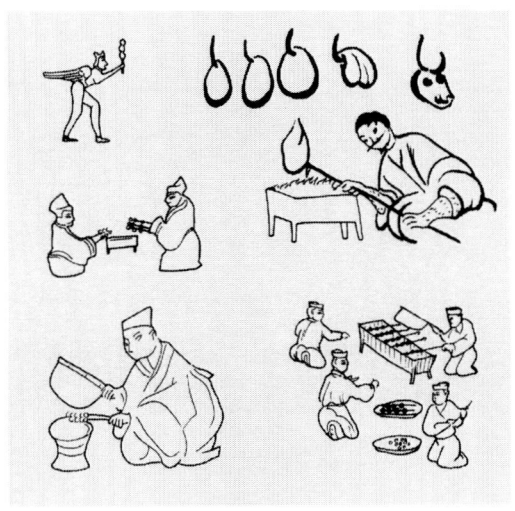

在胡食的肉食中,還有一種「胡炮肉」,烹法也極別緻。用一歲的嫩肥羊,宰殺後立即切成薄片,將羊板油也切細,加上豆豉、鹽、碎蔥白、生薑、花椒、蓽撥、胡椒調味。將羊肚洗淨翻過,把切好的肉、油灌進羊肚縫好。在地上掘一個坑,用火燒熱後除掉灰與火,將羊肚放入熱坑內,再蓋上炭火。在上面繼續燃火,只需一頓飯工夫就熟了,香美異常。

羌煮貊炙、胡炮肉,所採用的烹法實際是古代少數民族在缺少應有的炊器時不得已所為,從中可以看到史前原始烹飪術的影子。胡炮肉儘管烹飪方法極其原始,卻採用了比較先進的調味手段,這樣的美味炮肉,蒙昧時代的人絕不會吃到。

天子所喜愛的胡食,也是許多顯貴們所夢想的。這域外的胡食,不僅指用胡人特有的烹飪方法所製成的美味,有時也指採用原產異域的原料所製成的饌品。尤其是那些具有特別風味的調味品,如胡蒜、胡芹、蓽撥、胡麻、胡椒、胡荽等,它們的引進為烹製道地的胡食創造了條

第四章　味天下之味

件。如還有一種「胡羹」，為羊肉煮的汁，因以蔥頭、胡荽、安石榴汁調味，故有其名。當然西域調味品的引進也給中原人民的飲食生活帶來了新的生機，直接促進了漢代及以後烹調術的發展。

用胡人烹調術製成的胡食受到人們的歡迎，而有些直接從域外傳進的美味更是如此，葡萄酒便是其中的一種。葡萄酒有許多優點，如存放期很長，可長達十年而不敗。晉人張華的《博物誌》便有「西域有蒲萄酒，積年不敗，彼俗云：可十年。飲之醉，彌月乃解」的紀錄，可是漢代的糧食酒卻因度數低而極易酸敗。葡萄酒香美醇濃，也是當時的糧食酒所比不上的，魏文帝曹丕在〈與朝臣詔〉中曾說葡萄酒讓人一聞就會流口水，要是飲一口更是美得不行。漢時帝王及顯貴們對葡萄美酒推崇備至，求之不得。可是雖有葡萄，卻不知釀造方法，直到唐代破高昌才得其釀法，中國才有了自己釀的葡萄酒。前此帝王所飲，全為西域朝貢和商人從西域運來。漢靈帝時的宦官張讓，官至中常侍，封列侯，備受寵信，他對葡萄酒也有特別的嗜好。據傳當時有個叫孟他的人，因送了一斛葡萄酒給張讓，張讓立即委任他為涼州刺史，由此可知葡萄酒的珍貴。

古代中國既有勇敢地吸收外來文化的傳統，也有抵制外來文化的傳統。不僅漢靈帝喜歡胡食引起過非議，西晉時掀起的又一次胡食熱潮，也引起了同樣的責難。《搜神記》中說：「胡床、貊槃，翟之器也；羌煮、貊炙，翟之食也。自太始以來，中國尚之。貴人富室，必畜其器；吉享嘉賓，皆以為先。戎翟侵中國之前兆也。」指西晉富貴人家推崇胡器胡食，把它們擺在飲食生活的第一位，如此本末倒置實在讓人不解。

胡食不僅刺激了天子和權貴們的胃口，而且事實上促進了飲食文化的交流。這個交流充分體現了漢文明形成發展過程中的多源流特徵。這樣表現在文化上的兼收並蓄，不論是在武帝時代，還是在靈帝時代，漢

代都有極突出的表現。不論後人怎麼評說這兩個具有代表性的帝王，在吸收外來文化這一點上，他們有著共通之處，而且也並不都只表現在飲食文化一個方面。

唐朝國力強盛，經濟繁榮，在中國古代是空前的，在當時的世界上也是僅有的。在這個基礎上，承襲六朝並突破六朝的唐文化，博大精深、輝煌燦爛。唐文化吸引著四方諸國人民，唐代因此成為中外文化交流的極盛時代。唐代的對外文化交流，遍及廣州、揚州、洛陽等主要都會，而以國都長安最為繁盛。

唐代長安是當時世界上最宏偉的都城，是一個最大的開放城市，是東西方文化交流的集中點。來往這裡的有四面八方的各國使臣，包括遠自歐洲的東羅馬外交官。他們帶著使命，也帶了自己本國的文化，甚至還朝獻本地方物特產。唐太宗時，中亞的康國獻來金桃銀桃，植育在皇家苑囿；南亞的泥婆羅國（即尼泊爾）遣使帶來菠綾菜、渾提蔥（菠菜和洋蔥），後來也都廣為種植。在長安有流寓的外國王侯與貴族近萬家，還有在唐王朝供職的諸多外國官員，他們世代留住長安，有的建有赫赫戰功，甚至娶皇室公主為妻，位列公侯。各國還派有許多留學生到長安來，專門研習中國文化，國子監就有留學生八千多人。長安作為全國的宗教中心，吸引了許多外國的學問僧和求法僧來傳經取寶。此外，長安城內還有大批外國樂舞人和畫師，他們把各國的藝術帶到了中國。值得一提的是，長安城中還留居著大批西域各國的商人，以大食和波斯商人為多，有時達數千之眾。

一時間，長安及洛陽等地，人們的衣食住行都崇尚西域風氣，正如詩人元稹〈法曲〉所云：「自從胡騎起煙塵，毛毳腥羶滿咸洛。女為胡婦學胡妝，伎進胡音務胡樂……」飲食風味、服飾、音樂都以外國的為美，「崇外」成為一股不小的潮流。外國文化使者帶來的各國飲食文化，

第四章 味天下之味

如一股股清流匯進了中國這個汪洋，使我們悠久的文明激起了前所未有的波瀾。

長安城東西兩部各有周長約 4,000 公尺的大商市，即東市和西市，各國商人多聚於西市。考古學家們勘察過長安東西兩市遺址，並多次發掘過西市遺址。西市周邊築有圍牆，內設沿牆街和井字街道與小巷，街道兩側有排水明溝和暗涵。在西市南大街，還發掘到珠寶行和飲食店遺址。西市飲食店中，有不少是外商開的酒店，唐人稱它們為「酒家胡」。唐代文學家王績待詔門下省時，每日飲酒一斗，時稱「斗酒學士」，他所作詩中有一首〈過酒家〉云：「有客須教飲，無錢可別沽。來時常道貰，慚愧酒家胡。」寫的便是閒飲於胡人酒家的事。

酒家胡中的侍者，多為外商從國外攜來，女子稱為胡姬。這樣的異國女招待打扮得花枝招展，備受文人雅士們的青睞。唐人張祜有詩曰：「為底胡姬酒，長來白鼻騧。」李白在〈前有一樽酒行〉中曰：「胡姬貌如花，當壚笑春風。笑春風，舞羅衣，君今不醉將安歸。」胡姬不僅侍飲，且以歌舞侑酒，難怪文人們流連忘返，是異國文化深深地吸引著他們。

李白自然也是酒家胡的常客，他有好幾首詩都寫到進飲酒家胡的事，如〈白鼻騧〉云：「細雨春風花落時，揮鞭直就胡姬飲。」〈送裴十八圖南歸嵩山〉云：「胡姬招素手，延客醉金樽。」〈少年行〉云：「落花踏盡遊何處，笑入胡姬酒肆中。」遊春之後，要到酒家胡喝一盅。朋友送別，也要到酒家胡餞行。酒家胡經營的品種主要為胡酒胡食，也經營仿唐菜。賀朝〈贈酒店胡姬〉詩云：「胡姬春酒店，絃管夜鏘鏘。……玉盤初鱠鯉，金鼎正烹羊。」鯉魚鱠（鱠作膾的異體字），當是正統的中國菜。

唐人愛飲的胡酒有高昌葡萄酒、波斯三勒漿和龍膏酒等。據史籍記載，唐太宗時破高昌國，收馬乳葡萄種籽植於苑中，同時還得到葡萄酒

釀造方法。唐太宗親自過問試釀葡萄酒,當時釀造成功八種成色的葡萄酒,「芳辛酷烈,味兼緹盎」,滋味不亞於糧食酒。唐太宗將在京師釀的葡萄美酒頒賜給群臣,京師一般民眾不久也都嘗到了醇美甘味。漢魏以來的帝王們雖然早已享用過葡萄酒,但那都是西域獻來的貢品,到唐代才開始釀造。有人推測也許在漢代已掌握了葡萄酒的釀造技術,但沒有充足的證據。

三勒漿也是一種果酒,指用庵摩勒、毗梨勒、訶梨勒三種樹的果實所釀的酒,法出波斯國。龍膏酒也是西域貢品,唐蘇鶚撰寫的《杜陽雜編》說它「黑如純漆,飲之令人神爽」,是一種高級飲料。

與胡酒一同從西域傳來的胡食,也極為唐人所推崇。開元(西元713年——西元741年)以後,富貴人家的餚饌,幾乎盡為胡食。那時流行的胡食主要有䭔䭑、饆饠、燒餅、胡餅、搭納之類。䭔䭑為油煎餅,唐代以前製法已傳入中國,《齊民要術》載其製法。燒餅與胡餅大概區別不大,可能都可納蔥肉為餡,與今之餡餅相似,唐代皇帝還拿胡餅賜予外賓,視為上等美味。日本僧人圓仁《入唐求法巡禮行記》載:正月六日,「立春節。命賜胡餅、寺粥。時行胡餅,俗家皆然」。饆饠究竟為何物,曾使古今食人窮思不得其解。《資暇錄》說:「畢羅者,蕃中畢氏、羅氏好食此味。」似是說饆饠得名於姓氏。《青箱雜記》則說饆饠是餅的別名。實是至今還流行於中亞、印度、中國新疆等地伊斯蘭教民眾中的一種抓飯。抓飯在印度名為 pilau、pilow、pilàf,「饆饠」顯然是它的譯音。段成式《酉陽雜俎》記唐長安有兩處饆饠店,一在東市,一在長興市。饆饠賣時以斤計,其中主要佐料有蒜。又據《太平廣記》引《盧氏雜說》云:「翰林學士每遇賜食,有物若畢羅,形粗大,滋味香美,呼為『諸王修事』。」顯然是另有所指,非指抓飯。

第四章　味天下之味

文人愛胡食，官僚們自然也不例外，連皇帝也是如此，所以官員們進貢的食物中也少不了胡食品種。宋代陶穀所撰《清異錄》中說，唐中宗時韋巨源拜尚書左僕射，例上燒尾食，他上奉中宗食物的清單儲存在傳家的舊書中，這就是著名的《燒尾宴食單》。食單所列名目繁多，《清異錄》僅摘錄了其中的一些「奇異者」，達58款之多，其中就有一些外來食名，如曼陀樣夾餅（在爐上烤成的形如曼陀羅果形的夾餅）、巨勝奴（用酥油、蜜水和麵，油炸後敷上芝麻的點心。巨勝，指黑色芝麻）、婆羅門輕高麵（用古印度烹法製成的籠蒸餅）、天花（香味夾心麵點，或說是「手抓飯」）、紅羊枝杖（可能指的是烤全羊）、格食（羊肉、羊腸拌豆粉煎烤而成）等。

漢帝愛胡食，唐皇又何嘗不是，當臣子的，對天子的喜好心裡自然非常清楚。

在唐代引進的最重要的胡食應當是蔗糖，同時得到的熬糖法，其意義不亞於取得葡萄酒的釀法。在恆河下游，唐代時有一個小邦叫摩揭陀國，在唐太宗時曾遣使來長安。當摩揭陀使者談到印度砂糖時，太宗皇帝極感興趣。中國過去甘蔗種植雖多，卻不太會熬蔗糖，只知製糖稀和軟糖。太宗專派使者去摩揭陀求取熬糖技法，在揚州試驗榨糖，結果所得蔗糖不論色澤與味道都超過了西域。

五、辣椒、玉米與甘薯

在明代，從外部傳入的一些新的物種，使當時人們的食俗乃至食性都發生了很大變化。這使人們想起明代七下西洋的三保太監鄭和來，他的功勞與漢時的張騫是可以相提並論的。

鄭和於永樂三年（西元1405年）率艦隊通使外洋。在此後的28年

間,他一共航海七次,途經 36 國,最遠到達非洲東岸和紅海海口。他的航海不僅大大擴展了明王朝的外交領域,而且將遠國的風俗物產帶回到中國。艦隊每到一地,都以瓷器、絲綢、銅鐵器和金銀換取當地特產。

明代前後引進的原產美洲的幾種物產給古今中國人帶來了實惠,這就是玉米、甘薯、花生和辣椒。玉米、甘薯都屬糧食作物,它們至今在中國許多地區還是人口的主糧,尤其是在北方乾旱地區。辣椒的引進,對中國烹飪的影響也非常大。中國古代的五味體系中有辛(薑、蒜)而無辣,有了辣椒後,原有的「甘酸苦辛鹹」就變成了「甜酸苦辣鹹」。辣椒與其他調味料配合,又產生出許多新的複合味,大大豐富了中國烹調的味型。如與花椒配成麻辣味,與醋配成酸辣味,與醬配成醬辣味,還可以配成魚香味等。其他自外域引進的物種還有番茄、筍瓜、向日葵、苦瓜、菜豆、洋薑、花椰菜、抱子甘藍等,其中有許多品種成了我們今天不可缺少的食物。

玉米和甘薯的引進,是歷史上影響深遠的物種引進。玉米是明代由美洲經由菲律賓引進中國的。

15 世紀末哥倫布發現美洲,歐洲人在美洲成功殖民後,16 世紀後期西班牙人在東南亞的菲律賓建立殖民地,一些美洲農作物開始傳入菲律賓,再傳到南洋各地,進一步傳入中國。

玉米原產於中、南美洲,在中國古稱番麥、御麥、玉麥、苞米、珍珠米、棒子等。明嘉靖三十九年(西元 1560 年)甘肅的《平涼府志》記載:「番麥,一日西天麥,苗葉如蜀秫而肥短,末有穗如稻而非實。實如塔,如桐子大,生節間,花炊紅絨在塔末,長五六寸,三月種,八月收。」

玉米最早是經由西南陸路傳入,大致是先邊疆,後內地;先山區,後平原;先南方,後北方。玉米的廣泛適應性和良好的食用價值以及緩

第四章　味天下之味

解人口急驟增長對糧食的需求，是其迅速傳播和發展的重要原因。到清代乾嘉時期玉米種植獲得發展，與中國已有的「五穀」並列升至「六穀」陣營。

從各地方志的記述看，19世紀中期，玉米種植已遍及大江南北，各地有關玉米的稱謂多達99個。晚清至民國時期，玉米成為僅次於水稻和小麥的第三大作物。玉米在中國逐漸形成了三大種植區：北方春播玉米區、黃淮海夏播玉米區、南方山地丘陵玉米區。

玉米的傳入和發展促使耕地進一步擴大開墾，增加了糧食產量，對社會進步和經濟繁榮發揮了重要作用。這種「謙卑」的農作物一直作為窮人的食物而存在，它在水稻和小麥占據的肥沃的地盤之外繁衍。

玉米不僅從南到北都能種植，儲藏也方便。工業化時代到來，玉米可以製造酒精、糖漿、澱粉等，它還是生產醋酸、乙醛、丙酮等的原料。它作為牲畜的飼料，產量已超過水稻，占據著中國頭號糧食作物的地位。如此看來，玉米已經贏得居於人類食物鏈上不可或缺的位置。

甘薯在中國古代又名金薯、朱薯、玉枕薯、山芋、蕃薯、地瓜、紅苕、白薯、番薯等，原產中、南美洲，明萬曆年間（西元1573年——西元1620年）傳入。18世紀末至19世紀初期甘薯栽培向北推進到山東、河南、河北、陝西等地，向西推進到江西、湖南、貴州、四川等地，最終遍及全國。

明清以來是人口高速增長時期，人口從明初的6,500萬～8,000萬增加到1953年的5.83億，幾百年間增加6倍多，而耕地只增加4倍。玉米、甘薯和馬鈴薯都是耐旱、耐瘠的作物，一般糧食作物難以生存的貧瘠土壤、深山苦寒地區均可種植，而且產量高。農學家徐光啟在《農政全書》卷二十七中，將蕃薯的作用總結為「十三勝」，說它高產益人、色

白味甘、繁殖快速、防災救飢、可充籩實、可以釀酒、可以久藏、可作餅餌、生熟可食、不妨農功、可避蝗蟲等優點,說「農人之家,不可一歲不種。此實雜植中第一品,亦救荒第一義也」。

玉米與甘薯等美洲作物的引種,滿足了人口快速增加的需求,一個大國的形成,不能說與此沒有什麼關係。

六、菜系:辛香與甜酸

少小離家的人,常會有鄉音難改、鄉味難忘的感受。中國幅員遼闊,各地區的自然氣候、地理環境和物產都有自己的特色,互有區別,各地人民的生活方式和風俗習慣也存在許多差異。這樣一來,不同地區在吃什麼和怎麼吃的問題上,都形成了自己的傳統和特色。由於歷史的發展與累積,不同的菜系也就逐漸形成了。

中國的菜系究竟可以劃分為多少個,學者們的意見不大一致,有四大菜系說、八大菜系說,也有十二大菜系說,不盡相同。各菜系中以魯、川、粵、淮揚四系最為著名,其他還有京、杭、閩、湘、鄂、皖等系,也都不相上下。這些菜系共同的特徵是選料廣博、刀工考究、拼配得體、調味適口、火候精到,它們又以許多獨到之處互為區別,像一簇簇競豔的鮮花,開放在中華大地。

(1)魯菜。魯菜即山東菜,主要由濟南和膠東兩個菜系構成。魯菜選料考究,刀工精細,調味得體,工於火候。烹調技術以爆、炒、燒、炸、熘、燜、扒等見長,具有鮮鹹適度、清爽脆嫩的特色。魯菜流入宮中,成為皇帝后妃的御膳。魯菜也廣在民間,在華北、東北和京津地區廣為流傳。

第四章　味天下之味

魯菜講究豐滿實惠，大盤大碗。這反映出山東人的好客，唯恐客人吃不好、吃不飽。從筵席名稱上，也可看出這一點。如「三八席」，為八碟、八盤、八大碗加兩大件；又有膠東的「四三六四席」，為四冷葷、三大件、六行件、四飯菜；還有「十全十美席」，為十盤十碗。從一款「八寶布袋雞」，可以看出魯菜的實惠，做法是將雞剔下骨架，往雞腹中裝入海參、大蝦、口蘑、火腿、香菇、海米、玉蘭片、精豬肉等八種原料的餡，烹熟後不僅餡香肉嫩，而且量大菜多。

魯菜精於製湯，十分講究清湯和奶湯的調製。清湯色清而鮮，奶湯色白而醇。清湯用肥雞、肥鴨、豬肘子為主料，急火煮沸，撇去浮沫，鮮味溶於湯中，湯清見底，味道鮮美。奶湯用大火燒開，慢火煎煮，後用紗布過濾，等湯為乳白色即成。用這些湯製作的菜餚有清湯燕菜、奶湯蒲菜、奶湯雞脯等，都是高級筵宴上的珍味。魯菜還善以蔥香調味，什麼菜都要用蔥爆鍋，很多饌品都以蔥段佐食。大蔥除味香激發人的食慾，還有順氣、散膩、健胃、抑菌的功效。山東人平日也極愛食蔥，大餅捲大蔥就是家常飯。

膠東系魯菜烹製海鮮有獨到之處，傳統風味有紅燒海螺、炸蠣黃、芙蓉蛤仁、清蒸蟹合、蟹黃魚翅、繡球海參、烤大蝦等海味珍品。

說到魯菜，附帶說一下孔府菜。曲阜孔府雖地處山東，孔府菜與魯菜卻有一定區別。孔府菜糅合宮廷、官府和民間菜為一體，也集中了其他各地的烹調技藝，創出了新的一系，很難將它劃入魯菜範疇。孔府菜用料廣泛，以鄉土原料為主。如「金鉤珍珠筍」，是用生長不久的嫩玉米棒子配海米烹成，真可謂別出心裁。孔府即便是家常菜，製作也極精細，如「玉帶蝦仁」，用大青蝦去頭尾，蝦腰留一殼環，其他外殼全剝去，見熱後蝦仁發白，蝦腰殼呈紅色，有如玉帶。孔府菜透出一種富貴

氣，講究造型拼配，以富麗典雅著稱，對魯菜的發展產生過一定影響。

(2)京菜。北京菜集全國眾菜精華，尤其是吸收山東菜系的優點和北方少數民族的烹調技術，逐漸形成了自己的風格。遼、金、元、明、清幾朝都曾在北京建都，北方一些少數民族的傳統飲食風尚不斷地被帶到北京；祖居江南的達官貴人們，一代一代地從南方帶來了優秀的飲食文化；流入民間的官廚名師，將宮廷御膳的高超技藝傳授出來。這樣就使北京菜系顯得愈加豐富多彩，如滿漢全席、全羊席、涮羊肉、北京烤鴨等，至今都享有極高的聲譽。

京菜選料講究，調味多變，以爆、烤、涮、熘、炒、扒、煨、燜、醬、拔絲、瓤見長。菜餚以菜物原味為主，具有酥、脆、鮮、嫩、清鮮爽口的特點。京菜注重時令風味。如涮羊肉，須得於立秋後開吃，這時不僅羊肉肥美，而且天氣漸涼，適宜涮火鍋。又如春捲，則是立春時節才吃。到了夏季，才有水晶肘子、水晶蝦等，還有杏仁豆腐和荷葉粥等時令小吃。京菜還十分講究菜點的搭配，吃什麼菜就得配什麼作料和點心。如吃涮羊肉，就有許多講究，開涮前湯鍋中要下口蘑和海米，要備好香菜末、蔥白末、芝麻醬、辣椒油、醬豆腐鹵、滷蝦油、醃韭菜花、桂花糖蒜、紹興酒、醬油、芥末等作料。吃時用筷子夾起肉片在湯鍋中涮一涮，隨涮隨吃，羊肉鮮嫩可口，非一般火鍋可比。吃涮羊肉配以熱芝麻醬燒餅，抹上甜麵醬，捲上蔥絲、黃瓜條等和片好的鴨肉一起吃。

京菜中最擅長的技法為爆、烤、涮、炮和拔絲，名品有醬爆雞丁、烤填鴨、熘雞脯、糖熘魚片、拔絲山藥、涮羊肉等。烤法最為別緻，本源於御膳房。清宮御膳房專設有「包哈局」，用特製的掛爐烤鴨、烤乳豬，稱之為「雙烤」。

京菜的佐膳也極有章法。賓客到來，主人親自迎進屋內，先奉上茶

水，配以精緻的點心，包括山藥乾兒、棗乾兒、卷果之類，讓客人在飲酒前先墊個底，免得空腹飲酒傷了腸胃。入席後先上葷素冷盤，然後上大菜熱菜佐酒，末了才上壓桌的飯菜，最後上湯，外加甜菜、小點心和水果。

（3）川菜。川菜以四川成都的為正宗。當代川菜菜品已發展到近5,000種，以取材廣泛、調味多樣、清鮮醇濃並重，尤以善用麻、辣著稱於世。

川菜烹法注重燒、乾酥、燻、烤，調味不離辣椒、胡椒、花椒這三椒，還有鮮薑，品味重在酸辣麻香。川菜中有鹹鮮微辣的家常味型，有鹹甜酸辣兼備的魚香味型，有鹹甜麻辣酸鮮香並重的怪味型，有鹹鮮辣香的冷拼紅油味型，有典型的麻辣厚味的麻辣味型，有酸菜和泡菜的酸辣味型，還有糊辣味、陳皮味、椒麻味、椒鹽味、醬香味、五香味、甜香味、香糟味、煙香味、鹹鮮味、荔枝味、糖醋味、薑汁味、蒜泥味、麻醬味、芥末味、鹹甜味等20多種味型，所以川菜享有「一菜一格，百菜百味」的聲譽。

川菜：麻婆豆腐

川菜具有適應性強、雅俗共賞的特點。既有工藝精湛的一品熊掌、樟茶鴨子、乾燒巖鯉、香酥雞、紅燒雪豬、清蒸江團等名菜，又有大眾化

的清蒸雜燴、酥肉湯、扣肉、扣雞鴨、肘子等「三蒸九扣」，以及宮保雞丁、怪味雞、魚香肉絲、麻婆豆腐、乾煸鱔魚、回鍋肉、毛肚火鍋等家常風味。另外，川味中還有風格獨特的傳統民間小吃賴湯圓、夫妻肺片、燈影牛肉、棒棒雞、小籠牛肉、五香豆腐乾等，也都是流傳很廣的名品。

(4)淮揚菜。淮揚菜以揚州風味為主，包括鎮江、南京、淮安等地的風味，以清淡味雅著稱。淮揚菜以烹製河鮮、湖蟹、蔬菜見長，十分注重吊湯，製作精緻。

淮揚菜以炒、熘、煮、燴、烤、燒、蒸為主要烹法，擅長燉燜，具有鮮、香、酥、脆、嫩等特點。如清湯三套鴨，採用家鴨、野鴨、菜鴿整料去骨，用火腿冬筍相隔，三味套為一體，文火寬湯燉燜，具有家鴨肥嫩、野鴨香酥、菜鴿細鮮、火腿酥爛、冬筍鮮脆的特點。又如糖醋鱖魚，先將鱖魚剞上牡丹花刀，蘸上澱粉糊，三次下油鍋，分別炸透、炸熟、炸酥，起鍋時澆汁，得到皮脆、肉鬆、骨酥的效果。

淮揚菜：紅燒獅子頭

淮揚菜在調味上強調突出本味，使用調味料也是為了增強主料本味，而且注重用調味料增色，或用配料補色。這些做法往往與節令相合，如夏季要求色澤清淡，冬季則要求濃豔。例如夏季做清燉雞，湯汁清澈見底，雞塊鮮嫩潔白，再襯以鮮紅的火腿、綠色的菜心、黑色的香

菇，使人有清爽悅目的感受。淮揚菜其他名菜還有紅燒獅子頭、清燉蟹粉獅子頭、拆燴大魚頭、水晶餚蹄、百花酒燜肉、清蒸鰣魚等。

淮揚菜造型美觀，透過切配、烹調、裝盤、點綴的方法，以及捲、包、釀、刻的手法，達到色香味形俱佳的藝術境界。冷菜拼盤尤其講究造型，變化多端。其中的蘿蔔花雕技藝高超，刻成梅、蘭、竹、菊花卉等，生動傳神。冷盤的代表作有「逸圃彩花籃」，籃中有用蘿蔔雕刻的牡丹、玫瑰、菊花、馬蹄蓮、白蘭花等，豔麗多姿，是高雅的藝術品。

（5）粵菜。嶺南地區自古就有獨具特色的飲食傳統，在歷代與中原的交流和與海外通商過程中，吸收了一些文化精粹，形成了具有強烈地方特色的廣東菜系。

粵菜選料廣博奇雜，鳥獸蛇鼠均為佳餚。在風味上，粵菜夏秋求清淡，冬春取濃郁。如八寶鮮蓮冬瓜盅，即用夏令特產鮮蓮、冬瓜，配以田雞肉、鮮蝦仁、夜香花等原料燉製，清淡可口。

粵菜的調味品也別具一格，經常採用的有蠔油、糖醋、豉汁、果汁、西汁、柱侯醬、煎封汁、白滷水、酸梅醬、沙茶醬、魚露、珠油等，大都是專門配製的。如糖醋為白醋、片糖、精鹽、茄汁、辣醬油等混合煮溶而成，酸、甜、鹹、辣俱全，別稱「怪味汁」。

粵菜：烤乳豬

粵菜中獨特的烹調技法有熬湯、煲、煸、泡、焗等。熬湯以雞、瘦豬肉、火腿為主料，湯成後用於菜餚烹調中的加湯。煲是以湯為主的烹法，用瓦罉（chēng）慢火熬成。煸則是將幾種動植物原料混配一起，加進調味料，煸成色鮮味濃的菜餚。泡分油泡與湯泡兩種，不加配料。焗分鍋焗和瓦焗兩種，將原料放入鍋中，經油炸成水浸，加蓋，以文火焗成濃汁，上盤淋汁，風味別緻。

粵菜有香、松、臭、肥、濃五滋和酸、甜、苦、鹹、辣、鮮六味的分別，名品有五蛇羹、脆皮雞、烤乳豬、鹽焗雞、酥炸三肥、叉燒肉、出水芙蓉鴨等。

(6) 豫菜。中原菜餚，中國飲食中不能忽略豫菜。豫菜以鄭州為中心，由四個風味區構成。豫東口味居中，恪守傳統，扒製類菜餚最典型，以開封為代表。豫西以洛陽為代表，水席為典型風味，口味偏酸。豫南以信陽為代表，燉菜最為典型，口味稍偏辣。豫北以新鄉和安陽為代表，善用土特產，口味偏重。

豫菜：紅燒鯉魚

豫菜秉承質味適中的傳統，各種口味以相融相和為度。發源於開封的豫菜因地處九州之中，表現為不東、不西、不南、不北，而居東西南北之中，不偏甜、不偏鹹、不偏酸、不偏辣，而於甜鹹酸辣之間求其

中。豫菜特色是中扒（扒菜）、西水（水席）、南鍋（鍋雞、鍋魚）、北麵（麵食、餡飯）。豫菜的特色是選料嚴謹，刀工精細，講究製湯，質味適中。豫菜技法之扒、燒、炸、熘、爆、炒、熗，各有特色，又以扒菜更為獨到。

(7)其他菜系。由福州、漳州、廈門、泉州菜組成的福建菜系，稱為閩菜，烹調技法以清湯、乾炸、爆炒為主，常用紅糟調味，偏重甜酸。名菜有乾炸三肝花捲、淡糟炒鮮筍、佛跳牆、小糟雞丁、清湯魚丸、雪花雞等。

閩菜：佛跳牆

湖南菜即湘菜，也是南方一個較重要的菜系，採用燻臘原料較多，烹法以燻蒸、乾炒為主，風味重酸辣，名餚有蒸臘味合、鳳尾蝦、線粉炒牛肉絲、麻辣子雞、金錢魚、冰糖湘蓮、清蒸魚等。

湘菜：冰糖湘蓮

六、菜系：辛香與甜酸

　　湖北菜曾稱鄂菜，又稱楚菜，湖北菜重燒、煨、蒸、炒，油厚、口重、味鮮，名菜有紅燒魚、清蒸武昌魚、皮條鱔魚、粉蒸鯖魚、脊花鱖魚、茄汁鱖魚、冬瓜鱉裙羹、油酥野雞、瓦罐雞湯等。

楚菜：清蒸武昌魚

　　浙菜則具有清鮮、香脆、細嫩的特色，名品有西湖醋魚、生爆鱔片、叫花雞、龍井蝦仁、東坡燜肉、荷葉粉蒸肉、雞蓉蒓菜等。

浙菜：西湖醋魚

　　安徽菜（皖菜）以皖南徽菜為代表，以烹製山珍野味著稱，擅長燉、燒、蒸，講究重油、重醬色、重火工的「三重」，名品有火腿燉甲魚、無為燻鴨、鮮鱖魚、符離集燒雞、豆腐肥王魚等。

177

第四章　味天下之味

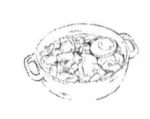

皖菜：豆腐肥王魚

　　從商周王朝的三羹、五齏、八珍，到隋唐洛陽東西兩市的大宴、素席，再到北宋汴京市肆的南北佳餚，傳承至今的名菜有糖醋軟熘鯉魚焙麵、煎扒青魚頭尾、炸紫酥肉、牡丹燕菜、扒廣肚、汴京烤鴨等。汴京爐鴨，宋時便是市肆名菜，爐是以爐灰煨炙，後變為以果木明火烤炙，以烤鴨取代爐鴨。汴京烤鴨千年不廢，皮酥肉嫩，以荷葉餅、甜麵醬、菊花蔥、蝴蝶蘿蔔佐食，以骨架湯、綠豆麵條添味，是一道大餐。

　　中國是個多民族的國家，五十多個民族的區別也十分明顯地表現在飲食習俗上。各民族都有自己的風味食品，如滿族的打糕、撒糕、柿糕、白煮，朝鮮族的砂鍋狗肉、撲地龍、泡菜、冷麵，蒙古族的馬奶酒、手把肉、全羊席、餡餅，回族的油香、卷果、白水羊肉，維吾爾族的手抓飯、烤羊肉串、烤全羊、爆炒拉麵，哈薩克族的手扒肉，藏族的青稞酒、酥油茶、糌粑、火燒肝、河曲大餅、蟲草燉雪雞、蘑菇燉羊肉，白族的生皮（烤豬肉）、燉梅、雕梅，傣族的竹筒糯米飯、醃魚、竹燒魚，彝族的坨坨肉、泡水酒，苗族的灌腸粑、五香魚，壯族的團圓結（豆腐圓）、大肉粽子、五色飯，侗族的醃鴨肉醬、酸魚肉、泡米油茶、糯米苦酒等。這些不僅深受本族人民的喜愛，其中很多美味已大大超出一個民族的居住地，流傳到各地，受到大眾的喜愛。

七、蔬食與素食

在研究中國的菜系時，人們通常都要提到素菜，或者單獨列出兩個菜系來。一般的菜系都有特定的地域分布範圍，而素菜卻沒有明顯的地域特徵，它們的形成經歷了長久的歷史過程。

關於素菜素食的起源，飲食史家們的意見極不一致，或以為與佛教有關，或以為很早起源於史前社會。

一般來說，素食是相對肉食而言的，是以植物類食品為主。素食素菜在中國大約是與農業的發明同時開始的，在農業生產成為主要經濟門類以後，素食便在原始中國人的飲食生活中占據了主要的位置。經歷了數千年的發展，到了當代仍是如此，在廣大從事農業活動的人口中，仍然以素食為主。在古代，「肉食者」是統治者的代稱，而平民百姓則是當然的素食者，即所謂「藿食者」。當然，平民百姓並不是素食主義者，肉食對他們而言平時是難以獲得的，他們並非甘心於素食，這與後來的素食倡導者完全不一樣。素食倡導者甘心於素食，當然他們的出發點並不是一樣的。從他們身上，我們或者可以看出佛教徒的慈悲之心，或者可以看到山居高士的淡泊之志，或者可以看到吃膩了肉食的貴族們的嘗鮮之趣。

雖然素食有久遠的歷史淵源，但作為一個菜系的形成，當是在宋代才開始的。北魏賈思勰的《齊民要術》以及唐代昝殷的《食醫心鑑》，雖也提到過一些蔬食的製作方法，但那些蔬食與後世的素食還不能相提並論。到北宋時，都市中出現了專營素菜素食的店鋪，《夢粱錄》所載市肆素食就有上百種之多。這時的素食研究著作也較多，林洪的《山家清供》一書，就是一本以敘述素菜素食為主的食譜。他還著有《茹草紀事》

第四章　味天下之味

一書，收錄了許多有關素食的典故與傳聞。還有陳達叟的《本心齋蔬食譜》，也是一部極力提倡素食的著作。

明清兩代是素菜素食的進一步發展時期，尤其是到清代時，素食已形成寺院素食、宮廷素食和民間素食三個支系，風格各不相同。宮廷素菜品質最高，清宮御膳房專設素局，能製作200多種美味素菜。寺院素菜或稱佛菜、福菜，製作十分精細，蔬果花葉皆能入饌。民間各地都有一些著名的素菜館，吸引著眾多的食客。

明清人對素食抱有不同的態度。明代高濂著《遵生八箋》十九卷，其中第十二卷載有家蔬55種和野蔬91種的烹調方法，而第十一卷敘述的肉食類饌品只有50種，表明作者偏重素食，符合他的「日用養生務尚淡薄」的原則。清代著名文學家袁枚，也是一位烹飪行家，他著了一本《隨園食單》，在「素食單」和「小選單」中記有80餘種蔬素菜品的烹調方法，袁枚說：「菜有葷素，猶衣有表裡也。富貴之人嗜素甚於嗜葷。」看來他算得上提倡葷素結合的人。清代還有一位佛教徒叫薛寶辰，撰有《素食說略》，記述了清末流行的170餘種素食的製作方法。他是一位絕對的素食主義者，反對殺牲，反對食葷。他認為，只知肉食者都是昏庸之徒，而品德高尚才能出眾的人，無不以淡泊的生活來表明自己的心志。他還特別指出，素菜如果烹調得法，味美亦不亞於珍饈。他勸人素食，可謂情真意切，他說：一碗肉羹，是許多禽獸的生命換來，喝下去又有什麼味道呢？試想這些動物在飛躍跳遊時的自在樣子，再想想牠們被捕獲後的樣子，再看看將牠們送到刀砧上的樣子，真讓人難過得不忍心動筷子。

素食者並不都是佛教徒。明代陳繼儒的《讀書鏡》中說：「醉醴飽鮮，昏人神志。若蔬食菜羹，則腸胃清虛，無滓無穢，是可以養神也。」其

中所追求的另一番清淨的境界，代表著相當一部分文人的思想。

素菜以綠葉菜、果品、菇類、豆製品、植物油為原料，易於消化，富有營養，利於健康。現代醫學證實，許多素菜如香菇、蘿蔔、大蒜、竹筍、蘆筍等，都具有抗癌和治癌作用。素菜還能仿製葷菜，形態逼真，口味相似。這些都是素菜越來越受到人們重視的原因。

到了現代，中國素菜已發展到數千種，烹調技法也有很大進步。這些技法大體可歸納為三類：一是捲貨，用油皮包餡捲緊，以澱粉勾芡，再燒製而成，名品有素雞、素醬肉、素肘子、素火腿等；二是滷貨，以麵筋、香菇為主料燒製而成，品種有素什錦、香菇麵筋、酸辣片等；三是炸貨，過油煎炸而成，有素蝦、香椿魚、咯炸盒等。

各地素菜名廚輩出，技藝高超。北京的「全素劉」，源出宮廷御膳房的御廚，能烹製242種名素菜，主料有麵筋、腐竹、香菇、口蘑、木耳、玉蘭片、竹筍等70多種，湯料有十幾種，全是素菜葷做，獨樹一幟。上海玉佛寺的素齋，名菜有素火腿、素燒雞、素烤鴨、紅梅蝦仁、銀菜鱔絲、翡翠蟹粉等，全採用素料。重慶慈雲寺素菜，以素托「葷」，如開席的四碟冷菜，為「香腸」、「鴨子」、「雞絲」、「花仁」，以麵筋、豆製品為主料。其他熱菜也全取素料，命以葷名，製作絕妙。

說到素菜，不能不說到豆腐等豆製品，這是各地素菜所採用的主料之一。豆腐菜甚至被稱為「國菜」，這是因為豆腐不僅起源於中國，而且深受大眾的喜愛。

關於豆腐的起源年代，近幾年有過比較熱烈的討論，但學界沒有確切的結論。清代汪汲的《事物原會》說：「腐乃豆之魂，故稱鬼食，孔子不吃。」他把豆腐的發明認定在春秋時代，但不知根據何在。李時珍在《本草綱目》中說：「豆腐之法，始於漢淮南王劉安。」劉安是漢高祖劉邦

第四章 味天下之味

的孫子，襲封為淮南王，工於辭賦。他是個煉丹家，常年招集方士為他煉製長生不死之藥，同時也研究動植物藥理，在這個過程中可能發現了豆乳可以凝固的特性，經反覆試驗而製出豆腐。不過這種說法是道家的附會。

人們在古籍中尋不到豆腐起源的年代證據，恐怕主要是不知豆腐起初叫什麼名稱。如宋代稱豆腐為「小宰羊」、「黎祁」，後又稱為「菽乳」，豆腐的正式名稱在宋初或稍早一些的時候才出現，更早的時候它被稱為什麼，我們並不清楚。不知豆腐的名稱，又怎麼能在古籍中找到它呢？豆腐的起源至今還是個謎，有待更深入的探索。

豆製品種類不計其數，用豆製品烹製的菜餚更是多得無法統計。有名的豆腐品種有南豆腐、北豆腐、凍豆腐、油豆腐、腐乳、臭豆腐、黴豆腐，豆製品則有豆腐干、千張、豆腐皮、香干、油絲、鹵干、豆泡、素什錦、素雞、素豬排、辣塊、辣干、燻干、豆腐粉等。

八、菜品的形與名

在中國人的餐桌上，沒有無名的菜餚。傳統菜當然有傳統名稱，以名誇菜；創新菜一定取新穎名號，以菜誇名。一桌筵席，往往也冠以特定的名稱，它會牢牢印在食客的腦海裡。一個雅名，可能就是一個絕句妙語，令人反覆品評；一個巧名，可能就是一個生動傳說，讓人拍案叫絕；一個趣名，可能就是一個歷史典故，使人回味無窮；如果是一個俗名，也許就是一個諧趣笑談，逗人前俯後仰。中國文化的博大精深，由菜餚的命名上也充分體現出來了。一個美妙的菜餚命名，既是菜品生動的廣告詞，也是菜餚自身一個有機組成部分。菜名給予人美的享受，它透過聽覺或視覺的感知傳達給大腦，會產生一連串的心理效應，發揮出

菜餚的色、形、味特殊的作用。

據烹飪史行家的研究，中國菜餚的命名重在一個「雅」字。菜餚名稱的雅，也就是美雅、高雅、文雅。古今首撰名稱之雅，歸納起來主要表現在四個方面，即質樸之雅，意趣之雅，奇巧之雅，諧謔之雅。大量菜餚的名稱，幾乎都是直接從烹調工藝過程中提煉出來的，以料、味、形、色、質、器及烹飪技法命名，表現出一種質樸之雅。以食材命名的，如荷葉包雞、鱔魚豆腐、羊肉團魚湯等；以味命名的，有五香肉、十香菜、過門香等；以形命名的，有櫻桃肉、蹄卷、太極蛋等；以質命名的，有酥魚、脆薑、到口酥等；以色命名的，有金玉羹、玉露團、琥珀肉等；以烹法命名的，有炒肉絲、粉蒸肉、乾煸鱔魚等。

以時令、氣象命名的菜餚，也表現出一種質樸之雅，如見風消、清風飯、雪花酥、春子鮓、夏月魚鮓、炸秋葉豆餅、冬凌粥等。還有大量以數字命名的菜餚，也體現出一種質樸、入耳、易記的特點，舉例如下：

一窩絲	一品點心	一品豆腐	二色膾	二錦餡	二龍戲珠
三和菜	三脆羹	三元牛頭	四美羹	四軟羹	四喜丸子
五福餅	五生盤	五柳魚	六一菜	六合豬肝	六合鮊春
七返膏	七色燒餅	七星螃蟹	八仙盤	八珍糕	八寶飯
九絲湯	九轉大腸	九色攢盒	十遠羹	十景索燴	十色頭羹
百味羹	百鳥朝鳳	百花棋子	千層糕	千里脯	千里酥魚

以比喻、寄意、抒懷手法命名的菜餚，則體現出種種意趣之雅。唐宋時代的仙人臠、通神餅、神仙富貴餅，以及後來的龍鳳腿、金鉤鳳尾、龍眼包子、麒麟魚、鴛鴦魚片等，都是以比喻手法命名的餚饌，使人感受到高雅之美；又如三元魚脆、四喜湯圓、五福魚圓、如意蛋捲，滿含著種種祝願與期待，體現出傳統的意趣之雅。賦予餚饌巧思的途徑，除了高超的烹調技藝，還有別具一格的命名，體現奇巧之雅。烹也

第四章　味天下之味

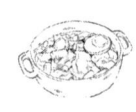

奇巧，名也奇巧者，首推「混蛋」。混蛋又名為混套，其製法見於清代袁枚《隨園食單》，它是將雞蛋打孔，去黃後拌濃雞汁打勻，再灌進蛋殼，蒸熟去殼，得到的是渾然一卵的極鮮美味。現在一些地區還能吃到換心蛋、石榴蛋和鴛鴦蛋等，都與混蛋有一脈相承的淵源關係。

以人命名菜餚和以典命名菜餚，也是傳統菜餚常用的命名方法，表現出諧謔之雅。麻婆豆腐、文思豆腐、蕭美人點心、東坡肉等，就是以人命名菜餚的例子，其中包含有對餚饌創製者的紀念。以典取名的例子也有不少，「消災餅」是唐僖宗李儇在狼狽逃蜀的路上，隨行宮女所獻的普通餅子。唐高僧慧寂為道士誦經行道時用果脯、麵粉、蔬菜、竹筍製的羹湯，稱為「道場羹」。五代竇儼官拜翰林學士，他喜食用羊眼為料製的羹，時稱「學士羹」。「油炸鬼」是宋代人恨秦檜而對油條的叫法。

菜餚以典以人命名，這樣的菜餚也就是一個個歷史典故。此外也有一些以名勝命名的菜和借詩文成語命名的菜，更顯出命名者功力，如柳浪聞鶯、掌上明珠、推紗望月、陽關三疊之類即是。

中國菜餚命名的方法，最主要和大量應用的還是寫實的質樸方法，研究者認為，它是一種如實反映原料構成、烹製方法和風味特色的命名法。其表現是開門見山，突出主料，樸素中略加點綴，素淨裡蘊含文雅，使人一看便大致了解菜餚的構成和特色。

先秦時代沒有完整的選單留傳於世，不過由「三禮」的片段記述，尤其是《禮記·內則》上的若干文字，我們大略知道一點當時菜餚命名的法則。所列菜名有牛炙、羊炙之類，以原料和烹法結合命名的較多，有時僅單列食料名稱即止。著名的「八珍」是以製作方式為主命名的，至多也是食料加方法的複合名稱，沒有任何修飾。即使被認為是屈原所作的《楚辭·招魂》所提到的餚饌名稱不過是胹鱉、炮羔等，也看不到有什麼華麗的色彩。

八、菜品的形與名

到了漢代，菜餚的命名大體承襲了先秦時代的格式，名稱上少不了主料加烹法，一看名字便知是什麼菜餚。漢代比較完整的選單是在湖南長沙馬王堆漢墓中出土的，竹簡上書寫著隨葬在墓內的一款款菜餚，少數菜名中還列入了輔料，顯得更為直觀，如有牛白羹、犬肝炙、鹿脯、炙雞、魚膾、臘兔等。

《齊民要術》上所述菜名，應當是南北朝時期或者可上溯到魏晉時代的大眾化菜名，如酸羹、雞羹、膾魚蒓羹、蒸熊、蒸雞、炙豚、肝炙、餅炙、糟肉等，這些菜名已相當規範了，基本是食料加烹法的命名格式，個別的還強調了輔料或作料。

到了隋唐時代，菜餚命名方法有了根本的改變，傳世選單上很少見到先秦至南北朝時的那種質樸的菜名了，以味、形、色、人名、地名、容器命名的現象已很普遍，帶有感情色彩的形容詞也開始用於菜名，這與文人們關注飲食的風氣以及文學發展的程度有關。《清異錄》收錄隋煬帝時期的尚食直長謝諷《食經》中的餚饌53款，那些名稱給予人全新的感覺，讓人感到已是名不副實了。唐代韋巨源的《燒尾宴食單》，也收在《清異錄》中，食單中的幾十種餚饌名稱，命名風格與《食經》是一致的，如光明蝦炙、貴妃紅、七返膏、金鈴炙、見風消、玉露團、長生粥、過門香等。

不論是謝諷的《食經》，還是韋巨源的《燒尾宴食單》，所列菜名都是皇帝的御膳，名稱華麗一些，理所當然。不過由其他資料看，唐代民間的餚饌名稱，比起御膳也並不遜色，可見當時這種多角度的命名方法，已相當普遍了。

從宋代開始，大約是社會風氣轉向純樸的關係，菜餚的命名也趨向質樸，給予人返璞歸真的感覺。從此以後，質樸的命名成了採用最廣泛

第四章　味天下之味

的方法,不過在文人圈子裡,在皇家筵席上,標新立異的命名也還是有的,多是立意吉祥祈福而已。

　　菜品的悅目,除色彩之外,還有它的形狀。說到菜品的形,那就主要得談談刀下功夫了,也就是現在人們常說的刀工。庖廚活動既有大刀闊斧,也有精割細切,甚至還有精工雕琢。中國廚師的案頭功夫是最值得稱道的,也就是切割之工。西方廚師的基本功,不會以刀工為最驕傲的技藝。東西方的差別,在這一點上表現得十分明顯。我們的食料是精心切好再下鍋,吃起來十分便當,西方是囫圇地或「卸」成幾塊後下鍋,等吃的時候再用餐刀切成小塊叉著吃,吃起來顯然要費點勁。不論從烹調的角度看,還是從食用的角度看,中國菜都略勝一籌,科學之中透出一種靈便。

　　據研究,中國菜的刀工主要有切、劈、斬、剖幾類,刀法則分直刀、平刀、斜刀、剞刀幾種,可將原料切成塊、段、條、絲、片、粒、茸、末、泥等形狀,而且做到形狀、大小、長短、厚薄、粗細、深淺、間距相同,工藝水準極高。如剞刀法,被稱為對世界烹飪技藝水準絕無僅有的創造,是一種切而不斷的工藝刀法,加工過的原料經加熱後會成為菊花、蘭花、麥穗、荔枝、蓑衣、梳子等不同的形狀,樣子美,滋味足。擺上筵席一看,就能給人一種美感。

　　我們講究刀法的傳統,也可以追溯到古老的年代。《論語·鄉黨》中記孔子「割不正不食」、「食不厭精,膾不厭細」,沒有廚師熟練的刀工作支撐,老夫子是不會有這高水準的要求的。

　　古人為了悅目,還動用雕刻彩染的手法,創制具有觀賞價值的工藝菜餚和點心,將藝術表現形式直接運用到飲食生活中。塑形、點染、刻劃、花色拼盤,造型藝術的手法無所不取,餐案上的食物形態變化多

姿,有時會美得食客不忍動筷子。文獻記載唐代時已有運用廣泛的麵塑技術,如韋巨源的《燒尾宴食單》,記有一組名為「素蒸音聲部」的麵食製品,以麵塑成蓬萊仙人 70 個,入籠蒸成。又據《北夢瑣言》說,唐有侍中崔安潛,是個食素的佛教徒,他任西川節度使招待下屬時,「以麵及蒟蒻之類染作顏色,用象豚肩、羊臑、膾炙之屬,皆逼真也」。

為了使食品的形與色更加壯觀,古代使用的方法還有雕刻和黏砌。食品雕刻的古例,在《東京夢華錄》中可以讀到,宋代汴京人在七夕「以瓜雕刻成花樣,謂之花瓜」。花瓜一為賞玩,一為乞巧,是那特別節日的一種美的點綴。又據李斗《揚州畫舫錄》說,揚州人善於製作西瓜燈,用西瓜皮雕刻出人物、花卉、蟲魚之形,內燃紅燭,新奇可愛。黏砌的手法,一般用於果品。據《春明夢餘錄》記載:「明初筵宴、祭祀,凡茶食果品,俱系散攢。至天順後,始用黏砌。每盤高二尺,用荔枝圓眼一百二十斤以上,棗柿二百六十斤以上。」一盤堆砌的果品這麼多,難怪要用黏砌的辦法了,黏合劑不知是不是糯米漿之類。

古人在飲食上花費的心思,還可以從小小的雞蛋上看出來。古有雕卵的飲食傳統,將雞蛋雕鏤出花紋圖案,還要點彩染色,或又稱作「鏤雞子」。雕卵的傳統,至遲在漢代已經形成,或者更早,《管子·侈靡篇》中有「雕卵然後瀹之」的句子,便是證明。到了唐代,「鏤雞子」已成寒食節的必備食物了,見於《太平廣記》的記述。駱賓王還有〈鏤雞子〉詩,說唐時將雞蛋刻成各種人臉的樣子,還要上彩:「刻花爭臉態,寫月競眉新。」元稹的〈寒食夜〉詩,也提到雕卵:「紅染桃花雪壓梨,玲瓏雞子鬥贏時。」從詩中看出,雕卵還要在一起鬥試,要比比誰鏤得最美。

第四章　味天下之味

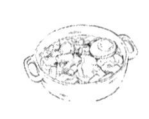

現代彩繪雞蛋，古代鏤雞子大約也是這個模樣

　　到了清代，畫卵的勢頭越來越猛了，時間由寒食擴展到男婚女嫁和生兒育女，規模大到「懸以竹竿，凡數百枝」。實際上畫卵的傳統已沿至當代，作為純粹工藝品的彩蛋，畫工更精了，儲存價值也更高了。

　　兼觀賞與食用為一體的工藝菜，最實惠的還是花色拼盤。古代花色拼盤的出現當不晚於南北朝時代，《梁書·賀琛傳》中說當時餐桌上有「積果如山岳，列餚同綺繡」的風氣，這裡應當包括了花色拼盤。《北齊書·元孝友傳》裡有一句話說得更清楚，表明當時確已出現大型花色拼盤菜餚：「今之富者彌奢，同牢之設，甚於祭槃。累魚成山，山有林木；林木之上，鸞鳳斯存。徒有煩勞，終成委棄。」用魚塊擺成山丘之形，再用肉類植成林木，又有食料雕刻的鸞鳳立於林木之上。這不是山水盆景，卻勝似盆景，它把吃變成了道地的藝術欣賞。

　　到了唐代，更出現了組颱風景拼盤，更是壯觀。《清異錄》中記述說：比丘尼梵正，庖製精巧過人，用肉物、醯醬、瓜蔬拼成景物，合成輞川圖小樣。這是一種特大型花色拼盤。輞川為地名，在今陝西西安東南的藍田縣境，因谷水匯合如車輞之形，故有是名。它本是唐代著名山水詩人兼畫家王維的別墅所在地，有白石灘、竹里館、鹿柴等20處遊覽景區。梵正為尼姑，她以食料拼成輞川圖大盤，可以說是當時空前絕後的創舉，在中國烹飪史上是值得一書的事情。

九、烹調有術

烹飪之法,由周代「八珍」開始,已見諸文字,但大多只限於口傳身授。雖然也會有一些成文的「食譜」,也多限於家傳。到南北朝時,這種情形開始有了改變。

南北朝時,許多官吏潛心鑽研烹調術,有些人因有高超的廚藝而受到寵幸,甚至加官晉爵,榮耀一時。蕭梁時有個叫孫廉的,天天給皇上送好吃的,而且親手烹調,不辭勞苦,結果得為列卿,累官御史中丞和兩個郡的太守。又有一位毛脩之,本出身南方,精通南食烹調,他到了北魏去做官,常親手做些南方風味的飲食,很得皇上的歡心,結果被安排在太官供職,專門負責御膳的烹調。毛脩之後來進位太官尚書,賜爵南郡公,加冠軍將軍。

出土於湖北武昌的南朝廚俑

南齊時有一位很著名的烹飪高手,名叫虞悰,被任命為祠部尚書,專司薦美味祭太廟之職。有一次,齊高帝蕭道成遊幸芳林園,向虞悰要一種叫「扁米柵」的食品吃,也不知這究竟是什麼吃食。虞悰不僅送來了扁米柵,還送來「雜餚數十輿」,連太官的御膳也趕不上他做的好。皇上

第四章　味天下之味

吃得高興了，便向虞悰討要各種「飲食方」，沒想到遭到拒絕。皇上飲醉後身體不適，虞悰只好獻出了一種醒酒方。虞悰能烹出美味，原來他也有一套祕不示人的妙法，竟然對皇帝也保守祕密，似乎是一件比性命還要寶貴的法寶。唐代以後，有人慕虞悰聲名，造出一部東拼西湊的《食珍錄》，言為虞悰所傳。實際上虞法早已失傳，可能虞悰自己也沒想將他的高超本領傳於後世。

北魏還有一位輔佐拓跋珪建國的功臣，即官拜司徒的崔浩，據說，他曾根據家傳寫過一部《食經》，記述了自家日常飲食及筵宴菜餚的製法，共有9篇，可惜此書早已散佚不存。

隋唐以前，關於飲食方面的著作已不算少，篇目如《神農食經》、《食饌次第法》、《四時御食經》、《老子禁食經》、《養生要集》、《太官食法》、《家政方》、《羹臛法》、《北方生醬法》等，可惜它們跟崔浩的《食經》一樣，全都失傳了。

北魏時曾任高陽郡（治今河北高陽東）太守的賈思勰，是歷史上著名的農學家，也是一位少有的精於烹調術的人。由他整理的第一套流傳至今的飲饌譜，收入其偉大著作《齊民要術》中。該書的寫作無疑參考了當時的一些飲食著作，是一部十分珍貴的文獻。賈氏的高明之處，是他把烹調術與農、林、牧、漁等有關國計民生的生產技術並列在一起，作為齊民之大術。如若不是這樣，這一部分飲饌方面的內容恐怕也很難流傳下來。賈思勰有功於中國飲食文化的傳播，隋唐以前，獨此一書，獨此一人。

《齊民要術》著述了造麴釀酒術，作醬法、醋法、豉法、齏法，還有脯臘法、羹臛法、炙法、餅法、飧飯等烹飪技術，飲食所需技藝，十分完備。

醬、醋、豉、齏都是秦漢以來重要的調味品,《齊民要術》詳盡地記述了秦漢以來重要的調味品及製作方法。醬類包括豆醬、肉醬、魚醬、麥醬、榆子醬、蝦醬、魚腸醬、芥子醬等,醋則有大醋、秫米神醋、大麥醋、燒餅醋、糟糠醋、大豆千歲酒、水苦酒、烏梅苦酒、蜜苦酒等。苦酒為醋的別名。以釀大麥醋為例,規定必須七月七日製作,七日如不得閒,則得收起這日的水,等到十五日時製,除此二日,醋難作成。製醋時,特別要注意不能讓人的頭髮掉進甕中,否則便會壞醋。不過只要把頭髮取出來,醋還會變好的。

　　魚鮓脯臘,是用不同方法醃製的魚肉。《齊民要術》記有荷葉裹鮓、長沙蒲鮓、夏月魚鮓、乾魚鮓、豬肉鮓、五味脯、度夏白脯、浥魚等的製法。以荷葉裹鮓為例,其製法是,魚塊洗淨後撒上鹽,拌好米粉,用荷葉厚厚包裹,三二日便熟,清香味美,獨具風味。鮓魚即鹹魚,食時洗去鹽,可蒸可煮,可醬可煎,比起鮮魚,更有一番風味。

　　《齊民要術》自「羹臛法」一節開始,所述都是比較具體的烹飪方法。羹臛類中有芋子酸臛、鴨臛、鱉臛、豬腳酸羹、羊蹄臛、兔臛、酸羹、胡麻羹、瓠葉羹、雞羹、羌煮、鱸魚蒓羹、醋菹鵝鴨羹、菰菌魚羹、鱧魚臛等。舉鱉臛法為例:先把鱉放進沸水內煮一下,剝去甲殼和內臟,用羊肉一斤、蔥三升、豉五合、粳米半合、薑五兩、木蘭一寸、酒一升煮鱉,然後以鹽、醋調味。賈思勰在這一節還記有一條治肉羹過鹹的奇法:取車轍中乾土末,用綿篩過,用雙層布帛作袋裝好土末,繫緊袋口,沉入鍋底,一會兒湯味就淡了。

　　蒸菜是中國菜中的一大類,早在商周時人們就有了很高的蒸技。《齊民要術》所記的蒸菜包括蒸熊、蒸羊、蒸豚、蒸鵝、蒸雞、蒸豬頭、裹蒸生魚、毛蒸魚菜、蒸藕等,方法一般都是調好味後,直接放入甑中蒸

第四章　味天下之味

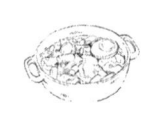

熟。還提及一種「懸熟法」：用十斤去皮豬肉切成塊，蔥白一升、生薑五合、橘皮二葉、秫米三升、豉汁五合調高味拌勻，蒸上七斗米的時間即成。這可能是一種汽蒸法，用特製的汽鍋蒸成。蒸藕的方法也很別緻：淨洗藕，斫去節，將蜜糖滿灌藕孔中，用麵糊封住孔口。蒸熟後倒去蜜水，削去外表一層皮，用小刀切著吃，甜美無比。

山西屯留宋村金墓壁畫

其他火熟的菜餚還有五侯鯖、膾雞、膾白肉、膾魚、蜜純煎魚、爆炒雞丁等。膾是指一種類似澆汁的烹法，將魚肉先烹熟，然後加湯煮或澆上汁。蜜純煎魚的做法是，取用鯽魚淨治，但不去鱗片；醋、蜜各半，再加鹽漬魚，約莫過一頓飯時間便把魚漉出，用油煎成紅色即可食用。

還有一種以醋漿為主要作料的烹法，稱為「菹綠」，就是酸肉。這酸肉有的用醋汁煮成，有的用醋汁澆成，有的則直接蘸醋食用。例如「白菹」法，先用白水煮鵝、鴨、雞，剔去骨頭，斫成塊後放入杯中，澆以鹽醋肉汁即成。又如白煮豬，將小豬洗剝極淨，盛於絹袋中，放入醋漿中煮。絹袋上要壓上小石塊，不使浮起。煮兩沸即取出，以冷水澆之，用茅蒿揩令極白淨。又和麵粉為稀漿，重用絹袋盛豬放麵漿中煮，熟透的乳豬皮如玉色，滑嫩甘美。

炙烤本是一種古老的肉食方法，發展到賈思勰生活的時代已相當完備。賈思勰記下的炙品有烤乳豬、棒炙、腩炙、牛胘炙、灌腸炙、跳丸炙、搗炙、銜炙、餅炙、範炙、炙蚶、炙車螯、炙魚等。烤乳豬在南北朝時已是一道很著名的大菜，烤時一面急轉，一面以清酒和豬油塗抹，烤成的豬肉色如真金琥珀，入口即消，如冰雪一般。棒炙是烤牛腿，先烤其一面，烤熟即割，割下接著再烤。不可四面輪烤，否則不好吃。腩炙是烤肉塊，羊、牛、獐、鹿均可用，肉要放入調味料中漬一會兒再烤，得一氣烤熟。灌腸炙是將調好味的羊肉灌到羊盤腸中烤熟，切而食之，十分香美。跳丸炙實是豬羊肉合做的肉圓，放在肉湯中煮成。搗炙和銜炙均如烤肉串，用雞蛋或白魚肉拌子鵝肉末，搏在竹籤上烤熟。餅炙是取魚肉或豬肉斫碎，調入味後做成餅狀，用微火慢煎，色紅便熟。範炙是指烤鵝烤鴨，整隻鵝鴨在烤之前要把骨頭椎碎，塗上調味料再烤，烤熟後去骨裝盤上席。

肉食中的糟肉法和苞肉法，也很值得一提。糟肉四季可做，用水和酒糟調成粥狀，放上鹽，將烤好的棒炙肉放在糟中，存放在陰涼處，夏天可十日不壞，是下酒佐飯的佳品。苞肉必須冬季殺豬，經一宿肉半乾後，割成棒炙形狀，用茅草包裹起來，再用泥厚厚封實，掛在陰涼處，可以存放到翌年七、八月不壞，吃時依然如新宰的鮮肉。這種密閉保鮮的方法，在現代來看也是十分科學的。

主食包括餅和飯，還有點心等。因為當時已很流行發麵餅，所以賈思勰先談了做餅酵的方法，然後舉出了白餅、燒餅、髓餅、膏環、雞鴨蛋餅、細環餅、截餅、餢飳、水引餺飥、棋子麵、粉餅、豚皮餅等的製作方法。髓餅是用骨髓與蜜和麵烤成，膏環則是油炸的饊子，又名粔籹。細環餅和截餅也是用蜜調水和麵，亦以油煎成。截餅大約略為短

第四章 味天下之味

小。餢飳為圓形油餅，也要求以蜜水和麵。䬪飥是用手指在水盆中挼出的麵條，用急火煮熟。棋子麵狀如棋子，先過甑蒸熟，如此可以存放些時日，需要時再用水煮一下，澆上肉汁即可食用。粉餅似米線，將麵漿通過有孔的牛角勺擠按成線，然後煮熟澆汁即可食用。豚皮餅有些像現在陝西一帶的麵皮，調麵漿塗缽中，將缽放開水內一燙即成。

飯食則有粟飧、寒食漿、菰米飯、胡飯等，還有粳米糗糒和棗糒等乾糧的製法。糗糒是將米蒸熟曝乾，磨成細粉，是供旅行用的一種理想的方便食品。

賈思勰的可貴之處，在於他沒有忘記平民的飲食。他在書中還單立「素食」一節，述及不少大眾菜餚，這在烹飪史上是十分難得的資料。這一點常常不為一些美食家所重視，所以在歷史推進到11世紀以後的宋代，中國才開始有素食專著問世。《齊民要術》所記的素菜有蔥韭羹、瓠羹、油豉、膏煎紫菜、薤白蒸、酥托飯、蜜薑等，許多菜品都記有詳細的製作方法。

平民素食中分量更重的是鹹菜之類。《齊民要術》提到的鹹菜和酸菜有：葵、菘、蕪、菁、蜀芥鹹菹、淡菹、湯菹、卒菹、酢菹、菹消、蒲菹、瓜菹、苦筍紫菜菹、竹菜菹、胡芹小蒜菹、菘根蘿蔔菹、紫菜菹，還有蜜薑、梅瓜、梨菹、木耳菹、蕨菹、荇菹等，有的顯然屬於野菜。別看是做鹹菜，也極有學問，不知訣竅，也不易成功。如有些菜只能用極鹹的鹽水洗，而不能用淡水洗，否則必會爛壞；又如紫菜用冷水一漬便會自解，不可用熱水燙洗，否則就會失去原味。醃菜的甕須得密封，禁斷內外空氣流通，從漢代起就流行的泡菜罐正充此用。蔬菜瓜果除了醃製，還可以鮮藏，其方法是：於九月或十月在向陽處掘窖深四五尺，將菜放入窖中，一層菜一層土埋好，離坑口一尺便止。上面用禾草厚厚

蓋好，可以存放到冬天不壞，需用時便挖取，與鮮菜沒什麼區別。北方氣候寒冷，冬日蔬菜不能生長，窖藏鮮菜的辦法彌補了這個不足，這也是沒有辦法的辦法。

素菜的吃法很多，在南北朝時很受重視。那個因戰亂而餓死宮中的梁武帝，是個篤信佛教的皇帝，他自鳴節儉，聲稱所食大都為園中所產蔬果，並不殺牲。素菜的花樣也極多，梁武帝說他「變一瓜為數十種，食一菜為數十味」（《梁書·賀琛傳》），可見素菜的烹調，在南北朝時已有了極高的水準，與當時佛教的盛行不能說沒有一點關係。

《齊民要術》中的飲饌部分，是漢代至北魏時期黃河流域飲食烹飪技術的高度總結，是唐代以前最偉大的一部烹飪著作。

十、君子與庖廚

古代有這樣一個比喻，說自古有君必有臣，就像有吃飯的人一定應有廚師一樣。要吃，就要有製作食物的人。古代將以烹調為職業的人稱為庖人，也就是現在我們所說的廚師。廚師在古代有時地位較高，受到社會的尊重；有時也掙扎在社會的最底層，受到極不公平的待遇。庖人是中國古代飲食文化的主要創造者之一，他們的勞作、他們的成就，理應得到公正的評價。

司馬遷作《史記》，後司馬貞補有〈三皇本紀〉一篇，記述傳說的人文初祖伏羲，即是一個與庖廚相關的人物。〈本紀〉中說：「太昊伏羲養犧牲以庖廚，故曰庖犧。」或又稱「伏犧」，獲取獵物之謂也。此語出自佚書《帝王世紀》，不是司馬氏的杜撰。我們的初祖是廚人出身，而且還以這個職業取名，說明在史前時代、在歷史初期，廚事一定還是相當高尚的事情，不會被人瞧不起。

第四章　味天下之味

　　歷史上的廚師，也有官至宰臣的，商代伊尹便是最著名的一位。有人說伊尹是中國第一個哲學家廚師，在他眼裡，整個人世間好比是做菜的廚房。《呂氏春秋·本味篇》中記載伊尹為商湯講述美味，把最偉大的統治哲學講成惹人垂涎的食譜。這個觀念滲透了中國古代的政治意識。

　　商湯在伊尹輔佐下，推翻了夏桀的統治，奠定了商王朝的根基。伊尹之說味，似乎也不是「以割烹要湯」，孟子認為他是以堯舜之道要湯（《孟子·萬章》）。他是以烹飪原理闡述安邦立國的大道，他是古代中國的一個最偉大的廚師。以庖廚活動喻說安邦治國，在先秦時代較為常見。

　　此外還有以烹飪喻君臣關係的，由平常的烹飪原理演繹出令人信服的哲理，這都是受伊尹影響的結果。如《左傳·昭公二十年》記晏嬰對齊景公講烹調原理，論證君臣應有的和諧關係，道理闡述得非常透澈。

　　後世還有人因廚藝高超而得高官厚祿的，尤其那些喜好滋味享受的帝王在位時。北魏洛陽人侯剛，就是由廚師進入仕途的。侯剛出身貧寒，年輕時「以善於鼎俎，得進膳出入，積官至嘗食典御」，後封武陽縣侯，進而升為公爵。

　　廚師步入仕途，在漢代就曾一度成為普遍現象。據《後漢書·劉玄傳》說，更始帝劉玄時所授功臣官爵者，不少是商賈乃至僕豎，也有一些是膳夫庖人出身。由於這個做法不合常理，引起社會輿論的關注，所以當時長安傳出譏諷歌謠，謂：「灶下養，中郎將；爛羊胃，騎都尉；爛羊頭，關內侯。」當時的廚師大約以戰功獲官的多，這就另當別論了。

　　其實，歷代庖人更多的是服務於達官貴人，能有做官機會的不是太多，而做大官的機會就更少了。庖人立身處世，靠的還是自己的技藝，身懷絕技，在社會上還是比較受尊重的。莊子津津樂道的庖丁，是以純

熟刀法見長。《新五代史‧吳越世家》說，身為越州觀察使的劉漢宏，被追殺時「易服持膾刀」，而且口中高喊他是個宰夫，一面喊一面拿著廚刀給追兵看，他因此矇混過關，免於一死。又據《三水小牘》所記，王仙芝起義軍逮住郯城縣令陸存，陸詐言自己是庖人，起義軍不信，讓他煎油餅試試真假，結果他半天也沒煎出一張餅。陸存硬著頭皮獻醜，他也因此撿回一條性命。

廚師能否比較廣泛受到尊重，名人的作用也是很重要的。據焦竑《玉堂叢語》卷八說，明代首輔張居正父喪歸葬，所經之處，地方官都拿出水陸珍饌招待他，可是他還是說沒地方下筷子，他看不上那些食物。可巧有一個叫錢普的無錫人，他身為知府，卻做得一手好菜，而且是道地的吳饌。張居正吃了，覺得特別香美，於是大加讚賞說：「我到了這個地方，才算真正吃飽了肚子。」此語一出，吳饌身價倍漲，有錢人家都以有一吳中庖人做飯為榮。這樣趕時髦的結果，使「吳中之善為庖者，召募殆盡，皆得善價以歸」。吳廚的地位因此提得很高，吳饌也因此傳播得很廣。

古有「君子遠庖廚」之語，不少人理解為是君子就別進廚房，好像殺牛宰羊就一定是小人似的，這純屬誤解。原話是孟子與齊宣王的談話，談的是君子的仁慈之心，說君子對於飛禽走獸，往往是看到牠們活著，就不忍心見到牠們死去；聽到牠們臨死時的悲鳴聲，就不忍心再吃牠們的肉。所以，君子總是把廚房蓋在較遠的地方。為了吃肉覺得香甜，就不要去看宰殺禽獸的場面，也不要聽見禽獸的慘叫聲，所以就有了「君子遠庖廚」的經驗之談。這話還見於《禮記‧玉藻》，說在祭祀殺牲時，君子不要讓身體染上牲血，不要親自去操刀，所以也要「遠庖廚」。

第四章　味天下之味

十一、廚娘本色

　　要得美食，還須有高廚，無論膾炙，都是如此。

　　北宋科學家沈括，為杭州人，他在晚年所著的《夢溪筆談》一書中，談到親身經歷的兩件事，說的都是烹調不得法而不得美食的事。他說當時北方人愛用麻油煎物，不論什麼食物都用油煎。一次，幾位學士聚會翰林院，囑人弄來一籃子生蛤蜊，讓廚人代烹。可是過了許久都不見蛤蜊端上桌來，學士們都很奇怪，就派人去廚中催取，回答說蛤蜊已用油煎得焦黑，卻還不見熟爛，座客莫不大笑，笑廚人不懂蛤蜊的烹法。又有一次，沈括到一友人家做客，饌品中有一品油煎魚，但魚鱗與魚鰭都沒事先去掉，讓人不知如何下箸。而那家主人夾起一條魚橫著就啃了起來，可是總覺得不是滋味，咬了一口，只得作罷。

　　沈括說的都是些手段不高、見識不多的廚人，在那種北食與南食的交流過程中，也難免出現這樣的事情。不過北宋的廚人中高手也大有人在。如斫鮮須有「膾匠」，往往由廚婢擔當，廚婢宋時又稱為廚娘。宋代的廚娘有許多特別之處，也算是一種了不得的職業。據廖瑩中《江行雜錄》，「京都中下之戶，不重生男，每生女則愛護如捧璧擎珠。甫長成，則隨其姿質，教以藝業」。這些藝業，無非是琴棋書畫、拆洗縫補、演劇歌舞，都是準備將來為達官貴人招用的。其中也不乏學習廚事的，成為廚娘，她們在各項藝業中被認為最是下色，不過非極富貴之家，還真僱請不起。

　　宋代廚娘並不自卑，時常表現出一種超然的風度。《江行雜錄》中說有一位告老還鄉的太守（宋代時已無太守之職，當時仍習稱知府、知州為太守），極想嘗嘗京師廚娘的手藝如何，花了很大的力氣才託朋友物色

到一名,那是剛從某大老爺府中辭出來的,年二十餘,能書會算,而且天生麗質,十分標緻。朋友遣專人將廚娘護送到老太守府上,廚娘卻不急於進府,而是在離城五里外的地方住下,親筆寫了一封告帖請人送給太守,提出用四抬暖轎迎接的請求。太守毫不猶豫地滿足了她的要求。及至招進府中,只見這廚娘紅裙翠裳,舉止大方嫺雅,太守樂不可支。廚娘隨身所帶的全套廚具,其中許多都是白銀所製,刀砧雜器,一一精緻。廚娘的派頭不單表現在討轎子坐,主廚亦如是。她得等下手們把將要烹調的物料洗剝停當,才徐徐站起身來,「更圍襖圍裙,銀索攀膊,掉臂而入,據坐胡床切,徐起取抹批臠,慣熟條理,真有運斤成風之勢」。真本領是有的。等待餚饌上桌,座客飽餐,讚不絕口。到了第二日,太守沒想到廚娘還要當面討賞,說這是成例,她過去做完筵席後,受賞動輒錦帛百匹、錢三二百千。太守無奈,只好照數支給,過後連連嘆道:「吾輩事力單薄,此等筵宴不宜常舉,此等廚娘不宜常用!」不出幾日,太守便找了個藉口,將廚娘打發走了。

宋代廚娘有時只精治一藝,不一定通理廚事。曾有一書生娶一廚娘為妻,以為從此便能將白菜豆腐都變作美味佳餚。後來一上灶,做出的飯菜也是味道平平,並無出色之處,原來這廚娘當初只不過是專管切蔥而已。當然廚娘中也不乏巧思過人者。有一主人曾出了一道難題,要吃有蔥味而不見蔥的肉包子。廚娘不費吹灰之力就辦到了,她在蒸時將包子上插入一根蔥,熟時即拔去,果然是聞蔥而不見蔥了。

在河南偃師的宋代墓葬中,曾出土過幾方廚娘畫像磚。磚雕上的廚娘髮髻高聳,裙衫齊整,有斫鱠者,也有烹茶者和滌器者,可以看出她們身懷絕技、精明強幹。乍一見她們貌似華貴的裝束和婀娜多姿的體態,令人很難相信這就是北宋時代的廚娘,倒很有些像是富貴千金。收

第四章　味天下之味

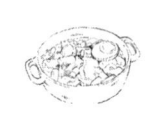

藏在中國國家博物館的四方廚娘畫像磚，從四個側面刻繪了北宋廚娘的廚事活動。第一方畫像磚表現的是整裝待廚的廚娘，只見一位廚娘正在裝扮自己，背景上空無一物。第二方表現的是正在斫鱠的廚娘，方形俎案上擺放著尖刀、砧板和幾條河魚，案旁有水盆和火爐，廚娘已經挽起了衣袖，斫魚即將開始。第三方表現的是煎茶湯的廚娘，一位廚娘手持鐵箸，正在撥動方櫃形爐臺裡的爐火，爐內煨著湯瓶。第四方表現的是滌器的廚娘，在繫有圍幔的方形案臺上，放著茶匙、茶盞和茶缸等，一位廚娘手拿拭巾，在全神貫注地擦拭茶盞。

宋代磚畫〈廚娘圖〉

一般的庶民家庭，平日裡並無什麼好吃好喝，用不著也僱不起廚娘，通常都是主婦直接動手，為一家人準備膳食。

第五章　食案永珍

　　餐桌雖小，卻是四方遠近滋味的薈萃之所，也是傳統飲食文化接續的見證。

　　古時席地坐食，筵席是以鋪在地上的坐具為名，筵宴皆規範於禮，還有相應的禮器名物。《禮記・樂記》云：「鋪筵席，陳尊俎。」有身分的貴族憑俎案而食，案上擺放著食品，食物互不混雜。在漢墓壁畫、畫像石和畫像磚上，經常可以看到人們席地而坐、一人一案的宴飲場面。漢代送食物使用的是案盤，或圓或方，有實物出土，也有畫像石描繪出的影像。

　　筵席、盤案，還有後來出現的高大餐桌，不同的時代圍繞著這個中心，演繹出繽紛的歷史風景。

第五章　食案永珍

一、殽旅重疊，燔炙滿案

　　漢初經濟發達，出現了用高消費促進經濟發展的理論。被認為成書於這個時期的《管子‧侈靡篇》，提出「莫善於侈靡」的消費理論，提倡「上侈而下靡」的主張，叫人們儘管吃喝，儘管駕著美車駿馬去遊玩。如何變著方法來侈靡呢？以「雕卵、雕橑」為例，這些叫做「雕卵然後瀹之，雕橑然後爨之」，是說在雞蛋上畫了圖紋再拿去煮著吃，木柴上刻了花紋再拿去燒。這樣無聊的消費，是說明再也不能比這更侈靡了。

　　漢代人的飲食，較之前代確實過於侈靡。《鹽鐵論‧散不足》將漢代和漢以前的飲食生活對比，漢以前行鄉飲酒禮，老者不過兩樣好菜，少者連席位都沒有，站著吃一醬一肉而已，即便有賓客和結婚的大事，也只是「豆羹白飯，綦膾熟肉」。漢代時民間動不動就大擺酒筵，「殽旅重疊，燔炙滿案，臑鱉膾鯉」。又說漢以前非是祭祀饗會而無酒肉，即便諸侯也不殺牛羊，士大夫也不殺犬豕。漢時即便沒什麼慶典，往往也大量殺牲，或聚食高堂，或遊食野外。街上滿是肉舖飯館，到處都有酒肆。

　　宴饗在漢代成為一種風氣，從上至下，莫不如是。帝王公侯是身體力行者，祭祀、慶功、巡視、待賓、禮臣，都是大吃大喝的好機會。各地的大小官吏、世族豪強、富商大賈也常常大擺酒筵，迎來送往，媚上驕下，宴請賓客和宗親子弟。正因為官越大，食越美，所以封侯與鼎食成為一些士人進取的目標。《後漢書‧梁統傳》中就說：「大丈夫居世，生當封侯，死當廟食。」漢武帝時的主父偃也是抱定「丈夫生不五鼎食，死則五鼎烹」的決心，少時勤學，武帝與他相見恨晚，竟在一年之中將他連升四級，如其所願。

　　漢成帝時，封舅父王譚為平阿侯，王商為成都侯，王立為紅陽侯，王根為曲陽侯，王逢時為高平侯，五人同日而封，世謂之五侯。不過這

五侯意氣太盛，竟至互不往來，有一個叫婁護的憑著自己能說善辯，「傳食五侯間，各得其歡心」。五侯爭相送婁護奇珍異膳，他不知吃哪一樣好，想出一個妙法，將所有奇味燴在一起，「合以為鯖」，稱為五侯鯖。將各種美味燴合一起，這該是最早的雜燴了，味道究竟是不是特別好，我們不必過多去揣測，然而其珍貴無比卻是不言而喻的。婁護當然是個極有手段的人，他也因此創出了一種新的烹飪法式，五侯鯖不僅成為美食的代名詞，有時也成了官俸的代名詞。

五侯們宴飲，自然不像平常人吃完喝完了事，照例須樂舞助興，體現出一種貴族風度。在出土的漢代許多畫像磚和畫像石上，以及墓室壁畫上，都描繪著一些規模很大的宴飲場景，其中樂舞百戲都是不可缺少的內容。山東省沂水縣出土的一方畫像石，中部刻繪著對飲的主賓，他們高舉著酒杯，互相祝酒，面前擺著圓形食案，案中有杯盤和筷子。主人身後還立著掌扇的僕人，在一旁小心侍候。畫像石兩側刻繪的便是樂舞百戲場景，使宴會顯得隆重而熱烈。在四川省成都市郊出土的一方《宴飲觀舞》畫像磚，模刻人物雖不多，內容卻很豐富。畫面中心是樽、盂、杯、勺等飲食用具，主人坐於鋪地席上，欣賞著豐富多彩的樂舞百戲。畫面中的百戲男子都是赤膊上場，與山東所見大異其趣。當然也有一些畫像磚石上的宴飲場面沒有觀舞賞樂的畫面，也許是讀書人一般的聚會，他們談經研學，所以不必安排那些俳優來干擾。

漢代的詩賦對於當時的宴飲場面也有恰如其分的描寫，如左思的〈蜀都賦〉，描述蜀都（今成都）豪富們的生活時這樣寫道：「終冬始春，吉日良辰。置酒高堂，以御嘉賓。金罍中坐，肴核四陳。觴以清醥，鮮以紫鱗。羽爵執競，絲竹乃發。巴姬彈弦，漢女擊節。起西音於促柱，歌江上之飀颺；紆長袖而屢舞，翩躚躚以裔裔。」其他如漢時所傳〈古

第五章 食案永珍

歌〉說:「上金殿,著玉樽。延貴客,入金門。入金門,上金堂。東廚具餚膳,椎牛烹豬羊。主人前進酒,彈瑟為清商。投壺對彈棋,博弈並復行。朱火颺煙霧,博山吐微香。清樽發朱顏,四座樂且康。今日樂相樂,延年壽千霜。」這些詩賦都是畫像石最好的註解。

山東沂水出土的畫像石

成都出土的漢代宴飲圖畫像磚

筵宴間的觀舞賞樂，投壺博弈，本是東周以來的傳統。漢代貴族們不僅發揚光大了這些傳統，而且將這些宴樂活動日常化，往往不一定對筵宴確立一個冠冕堂皇的名目，想吃就吃，想樂就樂，幾乎是單純享樂，這與周代崇尚禮儀的風格完全是兩碼事。正因為如此，漢代酒徒輩出，如以「酒狂」自詡的司隸校尉蓋寬饒，還有自稱「高陽酒徒」的酈食其，漢高祖劉邦也曾是個酒色之徒。繼王莽而登天子寶座的更始帝劉玄，「日夜與婦人飲宴後庭，群臣欲言事，輒醉不能見」。不得已時，則找一個內侍代替他坐在帷帳內接見大臣。這更始帝的韓夫人更是嗜酒如命，其曾與皇帝對飲碰到臣下奏事，這夫人便怒不可遏，覺得壞了她的美事，一巴掌硬是將書案都拍破了。東漢著名文學家蔡邕曾經醉臥途中，被人稱為「醉龍」。還有後來被曹操殺害的孔子二十世孫孔融，也十分愛酒，常嘆「坐上客常滿，樽中酒不空，吾無憂矣」(《英雄記鈔》)。又如荊州刺史劉表，製有三爵，即三個酒杯，大的名「伯雅」，次曰「仲雅」，小的叫「季雅」，大的容七升，中的受六升，小的為五升。設宴時，所有賓客都要以飲醉為度。筵席旁還準備了大鐵針，如發現有客人醉酒倒地，便以這針去扎他，用來檢驗是真醉還是假醉。

漢代時，人們對酒的需求量很大，無論皇室、顯貴、富商都有自設的作坊製麴釀酒，同時也有自釀自賣的小手工業作坊。一些大作坊有相當規模，很多作坊主因此而成鉅富，有的甚至富「比千乘之家」(《史記‧貨殖列傳》)。秦漢之際的酒，酒精度較低，成酒不易久存，存久便會酸敗。正因為酒中水分較多，酒味不烈，所以能飲者量多至石而不醉。到東漢時才釀出度數稍高的醇酒，酒徒們的飲量也漸有下降。西漢時一斛米出酒三斛餘，東漢時則僅出酒一斛，由此可知酒質有很大提高。

漢代的酒多以原料命名，如稻酒、黍酒、秫酒、米酒、葡萄酒、甘

第五章　食案永珍

蔗酒。另外還有新增配料的椒酒、柏酒、桂酒、蘭英酒、菊酒等。品質上乘的酒往往以釀造季節和酒的色味命名，如春醴、春酒、冬釀、秋釀、黃酒、白酒、金漿醪、甘酒、香酒等。漢代名酒則有宜城醪、蒼梧清、中山冬釀、醽醁、酂白、白薄等。這些酒名不僅見於古籍，而且大都見於出土的竹簡和酒器上，證明當時確有其酒。

《漢書‧食貨志》中談到漢代用酒的情形，說「百禮之會，非酒不行」，也就是無酒不待客，可見時人對酒的重視。然而因為種種原因，朝廷和地方政府常有禁酒的命令，有時連婚姻喜慶也不許飲酒，如《漢書‧宣帝紀》所記：五鳳二年秋八月，詔曰：「夫婚姻之禮，人倫之大者也；酒食之會，所以行禮樂也。今郡國二千石或擅為苛禁，禁民嫁娶不得具酒食相賀召。」一度連婚嫁活動都不讓飲酒，夠苛刻的。漢代律法曾規定「三人以上無故群飲酒，罰金四兩」，嚴令不許聚眾飲酒。

「群飲酒」的機會有時得靠高高在上的皇帝賜給，這叫做「天下大酺」。大酺為天下臣民共飲喜慶之酒，當然是皇帝自己遇到了高興的事，要臣民與他同樂。大酺始於戰國，漢以後屢屢有之。天下大酺少者一日，多者可到七日，這期間飲酒作樂不算犯禁。凡皇上立皇后、太子，乃至皇子滿月、太子納妃，或遇祥瑞等，都有令天下大酺的可能，這就要看皇帝的心情，但他遇到高興事也不一定頒天下大酺令。

二、地下食案

秦漢之際的顯貴常常考慮這樣的問題，為求不死，固然要靠飲食，但若要長生不死，吃常人吃的五穀是辦不到的。傳說有長生的神仙，有不死的仙藥，去會神仙，去求仙藥，無謂的探險就這樣拉開了大幕。追求長生不死和死而不朽，大約在秦漢之際，在統治階層中形成為一股前

所未有的大潮流。希望生時見到神仙,死後昇仙,甚至包括皇帝們在內,都做著這種神奇的美夢。

秦王嬴政剛一即位,就開始征役 70 餘萬人為自己修建陵墓,準備身後之事。與此同時,他聽信方士們的蠱惑,幾次派人求取仙藥,夢想萬年長生。即位 28 年的秦始皇東巡至琅琊,齊人徐市(福)等上書,說東海中有三神山,名曰蓬萊、方丈、瀛洲,有仙人居之,請得齋戒,與童男童女求之。秦始皇聽信此言,立即派徐市發童男童女數千人入海求仙人。4 年之後,秦始皇又一次東巡,又派韓終、侯公、石生去東海求仙人不死之藥。當然,這兩次的探求都沒有結果。後來有個叫盧生的人,勸秦始皇隱居起來,說非如此則不能得那不死之藥。而且還下令,凡洩漏皇帝居處的人都要處以死刑,弄得群臣不知皇帝的蹤跡。如此種種伎倆,都未得到不死之藥,而出謀劃策的盧生等人早已逃之夭夭。這可惹惱了秦始皇,於是便有了「坑儒」而招致千古罵名之舉,460 多名方士和儒生因此在咸陽斷送了性命。即便是這樣,秦始皇也還沒有死心。他後來出遊到琅琊,見到了先前的那位為他求仙的徐市,徐市十分害怕,於是編了個謊話說:「蓬萊仙藥並非不可得,主要是海中有大鮫魚阻攔,如果有精明的射手跟隨,那就好辦了。」秦始皇信以為真,居然親操弓矢,跟著這徐市沿著海岸轉了很遠,在芝罘射殺一條大魚,不久就累得病倒了,把性命也丟在尋找不死之藥的旅途中。儘管是如此虔誠,十年求仙,可這位聲稱「功蓋五帝」的始皇帝,沒想到死亡來得如此突然,僅僅只活了 50 歲,便長眠於驪山腳下了。高大的皇陵下埋藏著的,就是這樣一顆求仙的心,一個不死的夢。

無獨有偶,漢武帝亦步秦始皇蓬萊求仙的後塵,更有飲露餐玉之舉,同樣受盡方士的欺騙。花費的錢財十倍於秦始皇,依然是仙人未

第五章　食案永珍

見，仙藥未得，最終還是免不了一死。神仙們大概感到東海仙境太遙遠了，於是又推出一個西王母，說在崑崙山居住的她也擁有不死之藥。這藥取自崑崙山上的不死樹，由玉兔搗煉而成。不過西王母的藥更是可望而不可即，崑崙山下不僅有深不見底的大河環繞，還有熊熊火山作屏障，凡人誰也別想過去。西方的仙藥沒有指望，神仙們又說南方有美酒，飲之亦可不死。漢武帝聽說後齋居七日，遣欒巴帶領童男童女數十人去尋找，果真弄到一些酒回到長安。仙酒擺在大殿上，武帝還未及飲用，站在一旁的詼諧滑稽的東方朔搶先喝了個乾淨。武帝大怒，要斬下東方朔的人頭，東方朔臉不變色，不慌不忙地說：「這如果真是令人不死的仙酒，殺為臣也不會死。要是並不靈驗，要這酒有何用？」武帝聽了，一笑了之。後世有人附會說這就是龜蛇酒，並無多少根據。

於是方士們又說，即便得不到不死藥也沒關係，照樣可以成仙，只不過必須不吃人間煙火食，稱作「絕粒」。要絕粒，必須以氣充當食物，仙人都以氣為食，所以要煉氣。只有這樣，才能羽化長出翅膀來，就能身輕如鴻毛，自由自在地飛天了。《論衡・道虛》中說：「聞為道者服金玉之精，食紫芝之英，食精身輕，故能神仙。」不少人都相信不食五穀可以成仙，那個被漢高祖劉邦誇讚為「運籌帷幄之中，決勝千里之外」的留侯張良，功成名就之後，晚年也嚮往成仙之道，學辟穀，道引輕身。如此過了一年多，還是呂后強迫他進食，說：「人生一世間，如白駒過隙，何至自苦如此乎！」叫他不要這樣自找苦吃，張良不得已放棄了成仙的夢想。

實際上，儘管古人對辟穀成仙的說法深信不疑，卻極少有人願意去嘗試。那些身居高位，既貴且富的統治者，總覺得美味佳餚具有更大的吸引力，他們所希望的則是既能享盡人間榮華，又能自在地當神仙，把

昇仙的希望寄託在死後。東漢人所作《古詩十九首》之一的〈驅車上東門〉，恰到好處地表達了這種心境：「浩浩陰陽移，年命如朝露。人生忽如寄，壽無金石固。萬歲更相送，賢聖莫能度。服食求神仙，多為藥所誤。不如飲美酒，被服紈與素。」說生命總是有限的，再好的仙藥也不管用，不如吃好穿好，活在當下。

既然免不了一死，更轉而追求死而不朽。這種追求本在東周已成趨勢，在漢初又發展到一個新的頂峰。1968年，在河北滿城發掘到兩座西漢墓，墓主為漢景帝劉啟之子劉勝及其妻竇綰。劉勝生前被封為中山王，所以他的葬禮有較高的規格。兩墓隨葬各類器物達4,200多件，最引人注目的是死者雙雙裝殮的「金縷玉衣」。漢代皇帝及宗室死後以玉衣為葬服，為的就是追求不朽。玉衣做成人的模樣，分頭衣、上衣、褲子、手套和鞋子五部分。漢代貴族們相信，有玉衣封護，屍體便能永不腐朽。不過劉勝夫婦的屍體卻並沒有儲存下來，早已化作了泥土。在其他出土玉衣的墓葬中，也都沒有見到過儲存完好的屍體。

不過漢代人追求不朽的理想並沒有徹底破滅。考古學家曾在湖南和湖北兩地先後發掘到一女一男儲存完好的西漢屍體，表明兩千多年前的古人雖然沒能達到不死的目的，卻實現了不朽的願望，這不能不說是一個奇蹟。

出土女屍的長沙馬王堆一號漢墓，隨葬器物有數千件之多，有漆器、紡織衣物、陶器、竹木器、木俑、樂器、兵器，還有許多農畜產品等，大都儲存較好。墓中還出土了記載隨葬品名稱和數量的竹簡312枚，其中一半以上書寫的都是食物，主要有肉食饌品、調味品、飲料、主食和小食、果品和糧食等。

第五章　食案永珍

湖南長沙馬王堆漢墓出土的漢代漆杯盒

肉食類饌品按烹飪方法的不同，可分為 17 類 70 餘款。墓中隨葬的飲食品根據竹簡的記載統計，有近 150 種之多，集中體現了西漢時南方地區的烹調水準。墓中出土實物與竹簡文字基本吻合，盛裝各類食物的容器很多都經緘封，並掛有書寫食物名稱的小木牌。有的食物則盛在盤中，好像正要待墓主人享用。

與這些食物同時出土的還有大量飲食用具，數量最多、製作最精的是漆器，有飲酒用的耳杯、卮、勺、壺、鈁，食器有鼎、盒、盂、盤、匕等，最引人注意的是其中的兩件漆食案。食案為長方形，一般都是紅地黑漆，再繪以紅色的流雲紋，大的一件長 75.5 公分、寬 46.5 公分。另一件食案略小一些，長也超過 60 公分，案上置有五個漆盤，一隻耳杯，兩個酒卮，還有一雙纖細的筷子，出土時盤中還盛有饌品。多少美味佳餚，都輪換著擺上這精美的食案，食案上擺不下的，則放在受用者的近旁。

早在新石器時代，人們伴隨著將多變的色彩引入飲食生活當中，製成了彩陶食器。彩陶衰落了，銅器時代到來，漆器時代也開始了。漆器工藝在夏商時代就已發展到相當高的水準，東周時，上層社會使用漆器

已相當普遍。秦漢之際，漆器製作便已達到歷史的頂峰，漆器已成為中等階層的必需品。大約從戰國中期開始，高度發達的商周青銅文明呈衰退之象，這與漆器工藝的發展恐怕不無關係。人們對漆器的興趣遠遠高出銅器，過去的許多銅質飲食器具大都為漆器所取代。

湖南長沙馬王堆漢墓出土的漢代漆食案，盤上置箸

漆器多以木為胎，也有麻布做的夾紵胎，精緻輕巧。漆器有銅器所沒有的絢麗色彩，銅器能做的器型，漆器也都能做出。長沙馬王堆三座漢墓出土漆器有 700 餘件之多，既有小巧的漆匕，也有直徑 53 公分的大盤和高 58 公分的大壺。漆器工藝並不比銅器工藝簡單，據《鹽鐵論·散不足》記載，一隻漆杯要花費上百個工日，一具屏風則需萬人之功，說的就是漆工藝之難，所以一隻漆杯的價值超過銅杯的 10 倍有餘。漆器上既有行雲流水式的精美彩繪，也有隱隱約約的針炙錐畫，更珍貴的則有金玉嵌飾，裝飾華麗，造型優雅。漆器雖不如銅器那樣經久耐用，但其華美輕巧中卻透射出一種高雅的秀逸之氣，擺脫了銅器的莊重威嚴。因此，一些銅器工匠甚至樂意模仿漆器工藝，造出許多仿漆器的銅質器具。

作為隨葬品放入墓中的，不僅有成套的餐具，甚至有炊具和廚房設

第五章 食案永珍

備，還有糧倉和水井的模型。其中的火灶模型做得比較精緻，有煙囪、釜、甑等附加設施，灶面上有時還刻有刀、叉、案、勺等廚具，有的則還塑有魚、鱉和蔬菜。這隨葬井、灶、倉的做法在漢朝十分普遍，看來，或許是因為漢代人對死後昇仙也失望透了，否則又何必那麼破費地去厚葬？這不明明是要死者安於地下冥間的享樂嗎？

三、舉案齊眉

漢代的飲食方式，基本上繼承了東周時的傳統，變化不大。上層社會的飲食規範有更加嚴肅化的趨勢，尤其在宮廷宴會中，活潑氣氛欠濃，約束太多。非正式場合則又有所不同，禮儀規範往往會失卻應有的作用，由此鬧出許多是非來。

為漢王朝創制禮法的是儒者叔孫通，他本是秦代博士，後來降歸劉邦，仍任博士。劉邦當皇帝後，群臣飲酒爭功，「醉或妄呼，拔劍擊柱」，有功之臣酗酒，舞刀弄劍，鬧得皇上心裡極不踏實，但也無可奈何。叔孫通見此情形，奏請皇帝制定禮法，他「採古禮與秦儀雜就之」，創立了一套諸侯王及大臣朝見皇帝的禮法。這個禮法在君與臣之間劃出了嚴格的界限，這樣的君臣關係一直未見變更地延續了兩千多年。叔孫通制定的禮法，其基本規範是，皇帝坐北高高在上，丞相文職官員排列殿東，而列侯武將則排列在殿西，兩相對面。這樣的結果，文武百官「莫不振恐肅敬」。尤其是規定了酒筵的禮法，陪侍皇帝飲酒的人，坐在殿上都要低著頭，俯伏著上身，不敢正眼看皇帝一眼。向皇上祝酒則以職位高低為順序，不許亂套。酒筵上還有專事糾察的御史，發現有違越禮法的人，馬上要攆出筵席。如此一來，「竟朝置酒，無敢歡譁失禮者」，再也沒人敢大喊大叫了，樂得劉邦連聲說：「吾乃今日知為皇帝之

212

貴也!」文武百官一個個服服帖帖,皇上確實感受到自己是高貴無比的了。劉邦當即提升叔孫通為奉常,並「賜金五百斤」,作為崇高的獎賞。

虔誠的臣屬還將朝廷的禮儀帶回家中,一絲不苟地如法施行。《漢書・石奮傳》說,石奮以上大夫的資格歸老在家,雖是退休,仍然護守禮法,有時皇帝賜給他食物送到家裡來,他也像在朝堂一樣,「稽首俯伏而食」,就像在皇帝面前一樣。

當然,也並不是任何一個官吏都是如此虔誠,也有極不願意像這樣循規蹈矩的人。西漢人陳遵擊賊有功,被封嘉威侯,在長安受到列侯貴戚們的敬重。他嗜酒成性,每每大飲,賓客滿堂,為防客人離去,緊關大門,甚至將客人的車轄拔下投入井中,讓人有天大的急事也無法離開。後來王莽起用他為河南太守,他又常入寡婦家飲酒,高歌起舞,甚至留宿,亂男女之別。這樣就引起了很多人的不滿,有人奏明皇上,結果陳遵被免去官職。還有不拘禮節的東方朔,有一次喝醉了酒,冒冒失失地跑到皇上的大殿上撒了一泡尿,結果被削職為民。東漢大宦官張讓之子本是御醫,也是一個荒唐的酒徒。他與人飲酒,常常赤身露體,以為戲樂。散酒時,將眾人的鞋靴雜亂著放在一起,使人大小不配,歪歪倒倒,因以取笑。

脫鞋登堂,在古代是早就有了的傳統。有時大臣面見君主,不僅要先脫去鞋子,而且還要脫去襪子,要光著腳丫,稱為跣足。《左傳・哀公二十五年》說,有一次衛國國君出公與大夫們正在靈臺飲酒,市官褚師聲子「襪而登席」,沒脫襪子就入了筵席。衛出公認為這是一種無禮的舉動,十分生氣,褚師聲子解釋說:「我的腳上生瘡,與別人不同,如果讓人看見了,難免要噁心嘔吐,所以不敢脫襪子。」聽了這話,衛出公越發不饒人,以為這人是故意與他作對,無論侍坐的大夫們如何解勸都

第五章　食案永珍

不行，執意要砍斷他的雙腳不可。不脫襪子而登席，竟犯有如此大的罪過，這不是今天的人所能理解的。到了漢代，對於這一禮儀教條，也不折不扣地繼承了下來，甚至一般的士大夫家庭，也嚴守不怠。《淮南子·泰族訓》中說：一家之內，老人吃的飯要好，用的器具也要好，兒媳要脫光了腳才能上堂，盛羹時還要恭恭敬敬跪著。

作為一個女人，不只對長輩要恭恭敬敬，結了婚，對丈夫也要以禮待之，這在漢代也是毫不含糊的。東漢隱士梁鴻，初時受業於太學，後入上林苑牧豬。還鄉時娶孟光為妻，隱居霸陵山中，以耕織為業。此後梁鴻偕妻流浪到今蘇州一帶，住在一個有錢人皋伯通的廡（指正對面或兩側的小屋）下，賣力舂米度日。每當梁鴻傭作歸來，妻子為他準備好飯食，將食案舉過眉頭送到他的面前，甚至都不敢抬頭看這丈夫一眼。皋伯通見此情景，深受感動，將這對患難夫妻請到自己家裡住下。孟光的舉案齊眉，成為夫妻相敬如賓的千古佳傳。孟光或許是受了封建綱常觀念的影響，然而她這樣舉案齊眉，卻是一種通行的禮節。《漢書·外戚傳》說皇后朝見皇太后，也要親為舉案上食。

漢代普遍流行使用矮而小的方案或圓案作食桌。由一些畫像石觀察，飲食者坐在席上，席前設案，常見一人一案或兩人一案。案上置盤盞一二，或有耳杯數件，筷子一雙。其他較重的酒樽、酒壺和食盒等，一律放在案旁的地上，以方便取用。後來有的夫妻儘管相親相愛不亞於梁鴻和孟光，卻難為再去舉案齊眉了，因為從食案到餐具都有了改變，餐桌太重了，不易頻頻舉起。

洛陽漢墓壁畫夫婦宴享圖

漢代因為食案矮小，所以餐具也很輕巧，有時連大些的盤子和碗都不用，卻風行直接用小小的耳杯盛餚饌吃，這耳杯本是專用於飲酒的。就連周代盛行的小鼎形火鍋，這時也都鑄成耳杯的形狀，再配以炭爐，分稱為染杯和染爐。這種耳杯的容量一般只有130～250毫升，與染爐合起來高不過10～14公分，小巧玲瓏，可直接放在食案上使用。

漢代染爐和染杯（出土於西安東郊漢墓）

漢代畫像石上，食案是一個很受重視的題材，宴飲場所當然少不了它，庖廚場所也常常可以找到它的蹤影。如山東諸城前涼臺西村出土的一塊畫像石，畫面是精彩的庖廚圖，是迄今所見同類題材的最佳之作。圖上刻有40多個忙忙碌碌的廚人，他們有的在汲水，有的在炊、釀造、宰牲、切肉、剖魚，還有的在烤肉串和製肉脯，一切都那麼井然有序。圖中還特別表現了兩個整理食案的僕人，站在羅列起來的7個食案面

前，正在仔細擦洗。他們的身後，有一個托盤的男僕，手裡端著食物走過來。待食品和食具擺放停當，便要和案抬出，供那些主賓享用。這類食案大一些的還可直接作廚事活動的案桌，在許多漢代畫像磚和畫像石的烹調場景中都能發現它們。

山東諸城出土的漢畫像石庖廚圖

四、庖廚圖卷

在歷來出土的漢代畫像石、畫像磚和墓室壁畫上，我們常常可以看到畫面上表現的庖廚活動主題，有時描繪的場面很大，表現許多廚師從事的各種廚事活動。這些描繪有庖廚場景的漢畫，是研究漢代飲食文化史最寶貴的資料。畫像石和畫像磚都是墓室的建築材料，採用鑿刻和模印手法表現漢代人的現實生活與精神世界。表現廚師庖廚活動的畫像石以山東和河南所見最為精彩，常見大場面的刻劃。四川的畫像磚則擅長表現小範圍的庖廚活動，廚事活動刻劃得細緻入微。

四、庖廚圖卷

　　由許多畫像石和畫像磚上的庖廚圖看到，表現庖廚活動的場所主要是廚房；還有一些庖廚活動是在帳中、樹下、露天進行的，另外也有一些畫面並沒有明確交代環境，或者表現的是庭院。例如四川彭州市出土的一方庖廚圖畫像磚，構圖簡潔明快，畫面上只表現有三位廚人：一位蹲在用三足架支起的大釜前生火，手裡拿著扇子在搧風助燃；另外兩位在一條長條形几案上切割，他們的身後豎立著一個簡單的掛物架，架上掛著豬牛腿等牲物。背景上還見到四層擺放起來的小食案，案上擺滿了餐具。這方畫像磚的畫面上沒有交代環境標誌物，估計這個庖廚場所是設在室外。在四川彭州市同一地點出土的另一方類似的畫像磚上，也表現有三位廚人，不過畫面明確交代了庖廚場所，這是一座廚房，廚房有瓦頂。廚房裡有一座低臺雙孔灶，一位廚人正在擺弄蒸鍋，另外兩位也是在几案旁操作，他們的背後同樣也豎立有掛物架，架上掛有牲物。在山東微山縣兩城出土的一方畫像石，鐫刻著一幅表現野炊的庖廚圖，有四位廚人在一棵枝葉茂盛的大樹下忙碌著，一人汲水，一人庖宰，一人濾物，另一人在灶前撥火。離樹根遠一點的高臺火灶上只見到一個灶孔，後面設有煙囪。這裡不見專設的掛物架，牲物直接高掛在樹枝上。

　　有些畫像石在一個畫面上同時表現了室內、室外兩種庖廚活動，場面相當宏大。在山東沂南北寨出土的一方很大的畫像石上，則將庖廚活動置於庭院之中，畫面上有井臺、灶臺和掛物架，俎上整齊地擺放著魚和肉，案上有食具，地上放著酒壺、酒樽和大缸等。幾個廚人有的趴在灶前吹火，有的在臨時支起的帷帳中切割，有的在宰牛，有的在剮羊，有的在抬牲，有的在端運食物，有的赤膊在濾物，幾種主要的庖廚作業都包括在其中了。這方畫像石上還有一些其他方面的內容，而庖廚活動的內容大約占了一半的畫面，僅這一半的內容就已非常壯觀了。

第五章　食案永珍

山東沂南出土的漢畫庖廚圖

　　河南新密打虎亭村發現兩座東漢時代的畫像石墓，其中的一號墓見到多幅庖廚圖畫像石，表現的場面也都比較大。畫像石表現了蒸、煮、煎、燉、烤等各種烹飪活動，也有宰殺雞鴨、釀酒、加工米麵的刻繪。在一號墓東耳室北壁東端的石刻劃像右下角，雕刻有宰殺雞鴨的場面。在一個小口大腹的條編籠內裝有許多活雞和活鴨，籠旁放著五隻已被宰殺的雞鴨，其中有的雞鴨好像在做掙扎狀。在籠旁站立著一位正在宰殺雞鴨的廚人，他的前面還放著一個盛接牲血的大盆。附近另有一廚人跪坐在一個四足的熱水槽旁，把殺死的雞鴨放入熱水槽煺毛。他的前邊有一廚人正操刀切割，俎下的盤上已盛滿切好的食料。畫面上還刻繪有一大型火灶，有四個火門，灶上的炊具正冒著熱氣。引人注意的是，炊具中一臺十層的蒸籠，這是最早的蒸籠影像。

　　在東耳室的東壁中部，雕刻著熱氣騰騰的炊煮場面。左上角是兩個掛物架，架上掛滿了牲物，連帶著牛蹄與牛角，架下的地面上也堆放著牛蹄和牛腿。畫面的中部有大鼎和大釜，鼎釜下點燃著木柴，鼎釜中已經沸騰，呼呼地冒著熱氣。一位廚人雙手握著長柄鐵叉，翻動著鼎內的肉物。畫面的右上角，有一個帶煙囪的方形灶臺，灶上置有大口甑。灶前放有許多柴草，一位廚人抱著木柴走過來，灶膛內的火焰噴出了灶口。灶臺旁邊，還放有圓形小爐灶和大竹筐等。畫面的右下角，有一座高架井臺，一廚人正在汲水，另一人在端水。畫面的左下角刻繪了四位

廚人，一人持勺在炭爐上的釜內攪拌，一人似在盆中淘洗著什麼，另外兩人雙手端著放有食具的大盤。這是畫像石中見到的表現烹飪活動最豐富的畫幅，僅烹煮設備就刻繪了爐、灶、鼎、釜等，實在是難得。

河南新密出土的漢畫像石庖廚圖

在東耳室的南壁東部，雕刻著另外一幅熱鬧的庖廚場面。畫面上部是一根長橫竿，均勻安有十二個掛鉤，分別掛著雞、鴨、牛肉、牛心、牛肝和魚等牲物。掛鉤的下面是一條大菜案，四個廚人挽起袖子，並排坐在案前，緊張地切割著手裡的肉物。菜案下面鋪著一張長席，廚人們切好的肉物就堆在上面。下部是加工肉食的場面，八位男女廚人忙著在烹煮和燒烤熟食。畫面上有兩個圓形小火爐、兩個長方形炭爐、一個大圓形炭爐，爐上架著大釜，放著小甑，燉著燒鍋，吊著銚子，爐火熊熊。八位廚人有的在煮肉，有的在烤肉，有的在穿肉，或相互配合，或獨自操作。地面上擺滿了小盆大缸，還有兩個大平底筐，筐內放滿了盤盤碗碗。值得注意的是，畫面上有三盞高柄環形燈，顯示出這是一個夜廚場景，這在其他畫像石上還不多見。

一些非常壯觀的漢畫庖廚圖，將許多庖廚活動刻繪在一個畫面上，具有很強的寫實風格。如山東諸城前涼臺村就發現有這樣一方畫像石，

第五章　食案永珍

石工以陰線刻的手法，集釀造、庖宰、烹飪活動於一石，描繪了一個龐大而忙碌的庖廚場面。這是一幅精彩的漢代庖廚鳥瞰圖，表現了 43 位廚人的勞作，包括汲水、蒸煮、過濾、釀造、殺牲、切肉、斫魚、製脯、備宴等內容。

古時流行「君子遠庖廚」之說。事實上，可能除了祭儀以外，古人從來就不曾真正「遠」離過庖廚。那些「君子」在活著的時候，不少人都要盡情享用美味佳餚。他們在死去的時候，不僅要隨葬大量食物，而且要在墓室中建造象徵性的廚房；或者在墓壁上描繪庖廚場景，表現許多廚師為自己繼續烹調佳餚；或者在墓室裡擺上陶土燒造的廚人，象徵為自己殉葬的廚師；或者隨葬各式各樣的包括陶灶模型在內的炊具和食具，預備在冥間繼續使用。這不僅沒有一點「遠庖廚」的意思，反而是確確實實地「近庖廚」了。

古代有許多君子，不僅沒有遠庖廚，他們還躬親庖廚，鑽研烹調學問，創製了不少佳餚名饌，寫成了許多食譜食經。古代也有許多的君子，他們十分關注廚師們的創造，甚至為廚師樹碑立傳。沒有這些君子的努力，中國的飲食文化也許就形成不了今天的完整體系。同樣，沒有歷代廚師們的創造，中國的飲食文化也許不會有如此的璀璨光彩。

五、選勝遊宴

大約自隋唐時代開始，皇室、官僚、富豪、士大夫們的宴飲活動越來越頻繁，規模也越來越大。巧立的宴會名目，翻新的飲食花樣，難以盡數，有錢人想方設法創造機會來大吃大喝，肆意揮霍。這當然都是皇帝帶的頭，也算上行下效的一例。這樣的筵宴既有擺闊綽的，也有追求雅興的，免不了也有落入俗套的，不一而足。

五、選勝遊宴

隋代那個殺父而登上皇帝寶座的煬帝楊廣，憑藉他父親累積起來的巨大民力與財富，隨心所欲地安排著自己奢侈的生活。被人稱為歷史上「著名的浪子，標準的暴君」的楊廣，常常在遊玩中打發日子，他由大運河乘船出遊江都（揚州），龐大的船隊首尾相銜，迤邐二百餘里。挽船的壯丁多達八萬人，兩岸還有騎兵夾岸護送。楊廣下令船隊所過州縣，五百里內居民都得來獻食，要知道這個船隊載人一二十萬，該需要多少飯食才夠！有的州縣一次獻食多到一百餘臺，妃嬪侍從們吃不完，開船時把食物埋入土坑裡就走。他遊玩所經之處，遇了獻食精美的官吏，還要馬上加官晉爵；對那些表現不大熱情，送食不中意的官吏，則隨意懲處，鬧得人心惶惶。這一來，弄得眾多百姓傾家蕩產，生計斷絕，以致不得不以樹皮草根充飢，甚至逼得人相食，可謂悲慘。

楊廣在宮中花天酒地，飲饌極豐。他所食用的饌品，一部分名目儲存在謝諷所撰《食經》中。謝諷是楊廣的尚食直長，他的《食經》雖早已不存，但從《清異錄》上還可找到這書的一些內容。下面列舉謝諷《食經》所提到的一些饌品，但不是全部所知的五十多種：

急成小餤剔縷雞	飛鸞膾龍鬚炙	咄嗟膾君子飣
紫龍糕	象牙	白消熊
專門膾	折筋羹	朱衣餤
天孫膾	暗裝籠味	乾坤奕餅
乾炙滿天星	新治月華飯	無憂臘

這些自然都是美味，不過現在人們沒法完全弄清楚它們的配料及烹法，有些饌品甚至令人不知究竟為何物，要再現當年的風味也許永遠都辦不到了。

唐人在舉行比較重大的筵宴時，都十分注重節令和環境氣氛。有時本來是一些傳統的節令活動，往往加進一些新的內容，顯得更加清新活

第五章　食案永珍

潑,盛唐時的「曲江宴」就是一個極好的例子。

中國採用科舉考試的辦法選拔官吏,是從隋代開始的,唐代進一步完善了這個制度。每年進士科發榜,正值櫻桃初熟,慶賀及第新進士的宴席便有了「櫻桃宴」的美雅稱號。宴會上除了諸多美味之外,還有一種最有特點的時令風味食品,就是櫻桃。由於櫻桃並未完全成熟,味道不佳,所以還得漬以糖酪,赴宴者一人一小盅,極有趣味。

事實上,這種櫻桃宴並不只限於慶賀新科進士。在都城長安的官府乃至民間,在這氣候宜人的暮春時節,也都紛紛設宴,饌品中除了糖酪櫻桃外,還有剛剛上市的新竹筍,所以這筵宴又稱作「櫻筍廚」。這筵宴一般在農曆三月三日前後舉行,是傳統節日上巳節的進一步發展。

皇帝為新進士們舉行的櫻桃宴,地點一般是在長安東南的曲江池畔。曲江池最早為漢武帝時鑿成,唐時又有擴大,周圍超過十公里。這是一座全都城中風光最美的開放式園林,池周遍植以柳木為主的樹木花卉,池面上泛著美麗的彩舟。池西為慈恩寺和杏園,杏園為皇帝經常宴賞群臣的所在;池南建有紫雲樓和彩霞亭,都是皇帝和貴妃登臨的處所。在三月三日這一日,皇帝為了顯示昇平盛世,君臣同樂,官民同樂,不僅允許皇親國戚、大小官員隨帶妻妾和侍女以及歌伎參加曲江盛大的遊宴會,還特許京城中的僧人道士及平民百姓共享美好時光。如此一來,曲江處處皆筵宴,皇帝貴妃在紫雲樓擺宴,高級官員的筵席擺在近旁的亭臺,翰林學士們特允在彩舟上暢飲,一般士庶只能在花間草叢得到一席之地。

考古發現的長安唐代韋氏家族墓壁畫中的〈野宴圖〉,描繪的大概是曲江宴的一幕場景,圖中畫著九個男子圍坐在一張大方案旁邊,案上擺滿了餚饌和餐具。人們一邊暢飲,一邊談笑,好不快活。唐代大詩人杜甫〈麗人行〉云:「三月三日天氣新,長安水邊多麗人。……紫駝之峰

出翠釜，水精之盤行素鱗。犀箸厭飫久未下，鸞刀縷切空紛綸。黃門飛鞚不動塵，御廚絡繹送八珍。」這首詩描寫的是權臣楊國忠與虢國夫人等享用紫駝素鱗華貴菜餚，遊宴曲江的情形，翠釜烹之，水晶盤盛之，犀角箸夾之，鸞刀切之，該是多麼快意！新科進士更是得意，這從劉滄〈及第後宴曲江〉詩中可以看得出來：「及第新春選勝遊，杏園初宴曲江頭。紫毫粉壁題仙籍，柳色簫聲拂御樓。霽景露光明遠岸，晚空山翠墜芳洲。歸時不省花間醉，綺陌香車似水流。」

　　許多飲食風氣的形成以及相應食品的發明，與季節冷暖有極大的關係，如《清異錄》所載的「清風飯」即是。唐敬宗寶曆元年（西元 825 年），宮中御廚開始造清風飯，只在大暑天才造，供皇帝和后妃作冷食。造法是用水晶飯（糯米飯）、龍睛粉、龍腦末（冰片）、牛酪漿調和，放入金提缸，垂下冰池之中，待其冷透才取出食用。這種食法與現代用電冰箱做冷食冷飲很像，那冰池實際是以冰為冷氣源的冷藏庫。

　　夏有清風飯，冬則有所謂「暖寒會」。據《開元天寶遺事》所載，唐代有個巨豪王元寶，每到冬天大雪紛揚之際，即吩咐僕伕把本家坊巷口的雪掃乾淨，他自己則親立坊巷前，迎揖賓客到家中，準備燙酒烤肉款待，稱為暖寒之會。

　　把飲食寓於娛樂之中，本是先秦及漢代以來的傳統，到了唐代，則又完全沒有了前朝那些禮儀規範的束縛，進入一種更加豁達的自由發展境地。包括一些傳統的年節在內，也融進了不少新的遊樂內容。比如宮中過端午節，將粉團和粽子放在金盤中，用纖小可愛的小弓架箭射這粉團粽子，射中者方可得食。因為粉團滑膩而不易射中，所以沒點本事也是不大容易一飽口福的。不僅宮中是這樣，整個都城也都盛行這種遊戲。

　　每逢年節，一些市肆食店，也爭相推出許多節日食品，以招徠顧

第五章　食案永珍

客。《清異錄》記唐長安皇宮正門外的大街上，有一個很有名氣的飲食店，京人呼為「張手美家」。這個店的老闆不僅可以按顧客的要求供應所需的水陸珍味，而且每至節令還專賣一種傳統食品，結果京城很多食客都被吸引到他的店裡。張手美家經營的節令食品有些繼承了前朝已有的傳統，如人日（正月七日）的六一菜（七菜羹）、寒食的冬凌粥，新的食品則有上元（正月十五日）的油飯、伏日的綠荷包子、中秋的玩月羹、重陽的米糕、臘日的萱草（俗稱金針菜、金針花）麵等。這些食品原本主要由家庭內製作，食店開始經營後，使社會交際活動又多了一條途徑，那些主要以家庭為範圍的節令活動擴大為一種社會化的活動。

在唐代人看來，飲食並不只為口腹之慾，並不單求吃飽吃好為原則，他們因而在吃法上變換出許多花樣來。著名詩人白居易曾任杭州、蘇州刺史，大約在此期間，他舉行過一次別開生面的船宴。他的宅院內有一大池塘，水滿可泛船。他命人做成100多個油布袋子，裝好酒菜，沉入水中，繫在船的周圍隨船而行。開宴後，吃完一種菜，左右接著又上另一種菜，賓客們被弄得莫名其妙，不知菜酒從何而來。唐代有個人名叫熊翻，每當大宴賓客時，酒飲到一半，在階前當場殺死一隻羊，讓客人自己執刀割下想吃的一塊肉，各用彩綿繫為記號，再放到甑中去蒸。蒸熟後各人自取，用竹刀切食。這種吃法稱為「過廳羊」，盛行一時。這類飲食方式很難說只是為了滋味，它給人的愉悅要多於滋味，這就是飲食環境氣氛的作用。這時的烹飪水準也為適應人們的各種情趣提高了許多，大型冷拼盤的出現就是證明。

當然，也有一些人專求美味而不知風雅，他們似乎天天都在過年過節，盡力搜求四方珍味，和州刺史穆寧算是一個典型。據說，這位穆寧有十分嚴厲的家法，他命幾個兒子分班值饌，為他籌劃每日飲食，稍不如意，就用棍棒伺候。幾個兒子在輪到自己值饌之前，「必探求珍異，羅

於鼎俎之前，競新其味，計無不為」，餚饌一味比一味新，辦法一個比一個好，然而還是免不了笞叱。有時給弄到特別好吃的東西，穆寧在飽餐之後，大聲喊道：「今天誰當班？可與棍棒一起來！」結果兒子還是捱了一頓板子，那原因是：「如此好吃的東西，怎麼這麼晚才送來？」這樣的父親，怎麼侍候也沒個滿意的時候。

值得一提的是，唐代時也並不是所有達官貴人全都如此奢侈，也並不是每一種筵席都極求豐盛。憲宗李純時的宰相鄭餘慶，就是一個不同凡流的清儉大臣。有一天，他忽然邀請親朋官員數人到自己家裡聚會，這種在過去從來不曾有過的事，使得大家感到十分驚訝。這一日大家天不亮就急切切趕到鄭家，可到日頭升得老高時，鄭餘慶才出來與客人閒談。過了很久，鄭餘慶才吩咐廚師「爛蒸去毛，莫拗折項」，客人們聽到這話，要去毛，別弄斷了脖子，以為必定是蒸鵝鴨之類。不一會兒，僕人們擺好桌案，倒好醬醋。眾人就餐時才大吃一驚，他們每人面前只不過是粟米飯一碗，蒸葫蘆一枚。鄭餘慶自己好好地吃了一頓，其他人勉強才吃了一點點。

鄭餘慶顯然是為了矯正時弊，不過也起不了多大作用。有他這種節儉觀念的人，在唐代士大夫中也不是很多。如中唐詩人李紳未發跡時曾寫下千古絕唱〈憫農〉詩：「鋤禾日當午，汗滴禾下土。誰知盤中餐，粒粒皆辛苦。」後來發跡了，官居節度使、宰相，生活也是豪奢得不得了。

六、盛世燒尾宴

中國南北分裂的局面，到隋唐時得到大統一，歷史又進入一個輝煌的發展時期。政局比較穩定，經濟空前繁榮，人民在多數時間裡都能安居樂業，飲食文化也隨之發展到新的高度。君臣上下的歡宴，士大夫暢

第五章　食案永珍

心的宴遊，醫藥學家們宣揚的養生之術，胡姬美酒的傳入，交織成一幅幅色彩斑斕的風俗圖卷。

毋庸諱言，古代中國飲食文化的發展水準固然要從整個社會生活的全景角度去考察，其中也包括百姓的生活，然而作為國家最高水準的佳餚卻只能在帝王與貴族大臣們的餐桌上才能品嚐得到。不能孤立地認為佳餚只是屬於帝王和大臣們的，作為一種文化財富，它是屬於整個民族的，同樣也是屬於大眾的。所以我們看某一個時代飲食文化的發展水準，不能不論及帝王的餐桌，也不能不看士大夫們的言行。

盛世為百姓帶來的歡樂，遠沒有為官吏們帶來的多。尤其是那些高高在上的將相，更是醉生夢死。中唐時有一個宰相叫裴冕，性極豪侈，衣服與飲食「皆光麗珍豐」。每在大會賓客時，食客們都叫不出筵席上饌品的名字，此言豐盛之極。另一個差一點當宰相的韋陟，每頓飯吃完之後，「視廚中所委棄，不啻萬錢之直」，扔掉的殘饌都有萬錢之多，這恐怕會使西晉那位日食萬錢的何曾自嘆不如。這韋陟有時赴公卿們的筵宴，雖然是「水陸具陳」，珍味應有盡有，卻連筷子都不動一下，他看不上眼。

儘管宰臣們家中有享不完的四方珍味，還能常常在朝中得到一頓頓豐盛的美餐。唐代繼承了自戰國時起各代例行的傳統，為當班的大臣們提供一頓規格很高的招待午餐。國家富強了，這午餐也越發豐盛了。豐盛到什麼程度呢？到了宰臣們都不忍心動筷子的地步，因為不忍心再這樣揮霍下去，以至幾次三番提出「減膳」請求。唐太宗時的張文瓘，官拜侍中，這個官幾乎與宰相差不多。他和其他宰臣一樣，每天都能從宮中得到一餐美味。和張文瓘同班的幾位宰臣見宮內提供的膳食過於豐盛，提出稍稍減扣一些。張文瓘堅決不同意，而且認為這是理所應當，他

說：「這頓飯是天子用於招待賢才的，如果我們自己不能勝任這樣的高職位，可以自動辭職，而不應提出這種減膳的主意，以此來邀取美名。」這麼一說，旁人還能再說些什麼呢。一頂邀名的帽子扣下來，眾人減膳的提案不得不作罷。唐代宗時，有一位「以清儉自賢」的宰相常袞，看到內廚每天為宰相準備的食物太多，一頓饌品可供十幾人進食，幾位宰相肚皮再大也不可能吃完，於是請求減膳，甚至還準備建議免去這供膳的特殊待遇。結果呢，還是無濟於事，「議者以為厚祿重賜，所以優賢崇國政也。不能，當辭位，不宜辭祿食」（《舊唐書·常袞傳》）。這與百年前張文瓘的話是同一腔調，也就是說，宰臣們有權享受最優厚的待遇，你想推辭這種待遇，反倒被認為是不正常的舉動。

自古以來，隨心所欲地吃，可算是上層統治者的一大特權，他們無論在朝中，或是在家中，都十分喜歡這種特權。有高官就有了厚祿，高官得中，第一件事就是大吃大喝，大擺筵席，廣賀高升。至晚從魏晉時代開始，官吏升遷，要辦高水準的喜慶家宴，接待前來慶賀的客人。到唐代時，繼承了這個傳統，大臣初拜官或者士子登第，也要設宴請客，還要向天子獻食。唐代對這種宴席還有個奇妙的稱謂，叫做燒尾宴，或直曰「燒尾」。這比起前代的同類宴會來，顯得更為熱烈，也更為奢侈。

燒尾宴的得名，其說不一。有人說，這是出自鯉魚躍龍門的典故。傳說黃河鯉魚跳龍門，跳過去的魚即有雲雨隨之，天火自後燒其尾，從而轉化為龍。功成名就，如鯉魚燒尾，所以擺出燒尾宴慶賀。不過，據唐人封演所著《封氏聞見記》裡專論「燒尾」一節看來，其意別有所指。封演說道：「士子初登、榮進及遷除，朋僚慰賀，必盛置酒饌音樂，以展歡宴，謂之『燒尾』。說者謂虎變為人，唯尾不化，須為焚除，乃得成人。故以初蒙拜受，如虎得為人，本尾猶在，體氣既合，方為焚之，故

第五章　食案永珍

云『燒尾』。一云：新羊入群，乃為諸羊所觸，不相親附，火燒其尾則定。貞觀中，太宗嘗問朱子奢燒尾事，子奢以燒羊事對之。及中宗時，兵部尚書韋嗣立新入三品，戶部侍郎趙彥昭假金紫，吏部侍郎崔湜復舊官，上命燒尾，令於興慶池設食。」這樣，燒尾就有了燒魚尾、虎尾、羊尾三說。

看來，熱心於「燒尾」的太宗皇帝，也委實不知這「燒尾」的來由。一般的大臣只當是給皇上送禮謝恩，誰還去管它是燒羊尾、虎尾還是魚尾呢！唐中宗在興慶池擺的慶賀三大臣升遷復官的燒尾宴，似乎是賜宴，不由大臣出資，略有區別。

燒尾宴的形式不止一種，除了喜慶家宴，還有皇帝賜的御宴，另外還有專給皇帝獻的燒尾食。也許，除了賜宴不必非有以外，家宴與獻食皇上都是絕不可少的。那麼獻給皇帝的燒尾食究竟是什麼呢？我們從宋代陶穀所撰《清異錄》中可窺出一斑。書中說，唐中宗時，韋巨源拜尚書令，照例要上燒尾食，他上奉中宗食物的清單儲存在傳家的舊書中，這就是著名的《燒尾宴食單》。食單所列名目繁多，《清異錄》僅摘錄了其中的一些「奇異者」，達58款之多，如果加上平常一些的食物，也許有不下百種！

且把這58款饌品大部分羅列在下面，一則可見燒尾食之豐盛，二則可見中唐烹飪所達到的水準，因為儲存如此豐富完整的有關唐代的飲食史料，還不多見。

單籠金乳酥　一種用獨隔通籠蒸的酥油餅。

曼陀樣夾餅　在爐上烤成的形如曼陀羅果形的夾餅。

巨勝奴　用酥油、蜜水和麵，油炸後敷上芝麻的點心。巨勝，指黑色芝麻。

貴妃紅　味重而色紅的酥餅。

婆羅門輕高麵　用古印度烹法製成的籠蒸餅。

御黃王母飯　麵上蓋有各種餚饌的黃米飯，如現代的速食便當。

七返膏　做成七卷圓花的蒸糕。

金鈴炙　如金鈴形狀的酥油烤餅。

光明蝦炙　煎鮮蝦。

通花軟牛腸　用羊骨髓作拌料做的牛肉香腸。

生進二十四氣餛飩　二十四種花形餡料各異的生餛飩。

生進鴨花湯餅　做成鴨花形的湯餅。

上述兩款麵食只能隨吃隨煮，所以上食時必須「生進」，如果煮熟了獻去，就沒法吃了，到時由宮廷內廚代為下湯煮熟。

同心生結脯　將生肉打成同心結再風乾的乾肉。

見風消　糯米麵皮烰熱後當風晾乾，食時以豬油炸成。

冷蟾兒羹　冷食蛤蜊肉湯。

唐安餤　數餅合成的拼花餅。唐安為縣名，在今四川成都附近，崇州東南，這種餅是那個地方的特產。

金銀夾花平截　剔出蟹肉蟹黃捲入麵片中，橫切成斷面為黃白色花斑的點心。

火焰盞餶　上部為火焰形，下部似小盞的蒸糕。

水晶龍鳳糕　紅棗點綴成龍鳳的米糕。

雙拌方破餅　拼合為方形的雙色餅。

玉露團　印花酥餅。

第五章　食案永珍

漢宮棋　做成雙錢形印花的棋子麵。

長生粥　未詳烹法。上食只進粥料，不必煮熟。

天花鎞鑼　香味夾心麵點，或說是「手抓飯」。

賜緋含香粽子　染紅淋蜜的甜粽。

甜雪　用蜜漿淋烤的甜而脆的點心。

八方寒食餅　八角形的麵餅。

素蒸音聲部　全用麵蒸塑而成的歌人舞女，如蓬萊仙人飄飄然，共七十件。音聲部，指唐宮內廷的歌舞伎人。

白龍臛　鱖魚片羹。

金粟平䭔　加魚子的糕點。

鳳凰胎　用魚白（胰臟）蒸的雞蛋羹。

羊皮花絲　拌羊肚絲，肚條切長一尺上下。

逡巡醬　魚肉羊肉醬。

乳釀魚　乳酪醃製的全魚，不用切塊。

丁子香淋膾　淋上丁香油的魚膾。

蔥醋雞　雞腹內放置蔥醋等作料，籠蒸而成。

吳興連帶鮓　吳興原缸醃製的魚鮓，不開缸，整缸獻上。

西江料　粉蒸豬肉末。西江為地名。

紅羊枝杖　可能指烤全羊。

昇平炙　羊舌、鹿舌烤熟後拌合一起，定三百舌之限。

八仙盤　剔骨雞，共八隻。

雪嬰兒　淨剝青蛙，裹上精豆粉，貼鍋煎成。白如雪，形似嬰。

仙人臠　乳汁燉雞塊。

小天酥　用雞肉和鹿肉拌米粉，油煎而成。

卯羹　純兔肉湯。

箸頭春　切成筷子頭大小的油煎鵪鶉肉。

暖寒花釀驢蒸　爛蒸糟驢肉。

水煉犢炙　清燉小牛肉。

五生盤　羊、豬、牛、熊、鹿五種肉拼成的花色冷盤。

格食　羊肉、羊腸拌豆粉煎烤而成。

過門香　薄切各種肉料，入沸油急炸而成。

……

遍地錦裝鱉　用羊脂和鴨蛋清燉甲魚。

蕃體間縷寶相肝　裝成寶相花形的冷肝拼盤，堆砌七層。

湯浴繡丸　澆汁大肉丸，即今天的「獅子頭」。

這麼多的美味，真可謂五花八門，其中很多如果沒有註解，單看名稱，我們很難知道究竟指的是什麼饌品。這裡包納有 20 種麵食點心，品種十分豐富。點心實物在新疆吐魯番阿斯塔納唐墓中有出土，餛飩、餃子、花色點心至今還儲存相當完好。阿斯塔納還出土了一些表現麵食製作過程的女俑，塑造得十分生動。

一下進獻這麼多的精美食物，若是一般富貴之家，難免有傾家蕩產之虞，然而對大官僚來說，這不僅是一個討好皇帝的絕妙手段，而且也是一個炫耀財力的難逢良機。再說，這也是樁一本萬利的美事，那又何樂而不為呢？

第五章　食案永珍

當然，有時也有例外，蘇瑰就對獻食天子的「燒尾」不感興趣。蘇瑰累拜尚書右僕射、同中書門下三品，進封許國公，照常規應當「燒尾」，但他卻不動聲色。有一次趕上赴御宴，有些大臣拿蘇瑰開玩笑，中宗李顯心裡不高興，一聲不吭。蘇瑰向中宗解釋說：「現在正遇上饑荒，糧價飛漲，百姓不足，禁中衛兵有時三天吃不上飯。這都是為臣的失職，所以不敢『燒尾』。」

拜得高官者，要給皇上「燒尾」，沒有機會做官的皇室公主們，也仿效燒尾的模式，尋找機會給皇上獻食，以求取恩寵。據《明皇雜錄》說，唐玄宗李隆基在位時，諸公主相效進食，玄宗「命中官袁思藝為檢校進食使」，專門清點登記獻上來的食物。所獻食物，「水陸珍羞數千盤之費，蓋中人十家之產」，耗費之巨，不亞於大臣「燒尾」。這個唐玄宗，儘管他自己如此之奢侈，卻還要裝扮成節儉君王。有一次他坐在步輦上，看見一個衛士食畢後將剩下的餅餌棄於水溝內，於是怒從心起，命高力士將這個衛士杖死。還是旁人苦苦勸阻，才挽救了一條性命。

向皇上進獻的饌品，多為家廚所為。官僚們一般都十分注重家廚的傳統，如被封為鄒平公的宰相段文昌，便十分精於饌事，府第中的廚房命名為「煉修堂」，行廚則稱為「行珍館」。段文昌的家廚由一個名叫膳祖的老婢主管，她訓練女僕學廚，傳授她們烹飪技巧。但真正學成者並不算多，膳祖四十年間教了一百多人，只有九人算是學成了。段文昌還自編《食經》五十卷，稱為《鄒平公食憲章》，這書可惜也早就沒有了蹤影。

七、酒樓食肆

早在先秦時代的市集上，就已經有了飲食店。《鶡冠子・世兵》中說「伊尹酒保，太公屠牛」，《古史考》還說姜太公「屠牛於朝歌，賣飲於

孟津」，這些雖不過是傳說，但也說明也許商代時真有了食肆酒店。到了周代，飲食店的存在已是千真萬確的了，《詩·小雅·伐木》中的「有酒湑我，無酒酤我」即是證據，當時肯定有酒店可以買酒喝了。

東周時代，飲食店在市鎮上當有一定規模和數量了，《論語·鄉黨》有「沽酒市脯不食」的孔子語錄，《史記·魏公子列傳》有「薛公藏於賣漿家」的故事，《史記·刺客列傳》有荊軻與高漸離「飲於燕市」的記載，都是直接的證明。還有《韓非子·外儲說右上》記述的那個寓言故事，也是一個間接證明。

故事說宋國有人開了個酒店，不動缺斤少兩的手腳，待客和顏悅色，酒釀得也很好，而且還高懸著招牌，可是他的酒卻賣不出去，他感到很納悶，於是向一位名叫楊倩的長者討教。長者對他說，你店裡的那條狗太凶猛了。他不明白狗與酒賣不出去有什麼關係，長者又對他說，有一條過於厲害的看家狗，要是有人讓一個小孩子揣著錢提著壺打酒，你的狗齜牙咧嘴地迎上去，誰敢買你的酒？這種小酒店一般是自釀自售，到漢代也還是如此，一些畫像磚上就有這種作坊兼酒店的畫面。

司馬遷的《史記·貨殖列傳》，有一句話叫做「用貧求富，農不如工，工不如商，刺繡文不如倚市門」，說明秦漢之際不少人走上了經商致富這條道。所謂「倚市門」即做買賣，賣酒食魚肉自然也在其中，開飲店食鋪亦屬倚市門之列。司馬遷還提到當時經營飲料的張氏，成了鉅富；經營肉食的濁氏，比當官的還神氣。《鹽鐵論·散不足》也簡略論及漢代飲食業的繁榮情景，書中說：「古者不粥飪，不市食。及其後，則有屠沽、沽酒、市脯、魚鹽而已。今熟食遍列，殽施成市。」漢代酒店食店的服務已很規範，禮貌待客，如漢朝的樂府詩〈隴西行〉，就描繪了一位他十分滿意的酒店侍女的形象：女子和顏悅色地出門迎客，向客人道平安；請

第五章　食案永珍

客人坐北堂之上，陪侍客人飲酒；一面飲酒一面說笑，還囑咐廚房抓緊烹調；用完酒飯，還要恭敬地送客人。

古代食店的經營方式及品種，唐宋以前因無詳細記載，已不甚明瞭，市廚的活動也知之甚少。隋唐五代的市肆飲食，雖無全面記述，古文獻中留下的線索還是不少的。據〈郡國志〉說，隋大業六年（西元610年），外國使者到達長安，請求入市交易。隋煬帝為了擴大影響，命整修店鋪美化市容，外國人進酒樓飯店可隨意吃喝，分文不取，所謂「醉飲而散，不收其值」。唐代都市飲食店不僅數量多，經營規模也大。《唐國史補》中說，唐德宗召吳湊為京兆尹，催他盡快到任，弄得他連傳統的慶賀宴會都擺不及，不得不想了個救急的辦法。當時長安兩市食店經營「禮席」，也就是代客辦理筵宴到家的業務，吳湊一面派人到食店連繫，一面催馬去請客人，「請客至府，已列筵畢」。拿著釜鐺去食店取回現成餚饌就行了，「三五百人之饌，可立辦也」。

小型專營飯館、飲店也很多，長安頒政坊有餛飩店，長興坊有店，輔興坊有胡餅店，長樂坊有稠酒店，永昌坊有茶館，行街攤販也不少。

據《東京夢華錄》的記述，汴京御街上的飲食店中，經營正規的稱為「正店」，大概有點像現代的星級飯店。《東京夢華錄》中說：「在京正店七十二戶，此外不能遍數，其餘皆謂之腳店。」當時有名店，也有名廚，《東京夢華錄》所列名廚是：「賣貴細下酒，迎接中貴飲食，則第一白廚，州西安州巷張秀；以次保康門李慶家，東雞兒巷郭廚，鄭皇后宅後宋廚，曹門磚筒李家，寺東骰子李家、黃胖家。」風味飲食也有名店名廚，「北食則礬樓前李四家、段家爐物、石逢巴子，南食則寺橋金家、九曲子周家，最為屈指」。

〈清明上河圖〉（部分）中的「正店」

一些大店經營時間很長，不分晝夜，不論寒暑，顧客盈門。有的酒店，飲客常至千餘人，規模很大。《武林舊事》中說，臨安也有不少名店，如太和樓、春風樓、豐樂樓、中和樓、春融樓、太平樓、熙春樓、三元樓、賞心樓、日新樓等，名號吉雅。

飲食店在宋代大體可區分為酒店、食店、麵食店、葷家從食店等幾類，經營品種有一定區別。麵食店在客人落座後，店員手持紙筆，謁問各位，客人口味不一，或熱或冷，一一記下，報與掌廚者。不一會兒，只見店員左手端著三碗，右臂從手至肩駄疊約二十碗之多，依序送到客人桌前。客人所需熱麵、冷麵不得發生差錯，否則他們會報告店主，店員不僅會遭責罵和罰減佣金，甚至還有被解僱的危險。

飲食店的業務量大了，廚師數量也就要多一些，再加上經營品類繁

第五章　食案永珍

雜，廚師的分工也就順理成章了。紅案、白案即是分工，或者稱作菜餚、麵點，菜餚又可分為冷菜、熱菜，麵點又有大案、小案。不少廚師都擅長一技或多技，所以就有了烹調師和麵點師。

四川瀘縣出土的宋代石刻溫酒女俑

第六章　至味與知味

　　飲食之至味,感覺最好的味覺記憶,人與人之間體驗各不相同。飲食除了首先是個體的營養活動以外,更多體現的是社會化活動,調節人與人、人與自然之間的關係。從這個意義上說,至味沒有一定的標準,沒有所有人完全認同的標準。

　　古語說:「三輩子做官,才懂得吃穿。」可見懂得吃,進入真正知味的境界並不是一件容易的事。飲食不只是滿足口腹之慾,不只是體驗味蕾上的感受,除了維持身體機能,還要滿足精神上的追求。

第六章　至味與知味

一、歲時食事：順應時令

中國飲食文化傳統具有非常豐富的內涵，歲時飲食風俗便是其中一個重要的內容。中國年節風俗的形成，經歷了一個十分漫長的過程，它是我們這個季節分明的國度的最優秀的傳統之一。與年節風俗相關的一系列飲食活動和許多特別的飲食品類，更是一道道美麗的風景，讓世世代代的中國人其樂陶陶、其樂融融。

中國歲時飲食文化傳統有悠久深厚的歷史背景，有雅俗兼備的文化品味，有豐富多彩的食物品類。中國歲時飲食重在體現嘗新、健體、融情幾個方面，中國人就這樣在享受大自然的同時，養性健身，將一種人文景觀演繹得多姿多色、盡善盡美。

以本土物產為出發點的中國歲時飲食傳統，同時還體現有一些並不像嘗鮮薦新那樣的別有一種時令的特點。順應時令安排飲食生活，成為中國歲時飲食傳統的又一個顯著特點。

在中國的大部地區，特別是長江和黃河中下游地區及華北地區，大都是四季分明，物產豐富。與這種氣候地理環境相適應，形成了諸多很有特色的節令飲食風俗，對夏季的炎熱、冬季的寒冷，我們都有相應的節令食物，不僅豐富了飲食生活，而且活躍了節日氣氛。

夏日炎炎，難耐的暑熱令人食慾不振，於是清淡的祛暑飲食成了最受歡迎的節物，例如冷麵便是夏令最受歡迎的大眾食品之一。

夏至是夏季的一個重要節候，在古代它沒有像立夏那樣受重視，雖然一直沒有成為普遍節日，但南方一些地區，它的意義卻超出了端午。夏至象徵著炎熱天氣的開始，這一日有的地方要象徵性地食用一些冰涼食物，冷麵就是其中最常見的一款。關於夏至食冷淘麵，《帝京歲時紀

勝》有相關記載：夏至，「京師於是日家家具食冷淘麵，即俗說過水麵是也，乃都門之美品。……諺云：『冬至餛飩夏至麵。』」明清之際，北京的冷淘麵非常著名，有「天下無比」的稱譽。冷淘麵早在唐宋時代就已很流行，杜甫有一首〈槐葉冷淘〉，就寫到了食冷麵的感受，詩中有「經齒冷於雪」的句子。又據《東京夢華錄》和《夢粱錄》等書的記載，宋代兩京的食肆上還有「銀絲冷淘」和「絲雞淘」等出售，絲雞淘即是雞絲冷麵。現在許多人都有夏日食涼麵的愛好，那涼爽的感覺不僅降低了體熱，而且驅走了心中的浮躁。

六月伏日在古時也是一節，與冬季的臘日相對應。伏日的食物以防暑為主，臘日則以驅寒為主。漢代楊惲《報孫會宗書》說：「田家作苦，歲時伏臘，烹羊炰羔，斗酒自勞。」這說明漢代時在民間已是很重伏臘風俗了。《東京夢華錄》中說：「都人最重三伏，蓋六月中別無時節，往往風亭水榭，峻宇高樓，雪檻冰盤，浮瓜沉李，流杯曲沼，苞鮓新荷，遠邇笙歌，通夕而罷。」古時各地伏日的節物多以清涼為要，有涼冰、冰果、綠豆湯、過水麵、暑湯和新蓮等。《清嘉錄》中說，在清代，蘇州在三伏天有擔冰上街叫賣的，稱為涼冰。有時還雜以楊梅、桃子、花紅之屬，稱為冰楊梅、冰桃子。又據《北平指南》說：「入伏亦有飲食期，初伏水餃，二伏麵條，至三伏則為餅，而佐以雞蛋，謂之貼伏臕。諺云：頭伏餑餑二伏麵，三伏烙餅攤雞蛋。」麵條之類的食品，古時通稱為餅。《荊楚歲時記》中說伏日要食湯餅，湯餅被稱為避惡餅，其實就是麵條。

冬季的節令，與夏季正相反，人們於冰雪中取溫暖，於寒冷中求熱烈。為了迎接冬天的到來，古代於十月一日這一天有特定的飲食活動，雖然這一天並不是名目很明確的節令。黃河流域的人們將這一日作為冬季的首日對待，《古今事物原始》說：「十月一日……民間皆置酒作暖爐

第六章　至味與知味

會。」《東京夢華錄》也說:「十月一日……有司進暖爐炭,民間皆置酒作暖爐會也。」北方人此日開始生火禦寒,飲酒作樂,故此就有了「暖爐」之名。

冬季最重要的節令是冬至,古人甚至把冬至看得比除夕還重。冬至的節物,對北方人而言,以餛飩最盛。宋代《乾淳歲時記》說:冬至「三日之內,店肆皆罷市,垂簾飲博,謂之『做節』。享先則以餛飩,有『冬餛飩年餺飥』之諺。貴家求奇,一器凡十餘色,謂之『百味餛飩』」。《歲時雜記》也說:「京師人家,冬至多食餛飩,故有『冬餛飩年餺飥』之說。又云『新節已故,皮鞋底破,大捏餛飩,一口一個』。」《北平指南》說:「十一月通稱冬月,諺謂『冬至餛飩夏至麵』者,蓋是月遇冬至日,居民多食餛飩,猶夏至之必食麵條也。」冬至食餛飩的用意,據《燕京歲時記》解釋說:「餛飩之形有如雞卵,頗似天地渾沌之象,故於冬至日食之。」

冬至之後,還有一個臘八節,時在臘月初八日。臘八古稱臘日,起源很早,是一個祭祖宗和百神的重要節日。我們現在雖然沒了這個傳統節日的隆重儀禮,卻仍是看重臘八粥和臘八蒜。臘八蒜為臘八製作,並不在臘八食用。《春明采風志》說:「臘八蒜亦名臘八醋,臘日多以小壇甒貯醋,剝蒜浸其中,封固。正月初間取食之,蒜皆綠,味稍酸,頗佳,醋則味辣矣。」臘八粥可能與佛教有關。傳說喬達摩·悉達多飢餓時吃了牧女煮的果粥,在十二月八日於菩提樹下靜思成佛,他就是佛祖釋迦牟尼。後來佛寺要在臘八日誦經,煮粥敬佛,這便是臘八粥。《夢粱錄》中說:臘八「大剎等寺俱設五味粥,名曰臘八粥」。《武林舊事》中也說:寺院及人家「用胡桃、松子、乳蕈、柿、栗之類為之作粥,謂之『臘八粥』」。臘八粥的用料,有的地方是用八種左右,有時並無限數。

據《天咫偶聞》說:「都門風土,例於臘八日,人家雜煮豆米為粥,其果實如榛、栗、菱、芡之類,矜奇鬥勝,有多至數十種。」臘八粥富於營養,是禦寒佳品。

餛飩適於熱食,冬至食之自然為佳,與夏至的冷麵正相反。臘日食熱粥,又與伏日的涼冰暑湯不同。這說明中國歲時對食物品類的選擇,以順應時令特點為一重要原則。這種選擇的出發點是身體的承受能力和適應能力,也就是說,節令食物的安排,要以維護身體的健康為一個重要的出發點。

飲食有一個不言自明的首要功利目的,就是強健體魄,我們的先賢墨子、老子、孔子也都是這樣認為的。《墨子‧辭過》中說:「其為食也,足以增氣充虛、強體適腹而已矣。」《墨子‧節用》也有類似的說法:「古者聖王制為飲食之法曰:足以充虛繼氣,強股肱,耳目聰明,則止。不極五味之調、芬香之和,不致遠國珍怪異物。」又見《符子》所述老子「節寢處,適飲食」的議論,主張以飲食養性健身。孔子雖然有「食不厭精,膾不厭細」的名言,他因此還被認為是一個過於追求滋味的人,但他也曾誇獎過顏回不講究飲食起居,在《論語‧述而》中還有他「飯疏食飲水,曲肱而枕之,樂亦在其中矣」的論說。孔子還有一些關於不食變質變味食物的話,明顯是從健康的角度考慮的。

中國歲時飲食也並不排除健身這個明顯的功利目的,古代也以健康作為歲時飲食追求的一個重要目標。從外部因素而論,人常會因季節變換導致身體失和而生病,所以在不同節令人們要設計不同的飲食,以護衛自己的健康。我們這裡就透過幾款特別的古老的節令食品,看看古人在設計這些食品時追求健康的用心。

《荊楚歲時記》中說,大年初一要「進椒柏酒,飲桃湯;進屠蘇酒、

第六章　至味與知味

膠牙餳，下五辛盤」，這些飲食多以健身為目的。如椒柏酒，就有祛病的功用，魏人成公綏有《椒華銘》說：「肇唯歲首，月正元日，厥味為珍，蠲除百疾。」味道不錯，療病亦佳。白居易〈七年元日對酒〉詩中的「三杯藍尾酒，一碟膠牙餳」，其中的藍尾酒，正是椒柏酒。大年初一還食用五辛盤，五辛者，大蒜、小蒜、韭菜、蕓薹、胡荽是也，均辛香之物。《本草綱目》說：正月節食五辛以闢癘氣。又見孫真人《養生訣》也有類似說法：元日取五辛食用，令人開五臟、去伏熱。人們還在寒冷的節令，就想著夏日的平安了，用心之苦可見一斑。

包括北京在內的華北一帶的人，在冬春愛吃一種翠皮紫心蘿蔔，名為「心裡美」。《燕都雜詠注》說，立春食紫蘿蔔，名為「咬春」。《燕京歲時記》也說：立春日「婦女等多買蘿蔔而食之，日咬春，謂可以卻春困也」。清甜寒齒，清心卻困，名之為心裡美是太好理解了。北方與這心裡美同季的特色食物還有一款冰糖葫蘆。《燕京歲時記》中說：「冰糖葫蘆乃用竹籤貫以葡萄、山藥豆、海棠果、山裡紅等物，蘸以冰糖，脆甜而涼。冬夜食之，頗能去煤炭之氣。」冬日離不了炭火取暖，體內難免火盛，取冰糖葫蘆敗火，甜酸可口，那是最好不過的了。冰糖葫蘆至今在京城仍然很受歡迎，而且不限冬日享用。

冰糖葫蘆

除了冰糖葫蘆，北人還在冬至食赤豆粥敗火。《歲時雜記》說：冬至日以赤小豆煮粥，合門食之，可免疫氣。這就是我們現在的紅豆粥。粥作為節日食品，食用比較多，值得一提的還有祭灶日的口數粥。《乾淳歲時記》中說：十二月「二十四日謂之交年，祀灶用花餳米餌及燒替代及作糖豆粥，謂之『口數』」。《武林舊事》中也說，臘月二十四日「作糖豆粥，謂之『口數』」。范成大為此還作有〈口數粥行〉，這粥男女老少人人都要吃，貓犬都不例外，因此名為口數粥。口數粥也是赤小豆粥，與冬至粥一樣，目的主要也是防瘟病。赤小豆，古代又稱小菽、赤菽或米小豆，現代一般稱為小紅豆。小紅豆多用作豆湯、豆粥、豆餡，為北方人所喜愛。中醫認為，紅豆性平味甘，有健脾利水、清利溼熱、解毒消腫的功效，對脾虛不適、瀉痢便血等症有一定的食療作用。

　　冬要防瘟，夏要防暑，夏令也有不少用於健康的節物。《元池說林》中說：「立夏日俗尚啖李。時人語曰：立夏得食李，能令顏色美，故是日婦女作『李會』。取李汁和酒飲之，謂之『駐色酒』。一日是日啖，令不疰夏。」古代以入夏寢食不安為「疰夏」，又寫作「蛀夏」。立夏日還以飲七家茶的方式防疰夏，見於《熙朝樂事》和《清嘉錄》的記述，對此我們在下文還將提及。立夏的節物還有上海嘉定人的麥飯、浙江桐鄉人的粉餅、太湖一帶的麥豆羹，都與防疰夏有關。由此可以看出南方人較為注重立夏這個節日，這一天要吃一些防暑食物，以保炎夏平安。

　　以健康體魄為目的的飲食宜忌，是中國飲食文化傳統的一個非常獨特的內容。同一種食物，某個時令不宜食用，在另一個時令卻宜食用，這是中國節令飲食的中心內容，其主要作用仍然還是療疾、祛邪、保健。如《歲時雜記》說：「自寒食時，晒棗糕及藏稀餳，至端五日食之，云治口瘡。並以稀餳食粽子。」古籍中其他相關的節令飲食宜忌內容還可以舉出一些：

第六章　至味與知味

《齊人月令》：凡立春日，進醬粥以導和氣。

《荊楚歲時記》：元日服桃仁湯，桃為五行之精，可以伏邪氣，制百鬼。

《四時宜忌》：五月五日午時，飲菖蒲雄黃酒，避除百疾而禁百蟲。

《西京記》：九月初九日佩茱萸，餌糕，飲菊花酒，令人壽長無疾。

宋代粽子（安徽南陵出土）

這些節令飲食宜忌，用現代醫學觀點來看，不一定全都科學，但古人的用心卻是難能可貴的，對於健康的追求，古今都是一樣的。

此外，我們還注意到，古代有以飲食養生的傳統，而節日飲食的種種安排，都是這種傳統的集中體現。傳統的節令飲食，多數都清淡素雅，製作較為簡單，而風味卻很獨到。煮元宵、餃子、餛飩、麵條，烙春餅、烤月餅、蒸糕、包粽子，在製作上包括了蒸、煮、烙、烤等一些基本的烹調方法，在品類上有乾食、溼食、流食，有熱食，有點心，非常全面。

客家人的盆菜

養生為飲食第一要義，節令飲食亦是如此。

二、年節食事：寄託情懷

中國傳統年節非常注意強調親情，節日飲食活動一般是以家庭為單位，顯示出團圓和睦的氣氛。這一點在除夕和中秋節中表現得最為充分，合歡與團圓，是這兩個節日的主題。

春節在古今都是一個最為重要的節儀。古時將大年初一稱為元日或正日，作為春節開場的是正日前夜的除夕，這也就是通常所說的大年三十。在除夕之夜，人們通宵不寐，等待新年的到來，稱為守歲。晉人周處的《風土記》中說，除夕「各相餽贈，稱曰饋歲；酒食相邀，稱曰別歲；長幼聚飲，祝頌完備，稱曰分歲；大家終夜不眠，以待天明，稱曰守夜」。《東京夢華錄》中說，除夕「士庶之家，圍爐而坐，達旦不寐，謂之守歲」。守歲限一個家庭之內的成員，守於室內，等待新年的到來，所以又稱為「闔家歡」。《清嘉錄》中說：「除夜，家庭舉宴，長幼咸集，多作吉利語，名曰『年夜飯』，俗呼『闔家歡』。」是書並引周宗泰〈姑蘇

第六章　至味與知味

竹枝詞〉道：「妻孥一室話團圞，魚肉瓜茄雜果盤。下箸頻教聽讖語，家家家裡闔家歡。」

除夕闔家歡家宴又稱年夜飯或年飯，各地年飯並不相同。《京都風物誌》中說：除夕「人家盛新飯於盆鍋中以儲之，謂之年飯。上簽柏枝、柿餅、龍眼、荔枝、棗栗，謂之年飯果，配金箔元寶以飾之。家庭舉宴，少長歡喜」。有些地方的年飯是吃火鍋，《清嘉錄》提到分歲宴用暖鍋（邊爐），雜投食物於銅錫之鍋，爐而烹之。全家老少融融樂樂，尊老愛幼的美德，就在這樣歡樂的節日氣氛中得到彰揚。

守歲到了天明，已是大年初一。《荊楚歲時記》中說，正日「長幼悉正衣冠，以次拜賀」，然後是享用各種節日食飲，有椒柏酒、屠蘇酒、五辛盤等。初一還有大家族的會拜，宋人戴復古〈歲旦族黨會拜〉詩說：「衣冠拜元旦，樽俎對芳辰。上下二百位，尊卑五世人。」五代二百人的大家族，在這新春的團拜中實現了平日難有的情感交流。

親情的強調，並不僅限於大年三十，人們在其他節令中也有相似的追求，如中秋節便是。

八月十五為中秋節，中秋節的源起當可追溯到先秦時代。《廣博物誌》說晉平公始置中秋，雖不能確認，但《禮記·月令》說仲秋「養衰老、授幾杖，行麋粥飲食」，這秋日敬老的習俗與中秋節儀的形成不會沒有關係。中秋賞月和享用與月亮有關的節物，至遲在唐代已成風氣，那已是名符其實的中秋節了。唐代詩人有許多中秋望月詩，如司空圖有〈中秋〉詩云：「閑吟秋景外，萬事覺悠悠。此夜若無月，一年虛過秋。」又有曹松的〈中秋對月〉唱道：「無雲世界秋三五，共看蟾盤上海涯。直到天頭天盡處，不曾私照一人家。」我們還知道宋代蘇東坡在中秋大醉之時，作〈水調歌頭〉懷念親人，有「明月幾時有，把酒問青天」，「人有悲歡離

二、年節食事：寄託情懷

合，月有陰晴圓缺，此事古難全。但願人長久，千里共嬋娟」，成千古絕唱。中秋最佳節物是月餅，這在古今均如此。《熙朝樂事》中說：「八月十五謂之中秋，民間以月餅相遺，取團圓之義。」又見《帝京景物略》說：「八月十五日祭月，其祭果餅必圓，分瓜必牙錯瓣刻之如蓮華。……月餅月果，戚屬饋相報，餅有徑二尺者。」月餅如此之大，當然象徵的是大團圓了。月餅在古時又稱為團圓餅，《酌中志》說，八月十五「家家供月餅瓜果，候月上焚香後，即大肆飲啖，多竟夜始散席者。如有剩月餅，仍整收於乾燥風涼之處，至歲暮闔家分用之，曰『團圓餅』也」。《燕京歲時記》也說：中秋月餅，「大者尺餘，上繪月宮蟾兔之形，有祭畢而食者，有留至除夕而食者，謂之團圓餅」。中秋月餅留到除夕去「團圓」，將兩個相隔數月的節日聯結起來，也使得合歡團圓的主題進一步深入人心。

中秋節的飲食活動以家庭範圍為主，非常強調一種融洽的家庭氛圍，這有利於增進長幼親情。《京都風物誌》記有家庭賞月宴，中秋夜拜月禮畢，「家中長幼鹹集，盛設瓜果酒餚，於庭中聚飲，謂之團圓酒」。

家，對於中國人來說，不僅是生命之根，而且是力量的泉源，人們在家中獲得溫暖和信心。正因為如此，培育家庭觀念就成了古人用心的一個焦點，飲食便是培育家庭觀念的重要手段之一。《周禮‧春官宗伯》中就為飲食活動的這個功能做過這樣的闡述：「以飲食之禮，親宗族兄弟。」中國傳統的歲時節日所設計的飲食活動，強調增進家庭和睦氛圍，這樣的年節，除了春節、中秋之外，還有清明、重陽、冬至、臘日等。我們在除夕團圓飯和中秋月餅上，看到了中國歲時飲食所追求的一個非常明確的目標，就是讓家庭的親情更加濃厚起來。

中國古代年節風俗在體現家庭氛圍的同時，也強調一種社會氛圍，

第六章　至味與知味

年節畢竟不僅僅是限於家庭範圍內的活動，也不會只是一個家庭的活動。中國人即便是純粹的家庭活動，也不會將它局限在家庭範圍內，更不用說具有社會意義的年節活動了。人們在多數節日活動中都有親近鄰里的舉動，有道是「遠親不如近鄰」，於是在節日飲食活動中，又有了一些和睦鄰里的特別內容。這裡要提到的若干年節食俗，就是這樣一些和睦鄰里的特別內容。

我們很多人可能不知道古時有「百家飯」的風俗，這是夏至日的一種非常特別的食俗，它已經在現代生活中消逝了。《歲時雜記》記述了這種風俗：「京輔舊俗，皆謂夏至日食百家飯則耐夏。然百家飯難集，相傳於姓柏人家求飯以當之。」整合百家飯的過程，就是一個親近鄰里的過程，你到我家集，我到你家集，集飯的時候很自然地就把彼此的關係拉近了。當然「百家」只是一個概數，實為多家，也許是越多越佳。古人為何認為食百家飯能耐炎熱，卻讓我們不明白，這種以健康目的為出發點的食俗，其實為人們帶來了更多的收益，它大大增進了鄰里之間的感情。

與百家飯相似的節日食俗，還有「七家飯」。江蘇無錫人立夏日合七家米為飯，以為這樣夏日能防暑熱傷身。集七家米的效果，與集百家飯是相同的。

再來看七家茶。立夏日還以飲七家茶的方式防疰夏，正如《熙朝樂事》所說：「立夏之日，人家各烹以新茶，配以諸色細果，饋送親戚比鄰，謂之七家茶。」《清嘉錄》中則說：「凡以魘疰夏之疾者，則於立夏日，取隔歲撐門炭烹茶以飲，茶葉則索諸左右鄰舍，謂之七家茶。」錢思元《吳門補乘》中也說：「立夏飲七家茶，免疰夏。」為了平安度過炎夏，向鄰里多家索取茶葉，其用意與百家飯並無區別，結果都是密切了鄰里關係。

二、年節食事：寄託情懷

四月八日為佛節，這是一個紀念佛祖誕生的節日，在有的地方又作為城隍神的誕節，還有在這一日祭關公的。在佛節的食品中，有一種結緣豆很有特色。據《餘墨偶談》說，「京都浴佛日，內城廟宇及滿洲宅第，多煮雜色豆，微漉鹽豉，以巨籮列於戶外，往來人撮食之，名結緣豆」。《燕京歲時記》也說，「四月八日，都人之好善者，取青黃豆數升，宣佛號而拈之，拈畢煮熟，散之市人，謂之結緣豆，預結來世緣也」。在上海崇明地區，人們在四月八日要走街串巷送糖豆，專為小兒稀痘，這實際也是一種結緣豆，同時又是一種保健食品。佛節的這些行為，自然是受佛教影響的結果。這一世的緣，下一世的緣，都要廣結，這是與佛教教義相關的食俗，相識的與不相識的人，都會由這佛節的結緣豆結下緣分。

在七巧（七夕）節，南方地區有的以熟豆互饋，也名之為結緣。有的則製作一種果茶，家家戶戶用桃仁雜果點茶，相互遞飲，與結緣豆同義。

百家飯、七家茶等的製作過程，就是增進鄰里感情的過程，而結緣豆更是如此。鄰里關係在節日的一些特別的氣氛中得到增進，安定祥和的社會秩序也得到鞏固。

凡動物都有飲食活動，只有人的飲食活動帶有特別的感情色彩和文化色彩，人類飲食活動的文化屬性在年節飲食活動中得到最充分的體現。人們在年節飲食活動中抒情、暢懷、言志，表達對美好生活的追求與嚮往。

農曆二十四節氣的首節是立春，它在春節前後到來，所以古代非常重視這個節日，不像現代人冷漠地看待它。在《禮記》注引的《王居明堂禮》中，記周天子在立春之日，親率三公九卿諸侯大夫，往東郊行迎春

第六章　至味與知味

禮，賞賜群臣，這表明上古對立春禮儀的重視。根據後來的文獻得知，立春日有以「春」命名的筵宴與節物，其中「春盤」最為特別。春盤的主要內容是蘿蔔、春餅、生蔬，算不上佳餚。據唐人《四時寶鏡》說，「東晉李鄂，立春日命以蘆菔、芹芽為菜盤相饋貺，立春日春餅生菜號春盤」。《摭遺》中也有類似說法，並說春盤最早是由江淮間流傳起來的，後來傳入宮中。《燕都遊覽志》記明代「凡立春日，於午門外賜百官春餅」。食春餅還要配以五辛盤，用五種或更多生菜如芹、韭、蘿蔔和粉皮等做成，這與前文提到的五辛有所不同。《熙朝樂事》記立春之儀說，「縷切粉皮，雜以七種生菜，供奉筵間」。春寒之時，生菜並不能多食，所以《齊人月令》還告誡道：「凡立春日食生菜，不可過多，取迎新之意而已。」「辛」和「生」，都寓「新」之意，為了迎新迎春，這是食生食辛的本意。蘇東坡有詩曰：「漸覺東風料峭寒，青蒿黃韭試春盤。」在寒冷中領受春來的訊息，感受新年的春意，春盤被古人當作一個特別的媒介。

不同地方的春餅，做法與吃法有所不同

據《瑣碎錄》說，「京師人歲旦，用盤盛柏一枝，柿、橘各一枚，就中擘破，眾分食之，以為一歲百事吉之兆」。又據《酌中志》說，大年初一「所食之物，如曰『百事大吉盒兒』者，柿餅、荔枝、圓眼、栗子、熟棗，共裝盛之」。希求百事大吉，以這樣一種飲食方式來表達，也只有在

中國才有這樣的食俗。這跟我們較為熟知的用紅棗、花生、桂圓和筷子祝福新婚夫婦早生貴子，有異曲同工之妙。

北方人在大年初一吃餃子，也要寄託自己的希望，我們在明人《酌中志》

中可讀到這方面的記述。《酌中志》稱餃子為「扁食」，說在正月初一日「飲椒柏酒，吃水點心，即『扁食』也。或暗包銀錢一二於內，得之者以卜一年之吉」。《燕京歲時記》中則說：初一「無論貧富貴賤，皆以白麵作角（餃）而食之，謂之煮餑餑。舉國皆然，無不同也。富貴之家，暗以金銀小錁及寶石等藏之餑餑中，以卜順利。家人得食者，則終歲大吉」。這是說的清代的情形，應當指的是北方。吃到了包有銀錢寶石的餃子，就能一年平安大吉，這是一種非常樸實的願望。

九月九日的重陽節，是繼中秋之後又一個重要的秋節，此日要遊宴登高，飲菊酒、食花糕。《荊楚歲時記》已提到「九月九日，四民並籍野飲宴」，《千金月令》則明確提到了重陽登高遊宴，「以暢秋志」。唐代時很注重這個節令，將它作為一個特定的思親的日子，文人寫下了許多佳篇。王維的「獨在異鄉為異客，每逢佳節倍思親」，是詩人在重陽節留下的千古絕句。

重陽正值秋菊盛開，賞秋菊、飲菊酒、食菊花糕為這一節令的中心活動。一款重陽花糕，因糕與「高」同音，寓吉祥之意，食糕與登高的用意有些相似。據《文昌雜錄》所記：唐歲時節物，「九月九日則有茱萸、菊花酒糕」。重陽花糕，有時是用菊花為飾，直接名菊花糕；有時是雜以棗栗粉麵，統稱花糕。《京都風物誌》說：「重九日，人家以花糕為獻。其糕以麥麵作雙餅中夾果品，上有雙羊像，謂之重陽花糕。」又據《燕京歲時記》記述：「花糕有二種：其一以糖麵為之，中夾細果，兩層三層不

第六章　至味與知味

同,乃花糕之美者;其一蒸餅之上,星星然綴以棗栗,乃糕之次者也。每屆重陽,市肆間預為製造以供用。」這樣細心裝點的重陽花糕,表達了人們對美好生活的追求。

在別的節日裡,也見到一些其他表達人們對美好生活追求的做法。如《清嘉錄》說蘇州人在除夕時家家戶戶插冬青、柏枝、芝麻萁於簷端,名曰「節節高」;《江鄉節物詞》則說:「杭俗,除夕封門,束甘蔗樹之門側,謂取漸入佳境之意。」

春盤、重陽糕、百事大吉盒、銀錢餃子、「節節高」、漸入佳境等,種種節日飲食及其活動,都表示了人們追求美好生活的願望。

歲時飲食傳統是我們優秀文化遺產的一個重要組成部分,我們在這裡所論及的內容,表明傳統的歲時飲食活動於身於心都有益處,值得發揚光大。中國古代對歲時風俗一直非常重視,無論盛世亂世,都不會隨意處之。古代有不少文人記述過歲時風俗,為整理和儲存這個傳統做出了貢獻。如東漢崔寔的《四民月令》,在敘述農事活動的同時,將當時士人階層的歲時生活風俗做了詳細記述。又如南朝人宗懍著有《荊楚歲時記》,是中國古代第一部專門的歲時風俗文獻,系統記述了南朝時期長江中游一帶的節儀與飲食。後來又有唐人的《輦下歲時記》、《秦中歲時記》、《四時寶鏡》,宋代的《歲時雜記》、《歲時廣記》、《乾淳歲時記》、《東京夢華錄》、《夢粱錄》,明代的《酌中志》、《熙朝樂事》、《皇朝歲時雜記》,清代的《燕京歲時記》、《帝京歲時紀勝》和《清嘉錄》等,對一時一地歲時風俗都有詳盡記述,對歲時節物的品類有全面記載。

一年之中的歲節,各代風俗移易,所注重的中心並不完全相同。據唐代李肇的《翰林志》,我們從唐代朝廷對翰林學士的歲節關照上,可知當時選定的大節主要有寒食、清明、端午、重陽、冬至,在這些節日

二、年節食事：寄託情懷

裡，由內府為他們供給特別的節料：寒食是酒飴杏酪粥、屑肉餤，清明是蒸，端午是粉蜜等，重陽是粉糕等，冬至是歲酒、野雞等。

在宋代，帝王在年節對臣下有賞賜，稱為「時節饋廩」。據《宋史·禮志二十二》所記，宋代選定的全國性時節有正日、至日、立春、寒食、端午、伏日、重陽等，與唐代略有不同。在這些節日所賜的食物，立春為春盤，寒食為餅、粥，端午為粽子，重陽為糕等。

據《明會典》記載，明代「凡立春、元宵、四月八、端陽、重陽、臘八等節，永樂間俱於奉天門通賜百官宴」。這表明歲節的輕重，朝廷是有所選擇的，這與前代又有了一些不同。明代這些節日和節日特色食品，按《明會典》的記述如下：

正旦節　茶食、油餅、饅頭等；

立春節　春餅等；

元宵節　饅頭、湯圓等；

四月八節　不落莢、涼糕等；

端午節　小饅頭、粽子等；

重陽節　糕、小點心；

冬至節　饅頭、馬羊肉。

明代共有七個國家性節日，食物品類並不複雜，較為傳統。

到了清代，全國性的年節主要有元旦、立春、端午、中秋、重陽、冬至等，與前代相比，又略有一些變化。年節和飲食品類大體如下：

元旦　餃子、元宵；

立春　春餅、春盤；

端午　粽子；

第六章　至味與知味

中秋　月餅、瓜果；

重陽　菊酒、花糕；

冬至　餛飩。

歷史發展到今天，在民間保留的具有全國性意義的年節，除了春節、端午和中秋以外，其他只在某些地區或範圍較受重視，有的除保留傳統的節日食品外，基本體現不出節日氣氛了，至於像冬至這樣的在古代極為重視的節日，我們似乎已經將它忘卻了。

一個民族的凝聚力可以由許多途徑加強，民族的節日是其中的一個很重要的途徑。節日和節日傳統飲食活動，是體現民族精神、傳播民族文化、維繫民族情感的重要方式，值得發揚光大。當然要全部恢復過去的歲節傳統是不可能的。我們認為，中國歲時飲食文化傳統值得重新整理，在保持區域風格的同時，還可以建立一種全國性的規範，在規範節日的基礎上，相對規範節日飲食，以體現具有特色的傳統文化。例如建議一年內至少可以設立五個年節，分別為春節、端午、中秋、重陽和冬至節，相應的節日食物品類如下：

1. 春節（除夕、大年、元宵）——大年三十閤家歡團圓飯，初一餃子、百吉盒，元宵湯糰。

2. 端午（農曆五月初五）——粽子、糯米粥。

3. 中秋（農曆八月十五）——月餅、桂花酒。

4. 重陽（農曆九月初九）——花糕、菊酒。

5. 冬至（西曆 12 月 21、22 或 23 日）——餛飩或餃子、火鍋。

張翀作〈春社圖〉

如果這樣規範，就季節而論，差不多是一季一節，春有春節，夏有端午節，秋有中秋節，冬有冬至節，再加一個重陽，一年的年節共有五個。明清時代曾有五六個大年節，大體是春為清明、夏為端午、秋為中元（中秋）、冬為冬至，再有除夕。參照明清傳統，將全國性的年節規定為春節、端午、中秋、重陽和冬至五節，應當說是適宜的。我們考慮到清明也是一個很有意義的節日，可以加上它合為六節，或者用它取代重陽，仍定五節。

春節是大年節，端午和中秋二節在古代也是極為人們看重的。到了當代，中秋在民間仍較重視，而端午卻似可有可無，雖粽子作為端午節前後的特色食品依然受到歡迎，但端午的概念卻已很淡薄。說起冬至就更是今不如昔了，很多人甚至都沒有這個節令概念了。現在提起這個節日，很多人可能都會感到很陌生。

正因為如此，冬至節值得重點說一說。冬至作為農曆的二十四節氣

第六章　至味與知味

之一，居冬季六節氣（立冬、小雪、大雪、冬至、小寒、大寒）之中，排在大雪和小寒之間。冬至日北半球白晝最短，黑夜最長，與夏至正相反。古時重視冬至，勝過大年，常常將它與春節相提並論。宋代孟元老《東京夢華錄》說，京師最重冬至節，「雖至貧者，一年之間，累積假借，至此日更易新衣，備辦飲食，享祀先祖。官放關撲，慶賀往來，一如年節」。又見宋代《歲時雜記》說：「冬至既，號『亞歲』，俗人遂以冬至前之夜為『冬除』，大率多仿歲除故事而差略焉。」在南方的一些地區，乾脆將冬至前夜稱為「除夜」，因歲除而立冬除。亞歲之名，至遲起於唐代，而將春節與冬至等同看待的習俗，起源更早。如唐代釋皎然有詩說：「亞歲崇佳宴，華軒照淥波。」更早的《四民月令》則說：「冬至之日薦黍糕，先薦玄冥以及祖禰，其進酒餚及謁賀君師耆老，如正旦。」也許早在漢代，中國人對冬至日的感覺與大年初一已沒有明顯不同了。

在南方，雖不如北方寒冷，但冬至的節儀卻很隆重，如周遵道的《豹隱紀談》就提到蘇州一帶有「肥冬瘦年」的風俗，將冬至的重要程度擺到了大年之上。我們現在大可不必將冬至節凌駕於大年之上，不過適當恢復並提升一下冬至的節儀，作為一個冬季的正節，還是有一定意義的。

在四季的節日之外，我們還多列出來一個重陽節，作為對老人的特別尊奉，也是對現代老齡社會的一個特別關注。當然重陽並不只限於敬老，還有登高思鄉念友的意思，也是遊子抒發鄉情的愁節。在許多人都離鄉尋求發展的當代，重陽節的設定會更有一種現實意義。

這幾個節日飲食品物，大抵按照流行較廣的風俗設計，一般是以一點心配一流食或酒飲。當然作為節令食品，東西南北可以保留一些地域區別，不必強求劃一，不過就上列各項來說，大體還是可以統一起來的。

我們平日飲食，多為口腹之需，而在歲時的享用，則主要表現的是精神上的需求。中國傳統的飲食活動，是文化活動，也是社會活動，人們在這些活動中，享受自然的恩賜，喜嘗收穫的果實，連繫彼此感情，抒發美好的情懷，休養自己的體魄。作為中國優秀文化傳統重要內涵之一的歲時飲食風俗，經過漫長歷史的移易變改，早已形成了一個完善的體系。對這樣一個富有健康向上精神的文化體系，在現代社會生活中仍然有必要保留它一定的位置。當然這種保留不是一成不變的，需要做一些整理，要經歷一個揚棄過程。歷史是向前邁進的，固守傳統雖然是不明智的，但完全割裂傳統也不可行。

三、享受自然：嘗新與薦新

古代中國以農業立國，根據考古研究，中國農耕文化已有一萬年以上的歷史。農作的耕種與收穫，有很強的季候特徵，我們的傳說中因此就有了上古時代掌管觀象授時的羲和（《尚書·堯典》）。據《大戴禮·夏小正》說，夏后氏以建寅為正朔，定歲時節候之宜，其實最早出現的歲時節候系統應當要遠遠早於夏王朝建立的時代，它應與農耕文化同時出現。農耕民族在萬物春生、夏長、秋收、冬藏的自然法則中，逐漸了解宇宙的執行規律，中國古代形成的「四時七十二候」學說，就是這種認知結果的集中體現。隨著七十二候形成的，還有許多相關的特別節日，各種節日有著深刻的歷史文化背景，如除夕、春節、寒食、端午、中秋和重陽等，便都是中國文化長期積澱的結果。明代《廣博物誌》說伏羲初置元日、神農初置臘節、巫咸始置除夕節、秦德公初置伏日、晉平公始置中秋、齊景公始置重陽和端午、秦始皇初置寒食，都是一些久遠的傳說，雖不全可憑信，但多少是有些根據的。

第六章　至味與知味

中國的節日多數都體現有季候特點，同四季的變換緊密相關，如立春、立夏、夏至、冬至、清明、中秋、伏日、臘日等，都是以季候設節。與各種節日相關的有豐富多彩的飲食活動，人們在節日中享用風味獨特的節令食品。大約從漢代開始，中國就形成了比較完備的節日體系，有了一些特別的飲食風俗。漢末以後，已出現一些記敘節令和節令食品的著作。在唐宋之際的一些文獻中，更有不少關於節令飲食風俗的系統而具體的記述，市肆上也出現了專售節令食品的飲食店。《東京夢華錄》述及東京開封的市肆食店的節日食品，寒食節有稠餳、麥糕、乳酪和乳餅等。《夢粱錄》中則提到杭州端午滿街賣粽子，「杭都風俗，自初一日至端午日，家家買桃、柳、葵、榴、蒲葉、伏道，又並市莢、粽、五色水團、時果、五色瘟紙，當門供養。自隔宿及五更，沿門唱賣聲，滿街不絕」。《夢粱錄》提到食店中出售的其他節令食品有月餅、菊花餅、重陽糕、棗糕、栗糕、真珠元子、澄粉水團、栗粽、裹蒸粽子、巧粽、豆團、餈團、春餅等。

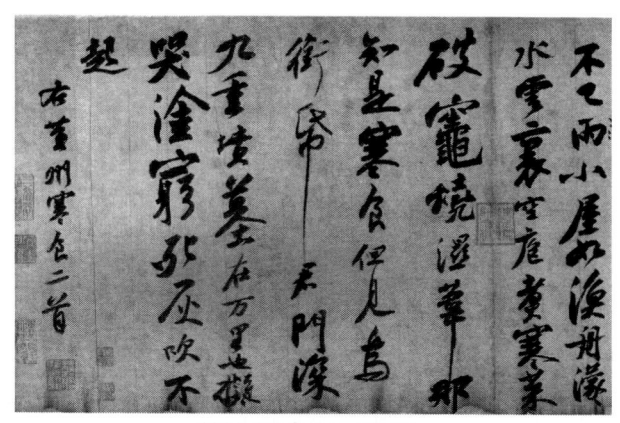

蘇軾〈寒食帖〉（部分）

當然，到市肆食店去享用節令食品，在那樣的時代並不是節令飲食活動的中心內容。大眾化的節令飲食活動主要體現在「嘗新」這一特別的

三、享受自然：嘗新與薦新

民俗上。嘗新也就是嘗鮮，是享受自然的恩賜，品嚐新收穫的果實。各種食物的收穫都有很強的季節性，一般來說，收穫季節常常就是最好的享用季節。中國歷史上漸漸形成了一些很特別的風俗，在一些季節性很強的穀類和果蔬成熟時，人們要舉行專門的嘗新儀式，而且賦予這種嘗新活動很濃厚的文化意味。在我們這個以農業立國的國度，春、夏、秋三季都有來自大自然的豐厚收穫物，於是這三季便都有了一些特別的嘗新活動。

春季嘗新，在古代特別看重櫻桃與春筍，有的地方因此有了雅宴「櫻筍廚」。唐代的《秦中歲時記》講，長安四月已後，自堂廚至百司廚通謂之「櫻筍廚」。當時長安乃至整個關中，春季因為櫻桃是最先成熟的果實，所以人們爭先嘗鮮，而且還在果實未完全成熟時就迫不及待地將它用蜜糖浸漬後品嚐，並為此專設櫻筍之會。《東京夢華錄》中提到宋代的汴京在四月八日的佛節嘗新，正所謂「初嘗青杏，乍薦櫻桃」。

對於自己辛勤耕作的收穫物，人們更是珍愛，更要以嘗新舉動迎來豐收。在五穀中，麥子是一年中最早成熟的，對它的嘗新往往是在它還未完全成熟之時就開始了。明代的《酌中志》說，四月「取新麥穗煮熟，剝去芒殼，磨成細條食之，名曰『稔轉』，以嘗此歲五穀新味之始也」。新麥製成的稔轉，在另外的文獻中又寫作「捻轉」、「碾轉」等，這種特別的食物用的都是尚未完全成熟的麥穗。《燼宮遺錄》同時提及果、麥嘗新：「四月嘗櫻桃，以為一歲諸果新味之始。取麥穗煮熟，去芒殼，磨成條食之，名曰捻轉，以為一歲五穀新味之始。」

南方人六月早稻開鐮，也有嘗新之舉。如清代湖北石首一帶，稱六月六為清暑之節，採新穀宰子雞，名曰嘗新。

第六章　至味與知味

稔轉

在南方，立夏日是一個專門嘗新的節候，這一天可以品嚐到一年中最早的收穫物，如李子、櫻桃、青梅、蠶豆、新茶等。《清嘉錄》中說，蘇州一帶於「立夏日，家設櫻桃、青梅、穜麥供神享先，名日立夏見三新。宴飲則有燒酒、酒釀，海螄、饅頭、麵筋、芥菜、白筍、鹹鴨蛋等品為佐。蠶豆亦於是日嘗新」。

在節令嘗新的同時，古代還有「薦新」的習俗。薦新就是以時令新物祭祀祖先，這是歷朝歷代十分重視的一個節儀，從周代起已成定式。中國素有事死如生的傳統，生者在享受自然的時候，也沒忘記已進入另一個世界的死者。人們用新的收穫物祭奠死者，透過這個方式追思先人。

帝王的廟稱為太廟，薦新儀式一般就在太廟舉行。各代帝王薦新品物多少有些不同，如宋至清幾朝就各有不同。

宋代宮廷中的薦新品物，四季所用多達50餘種，《宋史・禮志十一》的記述是這樣的：孟春薦韭、菘，仲春用冰，季春用筍、含桃；孟夏薦麥，仲月用瓜、來禽，季月用芡、菱；孟秋薦粟、穄、棗、梨，仲秋用酒、稻、筊筍，季秋用豆、蕎麥；孟冬薦兔、栗，仲冬薦雁、獐，季冬用魚。在春、夏、秋三季多以穀物、果蔬作為薦品，冬季因為沒有這些收穫物，所以改用肉物。

三、享受自然：嘗新與薦新

明代薦新禮儀最隆，有節日薦禮，還有月朔之日的薦新。據《明會典》說，明代曾於洪武二年（西元 1369 年）「重定時享，春以清明，夏以端午，秋以中元，冬以冬至，唯歲除如舊」。這是說，一年之中，要按照時令的變化舉行五次重大的祭饗薦新儀式。到了洪武三年（西元 1370 年），又重申「諸節致祭，月朔薦新，其品物視元年所定」（《明史·禮志六》）。明代太廟月朔日的薦新品物，據《明史·禮志五》的記述是：

正月 韭、薺、生菜、雞子、鴨子；
二月 水芹、蔞蒿、苔菜、子鵝；
三月 茶、筍、鯉魚、魚；
四月 櫻桃、梅、杏、鰣魚、雉；
五月 新麥、王瓜、桃、李、來禽、嫩雞；
六月 西瓜、甜瓜、蓮子、冬瓜；
七月 菱、梨、紅棗、蒲萄；
八月 芡、新米、藕、茭白、薑、鱖魚；
九月 小紅豆、栗、柿、橙、蟹、鯿魚；
十月 木瓜、柑、橘、蘆菔、兔、雁；
十一月 蕎麥、甘蔗、天鵝、鴝、鹿；
十二月 芥菜、菠菜、白魚、鯽魚。

清代的薦新禮儀，與明代區別不大，只是薦新品物有些不同。據《清史稿·禮志四》的記載，清廷的薦新品物是這樣的：

正月 鯉魚、青韭、鴨蛋；
二月 萵苣、菠菜、小蔥、芹菜、鱖魚；
三月 王瓜、蔞蒿、蕓薹、蘿蔔、茼蒿；

第六章　至味與知味

四月　櫻桃、茄子、雛雞；

五月　桃、杏、李、桑葚、蕨香、瓜、子鵝；

六月　杜梨、西瓜、葡萄、蘋果；

七月　梨、蓮子、菱、藕、榛仁、野雞；

八月　山藥、粟實、野鴨；

九月　柿、雁；

十月　松仁、軟棗、蘑菇、木耳；

十一月　銀魚、鹿肉；

十二月　蓼芽、綠豆芽、兔等。

不僅帝王們用薦新的儀禮祭祖，平民百姓也毫不含糊，每至年節，他們也要設法在祖宗靈前擺幾盞時新品物。《大學衍義補・明禮樂・家鄉之禮》引用程頤的話說：古時「家必有廟，廟必有主。月朔必薦新，時祭用仲月。冬至祭始祖，立春祭先祖」。一般人家，都是在家廟祭祖，貧者無廟也有祖龕之類。清人阮葵生《茶餘客話・庶人家祭》提道，「凡庶人家祭之禮，於正寢之北為龕，奉高曾祖禰神位，歲逢節序薦果蔬新物」。

我們知道，平民的薦新是模仿帝王的做法，當然這上下不同階層的排場是不能相提並論的。後來寒食節或清明節成了一般百姓最固定的薦新儀節，如徐達源在〈吳門竹枝詞〉中說：「相傳百五（寒食）禁廚煙，紅藕青團各薦先。」

不論嘗新還是薦新，表現的都是人們面對收穫的喜悅心情。瓜蔬果穀，都可以是嘗新的對象，都可作為薦新的品物。用不著肥肉厚酒，用不著複雜的烹調，嘗新完全是為了享受大自然帶給人們的清新。人們還將這清新奉獻給故世的祖先，薦新的儀禮於是就成了我們一個非常久遠的傳統。

四、五味、五穀與保健

飲食的一個重要目標是保健。明代人陳繼儒的《養生膚語》，論及飲食與健康的關係，他說：「人生食用，最宜加謹，以吾身中之氣由之而升降聚散耳。何者？多飲酒則氣升，多飲茶則氣降；多肉食、穀食則氣滯，多辛食則氣散，多鹹食則氣墜，多甘食則氣積，多酸食則氣結，多苦食則氣抑。修真之士，所以調燮五臟、流通精神，全賴酌量五味，約省酒食，使不過則可也。」

在古人看來，飲食五味不僅給人的口舌帶來直接的感受，而且對人的肌體有重要的調節作用。五味調和不當，攝取不當，不僅使人的味覺感到不適，而且會危害身體的健康。所以早在周代，王室已設食官一職，負責周王的飲食保健。當時對食療、食補和食忌有了一定的認知，初步總結出了一些基本的配餐原則。隨著飲食品種的增加和烹調技藝的發展，人們對食物的作用有了更全面的了解，了解到飲食不僅僅有充飢解渴和愉悅心志的作用，它還有相反的一面。尤其是一些美味佳餚，有時吃了以後並沒有益處，於是人們得出了「肥肉厚酒，務以自強，命曰爛腸之食」的結論。美味不僅有可愛的一面，也有可恨的一面，有了許多的教訓之後，才知不可不慎了。好東西是要吃的，但要根據身體情況，不可沒有節制，吃多了儘管美了口舌而苦了身體，弄不好還要影響到壽命，得不償失。

春秋時齊國有位神醫秦越人，也就是扁鵲，相傳中醫診脈之術就是他的發明。據唐孫思邈《千金食治》所述，扁鵲還是一位較早闡明藥食關係的人，他說：「安身之本，必資於食；救疾之速，必憑於藥。不知食宜者，不足以存生也；不明藥忌者，不能以除病也。斯之二事，有靈之所要也，若忽而不學，誠可悲夫！是故食能排邪而安臟腑，悅神爽志，

第六章　至味與知味

以資血氣。若能用食平痾，釋情遣疾者，可謂良工。長年餌老之奇法，極養生之術也。夫為醫者，當須先洞曉病源，知其所犯，以食治之；食療不癒，然後命藥。」其中蘊含的道理是：人生存的根本在於飲食，不知飲食適度的人，不容易保持身體健康。飲食可以健康肌體，可以悅神爽志，也可以用於治療疾病。一個好的醫生，首先要弄清疾病產生的根源，以食治之，如果食療不癒，再以藥治之。扁鵲所說的食療原則，歷來為中醫學所採用，形成了一種優良的傳統。

扁鵲之後的時代，食療理論又有很大發展。成書於戰國時代的《黃帝內經・素問》，系統地闡述了一套食補食療理論，闡明了五味與保健的關係，奠定了中醫營養醫療學的基礎。

例如《素問・藏氣法時論》，將食物區別為穀、果、畜、菜四大類，即所謂五穀、五果、五畜、五菜。五穀指黍、稷、稻、麥、菽，五果即桃、李、杏、棗、栗，五畜為牛、羊、犬、豕、雞，五菜即葵、藿、蔥、韭、薤。這裡所說的「五」，應當是一種泛指，不一定是具體的五種。這四大類食物在飲食生活中的作用和所占的比重，《素問》有十分概括的闡述，即所謂「五穀為養，五果為助，五畜為益，五菜為充」。也就是說，以五穀為主食，以果、畜、菜作為補充。這個說法符合中國古代的國情，符合食物資源的實際，表現出東方飲食結構的鮮明特點。直到今天，中國絕大部分人的食物構成仍是這樣一個固定模式，這是較早成熟的農業經濟發展的必然結果。

古人對五穀的偏愛，也得力於對自然的觀察與總結。《大戴禮・易本命》中說：「食水者善遊能寒，食土者無心而不息，食木者多力而拂，食草者善走而愚，食桑者有絲而蛾，食肉者勇敢而捍，食穀者智惠而巧，食氣者神明而壽，不食者不死而神。」神本無形，當然無須飲食。這

段話的意思是說,各種動物的本性之所以不同,主要是由各自食性的不同所決定的,人類之所以聰慧智巧,超出一切動物之上,就因為是以五穀為主食。按照現代營養學觀點,穀物中的主要成分是澱粉和蛋白質,豆類還含有較多的脂肪。人體熱能主要來源於糖和脂肪,而生長修補則靠蛋白質,穀豆類食物可以基本滿足這些要求,這也就是古人「五穀為養」所包含的內容。動物蛋白有優於植物蛋白的特點,動物類食品對提高熱量和蛋白質的供應提供了一條輔助途徑。蔬菜水果類有多量無機鹽和多種維生素,又有纖維素促進消化液分泌和腸胃蠕動。由此看來,《素問》的營養理論還真是科學合理的。

按照中醫學理論,飲食之物都有溫、熱、寒、涼、平的性味,還有酸、苦、辛、鹹、甘的氣味。五味五氣各有所主,或補或瀉(解),為體所用。《素問‧六節藏象論》中說:「嗜慾不同,各有所通。天食人以五氣,地食人以五味。五氣入鼻,藏於心肺,上使五色修明,音聲能彰。五味入口,藏於腸胃。味有所藏,以養五氣,氣和而生,津液相成,神乃自生。」人的容顏、聲音、神采都與五味五氣的攝取相關。

《素問‧生氣通天論》有一則專論五味之於人體五臟的關係:陰精的產生,來源於飲食五味。儲藏陰精的五臟,也會因五味而受傷,過食酸味,會使肝氣淫溢而亢盛,從而導致脾氣的衰竭;過食鹹味,會使大骨勞損,肌肉短縮,心氣憂鬱;過食甜味,會使心氣滿悶,氣逆作喘,顏面發黑,腎氣失於平衡;過食苦味,會使脾氣過燥而不濡潤,從而使胃氣滯;過食辛味,會使筋脈敗壞,發生弛縱,精神受損。因此謹慎地調和五味,能使骨骼強健,筋脈柔和,氣血通暢,腠理緻密,這樣,骨氣就精強而有力。所以,重視養生之道,並且依照正確的方法加以實行,就會長期保有天賦的生命力。

第六章　至味與知味

可見偏食一味，有筋骨受損、脾胃不和、肝腎不舒、心血不暢、精神不振之虞，性命攸關。《素問·五藏生成》也談到偏食一味的害處：多食鹹則脈凝泣而色變，多食苦則皮槁而毛拔，多食辛則筋急而爪枯，多食酸則皮肉粗糙皺縮而唇枯，多食甘則骨痛而髮落。此五味之所傷也。故心欲苦、肺欲辛、肝欲酸、脾欲甘、腎欲鹹，此五味之所合也。

不慎五味之所和，必被五味之所傷。五味之所入，據《素問·宣明五氣》中說，是「酸入肝，辛入肺，苦入心，鹹入腎，甘入脾」，知道了這些以後，身體稍有不適，就要忌口禁食某些食味，防止給身體造成更大的傷害，這就是「五味所禁」。其具體內容是：「辛走氣，氣病無多食辛；鹹走血，血病無多食鹹；苦走骨，骨病無多食苦；甘走肉，肉病無多食甘，酸走筋，筋病無多食酸。」

五味所以養五臟之氣，病而氣虛，所以不能多食，少則補，多則傷。五味各有獨到的治療功能，據《素問·藏氣法時論》所說，為「辛散、酸收、甘緩、苦堅、鹹軟」。穀粟菜果都有辛甘之發散、酸苦鹹之湧洩的效用，這就進一步說明了這樣的道理：食物不僅可以果腹，給予人營養，而且都有良藥之功，可以用於保健。《素問·藏氣法時論》列舉的五味保健的原則是：肝色青，宜食甘，粳米、牛肉、棗、葵皆甘。心色赤，宜食酸，小豆、犬肉、李、韭皆酸。肺色白，宜食苦，麥、羊肉、杏、薤皆苦。脾色黃，宜食鹹，大豆、豕肉、栗、藿皆鹹。腎色黑，宜食辛，黃黍、雞肉、桃、蔥旨辛。這裡將五穀、五畜、五果、五菜的性味都闡發出來了，其主要理論基本為現代食療學所繼承。《內經·素問》為假託黃帝之名而作，從它的思想體系分析，人們認為它與戰國時的道家和陰陽五行家有密切的關係。不過我們引述的五味健身的理論，經現代醫學的檢驗，應當說是正確的，是可取的，它也是歷代醫家所奉的圭臬。

現代食療理論對五味與健身的關係，基本上繼承了《內經》的學說，又有了豐富與發展，也更加科學化了。其主要內容是：

1. 辛味具宣散、行氣血、潤燥作用，用於治療感冒、氣血瘀滯、腎燥、筋骨寒痛、痛經等症，典型飲品有薑糖飲、鮮薑汁、藥酒等。
2. 甘味有補益、和中、緩急等作用，用於虛症的營養治療。如糯米紅棗粥可治脾胃氣虛，羊肝、牛筋等可治頭眼昏花、夜盲等症。
3. 酸澀味有收斂固澀作用，可用於治療虛汗、洩瀉、尿頻、遺精、滑精等症。如烏梅能澀腸止瀉，加白糖可生津止渴。
4. 苦味具有洩、保、堅的作用，用於治療熱、溼症。如苦瓜可清熱、明目、解毒。
5. 鹹味有軟堅、散結、潤下的作用，用於治療熱結不利等症。如海帶鹹寒，能消痰利水，治痰火結核。

一般凡屬辛、甘、溼、熱的陽性食物，大多有升浮作用，有昇陽、益氣、發表、散寒功用。凡屬酸、苦、鹹、寒、涼的陰性食物，則多有沉降作用，有滋陰、潛陽、清熱、降逆、收斂、滲溼、瀉下功用。普通食者不大了解各類食物的性味，讀了《內經》也許會弄得不知如何動筷子，不知吃什麼才好。其實日常飲食，只要不偏食某味，不要吃得太雜太多，是不會對身體造成什麼損害的。食物的性味大多比較平和，短期內偏食某種食物，也不致吃出什麼毛病來。當然在身體有了毛病時，或者體質本來就不大強壯，飲食還是注意一些為好。古今人的經驗，許多是由教訓中得出的，而飲食保健的許多原則，又是數千年無數人一口一口吃出來的，雖不是全都有值得傳承的價值，但總體理論體系還是值得肯定的，過去有存在的價值，現在和將來依然也有價值。

第六章　至味與知味

五、以食當藥

飲食既能養生，又可療疾，但有時也會造成病痛與死亡，這些道理早在野蠻時代便為人們所懂得。然而這些知識要上升為科學，卻不知經歷了多少個世紀。到了唐代，出現了專門研究食療的學者和著作，一個新的學科逐漸形成了。

唐初醫藥學家孫思邈，少時因病而學醫，不求功名，一心致力醫藥學研究。他著有《千金方》和《千金翼方》等，被後人尊為「藥王」。孫思邈的這兩部著作有專章論述食療食治，對食療學的發展產生了深遠的影響。

《千金方》又名《備急千金要方》，全書三十卷，第二十六卷為食治專論，後人稱之為《千金食治》。之所以名為「千金」，是因為有一方藥值千金之義，孫氏自謂「人命至重，貴於千金，一方濟之，德逾於此」。《千金食治》的序論部分談到了食療的必要性，孫思邈援引東漢名醫張仲景的話說：人們平時不必妄用藥物，否則會影響肌體內的平衡。孫思邈認為，人安身的根本，在於飲食；療疾要見效快，就得憑於藥物。不知飲食之宜的人，不足以長生；不明藥物禁忌的人，沒法給人解除病痛。這兩件事至關重要，如果忽視了，那就實在太可悲了。飲食能排除身體內的邪氣，能安順臟腑，悅人神志。如果能用食物治療疾病，那就算得上是良醫。作為一個醫生，先要摸清疾病的根源，知道它給身體的什麼部位會帶來危害，以食物療治。只有在食療不癒時，才可用藥。孫思邈還談到飲食不當可能會危害人體健康，提倡少吃一些佳餚，要注意選擇對人體有益的食物。他告誡人們，平日裡的飲食，要注意節儉，若是貪味多餐，對著飯碗飽食，食完覺脹肚短氣，有可能得暴疾，或有霍亂之害。夏至以後，直至秋分時節，飲食必須慎肥膩、餅臛、酥油之類，這些東西與酒漿瓜果性類相仿。一個人身體所以多患疾病，皆由春夏冷食

太過和飲食不加節制引起。他既談到一些配餐禁忌，也談到飲食與季節的關係，尤其節食一說，包含著極富哲理的內容。

《千金食治》分「果實」、「菜蔬」、「穀米」、「鳥獸」幾篇，詳細敘述了各種食物的藥理與功能。「果實」篇述及檳榔、荳蔻、蒲桃、覆盆子、大棗、生棗、藕實、雞頭實、栗子、櫻桃、橘柚、梅實、柿、木瓜實、甘蔗、芋、杏仁、桃仁、李仁、梨、安石榴、胡桃等20多種果類。孫思邈提倡多食大棗、雞頭實、櫻桃，說它們能使人身輕如仙。告誡不可多食者有：梅，壞人牙齒；桃仁，令人發熱氣；李仁，令人體虛；安石榴，損人肺臟；梨，令人生寒氣；胡桃，令人嘔吐，動痰火。食杏仁尤應注意，孫思邈引扁鵲的話說，杏仁「不可久服，令人目盲，眉發落，動一切宿病」，不可不慎。

「菜蔬」篇記有包括枸杞葉、瓜子、越瓜、胡瓜、早青瓜、冬葵子、莧菜實、小莧菜、苦菜、薺菜、蕪菁、薤、芥菜、苜蓿、蔥實、韭、海藻、白蒿、蘆、蒓、小蒜、茗葉、蒼耳子、食茱萸、蜀椒、乾薑、蘘薑、竹筍、茴香菜等在內的菜有50多種。孫思邈說，越瓜、胡瓜、早青瓜、蜀椒不可多食，而莧菜實和小莧菜、苦菜、苜蓿、薤、白蒿、茗葉、蒼耳子、竹筍均可久食，令人身輕多力，可延緩衰老。

「穀米」篇記穀物及其釀造製品20餘種，包括薏仁、胡麻、白麻子、青小豆、大豆豉、大小麥、青粱米、白黍米、秫米、酒、扁豆、粳米、糯米、酢、蕎麥等，食鹽也附在其中。孫思邈說：久食薏仁、胡麻、白麻子、大麥、青粱米益力長肌，輕身長年；而久食赤小豆令人肌膚枯燥，白黍米和糯米令人煩熱；多食鹽損筋力，膚色黑。

「鳥獸」篇記述了包括蟲魚在內的動物及乳品40餘種，有人乳、馬牛羊豬驢乳、馬牛羊酪、醍醐、熊肉、青羊膽汁、狗腦、豬肉、鹿頭肉、

第六章　至味與知味

獐骨、麋脂、虎豹肉、兔肝、雞、石蜜、蝮蛇肉、鯉、鱉、蟹等。其中乳酪製品對人大有補益；石蜜久服，強志輕體，益壽延年；腹蛇肉泡酒飲，可療心腹痛；烏賊魚也有益氣強志之功，鱉肉食後能治腳氣。

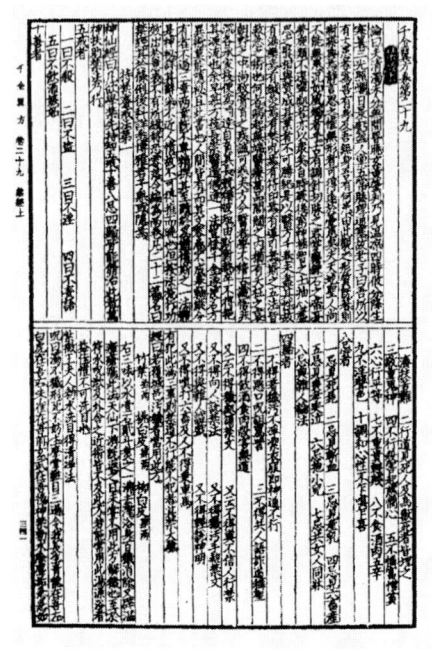

《千金翼方》（元大德本）書

　　《千金翼方》是為補《千金方》的不足而寫的，兩書宗旨相同，內容相近。《千金翼方》還特別提到與飲食相關的養老之術，在今天也頗有可取之處。孫思邈說：「一日之忌者，暮無飽食；一月之忌者，暮無大醉；一歲之忌者，暮須遠內；終身之忌者，暮常護氣。夜飽損一日之壽，夜醉損一月之壽，一接損一歲之壽，慎之。」主張晚餐要不飽不醉，否則難得長壽。孫思邈對養生之道很有研究，他主張「醉勿食熱，食畢摩腹能除百病」。又說「熱食傷骨，冷食傷肺。熱無灼唇，冷無冰齒」。他還創立了「食後將息法」：早晨吃罷點心，即刻自己用熱手摩腹，出門外散步

一會兒,用以消食。午餐後,也以熱手摩腹,並慢慢散一會兒步,不要走得太急。然後回屋仰臥,四肢伸展開來,但不可入睡。待氣定之後,就起身端坐,吃上五六顆酥煎棗,喝半升人蔘、茯苓或甘草飲料。吃飽了不要快速運動,覺得飢餓時不可大言大語。感到腹空就要找吃的充飢,不能忍饑。孫思邈說:「如此將息,必無橫疾。」這雖都是經驗之談,不過想想孫思邈活了 100 多歲,我們滿可以放心地接受他的養生學說了。

在孫思邈門下有一位著名的醫藥學家孟詵,也是一位壽星。孟詵寫了中國第一部食療學專著《神養方》。後來,由其弟子張鼎做了一些增補,易名《食療本草》,共載食療方 227 條。但此書早已散佚。1907 年,英國人斯坦因在敦煌莫高窟中找到了《食療本草》殘卷,是一個很重要的發現。該書的許多內容散見於其他一些唐宋醫籍中,近代許多學者進行了輯佚,出版了比較完備的輯本。本書集藥用食品於一冊,在每種食物名下均註明藥性、服食方法及宜忌等項,特別對有些食物多食或偏食可能招致的疾患,也都一一標明。所列基本上包括了《千金食治》所提到的那些食物,並另有許多發現。

在敦煌發現的《食療本草》殘卷

第六章　至味與知味

唐代末年，四川名醫咎殷寫成《食醫心鑑》一書，也是食療專著，不過又有創新。可惜的是此書也早已散佚，現僅存輯本。書中不像過去的食療著作那樣，只介紹單味食物的治療作用，而是以病症分類，每類中開列數方或數十方。現存食療方分16類，即：中風疾狀食治諸方，浸酒茶藥諸方，治諸氣食治諸方，論心腹冷痛食治諸方，論腳氣食治諸方，論脾胃氣弱不多下食食治諸方，論五味噎病食治諸方，論消渴飲水過多、小便無度食治方，論水腫諸方，論七種淋病食治諸方，小便數食治方，論五痢赤白腸滑食治諸方，論五種痔病下血食治諸方，論婦人妊娠諸病及產後食治諸方，小兒諸病食治諸方，餘方散見第16類。

咎殷在論述每類疾病之後，具體介紹食療處方，這些食方劑型包括粥、羹、菜餚、酒、浸酒、茶方、湯、乳方、丸、膾、散等，選用食物以稻米、薏仁、大豆、山藥、羊肉、雞肉、豬肝、鯉魚、牛乳最為常見。這可以稱為初級藥膳，如治心腹冷痛用桃仁粥，治五痢用鯽魚膾，治痔瘡用杏仁粥，治產後虛症用羊肉粥等。

唐代其他一些醫學著作中，也有記載食療內容的。由於許多食療方都不過是經驗之談，免不了包含一些不符合科學的內容，甚或會有一些荒誕不經的內容，這些都不足為怪。我們只要用歷史的眼光去看待，這些都不難理解。

唐人講究食療食治，並不只限於醫藥學家們，事實上食療在唐代已成為一種比較普遍的學問，一些基本的常識可能為一般大眾都掌握了。對於上層社會來說，飲食與性命攸關，有關食療的一些道理，權貴們絕不會置之不理的。例如，唐代有口蜜腹劍之稱的宰相李林甫，他的一個女婿鄭平，是個戶部員外郎，經常住在李宅中。一天，李林甫到鄭平住處看望自己的女兒，正好女婿在梳理頭髮，他一眼就看出女婿頭上有白

髮，隨口就說：「要有甘露羹吃了，即使滿頭白髮也能變得烏黑。」沒想在第二天，皇上派人賜食李林甫，送來的食物中就有甘露羹。李林甫將這甘露羹轉送與鄭平吃了，後來鄭平的白髮還真的變黑了。

六、以藥當餐

藥膳這個詞，是近些年才出現的，而且有愈來愈紅的趨勢。但藥膳的形式，在古代很早就有了。藥膳是以藥入食，中醫營養學理論不認為食物與藥物之間有什麼明顯的界限，不過在量的取用上區別卻是明顯的。食物每日不可缺少，藥物卻不是這樣，一般是有病才用藥，劑量要求很嚴格。以藥入食，主要還是為了使味道大多不佳的藥物具備誘人的味道，變用藥為用餐的方式，達到防病、保健、治病和康復的目的。

大約從唐朝末年開始，一些食療著作已不滿足於探討單味食物的治療保健作用，開始了複合方劑的研製，出現了一種新的醫療體系，具有現代意義的藥膳出現了。藥與膳的結合，將古代食療學又推向了一個新的發展階段。

到宋代時，藥膳又有發展，應用也更加廣泛。北宋初年編定的《太平聖惠方》及稍後成書的《聖濟總錄》，是兩部重要的醫藥鉅著，都分別有幾卷專論食治。兩書所列食療方大多屬藥食共煮的藥膳形式，分粥方、羹方、飲方、餅方、肉方等多種。

宋代還有專為老年人寫成的食療專著。曾任縣令的陳直，就撰有《養老奉親書》一卷，為老年保健提供了許多食療方。至元代又有鄒鉉的增補本，共四卷，更名為《壽親養老新書》。《養老奉親書》分飲食調治、醫藥扶持、四時養老、食治養老、食治老人諸疾方、簡妙老人備急方幾

第六章　至味與知味

部分，陳直在「序」中說：「人若能知其食性，調而用之，則倍勝於藥也。緣老人之性，皆厭於藥而喜於食，以食治疾勝於用藥。況是老人之疾，慎於吐痢，尤宜用食以治之。凡老人有患，宜先食治，食治未癒，然後命藥，此養老人之大法也。」這應當是陳直撰寫該書的初衷之一。

這裡還要提一下南宋林洪的《山家清供》，在這本難得的烹飪專著中，有一半的篇幅與食療有關。他在敘述一些風味食品時，指出了它們的主要治療功用。如「松黃餅」，取松花粉和熟蜜做餅，香味清甘，能壯顏益志延年。又如「酥瓊葉」，實際就是酥炸饅頭片，有止痰化食之功。再如「撥霞供」，本是火鍋涮兔肉，能補中益氣。有趣的是，本來是極平常的飲食，林洪卻給它們取了一個個高雅的名號，如所謂金玉羹、廣東寒糕、進賢菜、通神餅等，讓人聞其名必欲品其味。

元代宮廷飲膳太醫忽思慧，著有《飲膳正要》三卷，主要敘述元代貴族食譜和飲食宜忌等內容。有研究者認為，該書是為帝王及貴族寫的，是為了告訴他們如何在享樂中養生，如何以食療疾，這當然是有道理的。不過其中的奧妙也未必只有貴族們才能體會出來，起碼忽思慧所提到的一系列飲食原則對普通大眾也都是適用的。

忽思慧在他著作的前言中說：「雖飲食百味，要其精粹，審其有補益助養之宜、新陳之異、溫涼寒熱之性、五味偏走之病。若滋味偏嗜，新陳不擇，製造失度，俱皆致疾。可者行之，不可者忌之。如妊婦不慎行，乳母不忌口，則子受患。若貪爽口忘避忌，則疾病潛生而中不悟。百年之身，而忘於一時之味，其可惜哉！」說飲食如藥，性味不同，弄得不好，不僅無益，反而給身體造成危害。

在「養生避忌」一節中，忽思慧較全面地闡述了自己關於人體保健方面的見解。他說：「善服藥者不若善保養，不善保養，不若善服藥。」指

出治病首先要防病。接著他又說:「善攝生者,薄滋味,省思慮,節嗜慾,戒喜怒,惜元氣,簡言語,輕得失,破憂阻,除妄想,遠好惡,收視聽,勤內固,不勞神,不勞形,形神既安,病患何由而致也?故善養性者,先飢而食,食勿令飽;先渴而飲,飲勿令過;食慾數而少,不欲頓而多(意為少吃多食)。蓋飽中飢,飢中飽,飽則傷肺,飢則傷氣。若食飽不得便臥,即生百病。」他強調了身體與精神兩個方面的保健,這是很難得的,也是極科學的。

忽思慧還提出了一系列具體的飲食保健措施,如:凡熱食有汗,不能當風坐臥,易患瘑病、頭痛、目澀、多睡;食畢即以溫水漱口,令人無齒疾口臭;不飲空腹茶,不吃申後粥,申指下午三點至五點;飲食「朝不可虛,暮不可實」。這與現代科學提倡的「早晨要吃飽,晚上要吃少」的原則完全一致。爛煮麵,軟煮肉。少飲酒,獨自宿。

忽思慧的書中既開列有奇珍異饌,也有許多保健飲食方和食療方,還有抗衰老的藥膳以及食物中毒緩解方法。在最後一卷,分列著各種食物的性味、療效及禁忌。飲食禁忌也是很早就產生的一門學問,隨著人們對各類食物的性味的了解不斷加深,它的內容也越來越豐富,越來越龐雜。這門學問對統治者的重要程度,遠遠超過了平民百姓,實際上這門學問之所以能發展起來,也多半是為了適應統治者需求。

現代熱門的藥膳,重要的也不外乎是粥食、麵點、羹湯和菜餚,市肆上推出的以菜餚為主,並出現了專營藥膳的餐廳。常用的藥膳有蟲草鴨子、銀杏全雞、黃耆燉雞、米酒炒田螺、蓮子豬肚、杜仲爆羊腰、百合粥、荷葉粥、馬齒莧粥、茯苓餅、山藥糕、當歸羊肉羹、山藥奶油羹等。許多病症都有藥膳驗方,許多人都在關心食療,對此有比較深入的了解。不少醫生與廚師也在不斷開發新的藥膳品種,出版了一些藥膳食譜。

第六章　至味與知味

藥膳在國外也有，甚至還比較盛行，稱為保健食品或健康食品。有趣的是，國外的保健食品中所採用的藥物原料不少卻是取自中藥，有人蔘、枸杞、紅花、薏薏、枇杷、柿葉、葛根、大蒜等。

700多年前馬可·波羅從中國帶到歐洲的不少保健食品，現今仍然暢行歐美大地。如法國的「哈姆茶」，就是中藥紫蘇葉製成的茶，紫蘇有和胃理氣、消食解毒之功，原配方載於晉代《肘後方》。還有流行義大利的「大黃酒」，原配方見於唐代孫思邈的《千金方》。對這種食用苦酒，去歐洲的旅行者都要品嚐，酒含瀉藥，開目、消食、通腸。歐美有名的「杜松子酒」，主料為中藥柏子仁，原配方載於元代《世醫得效方》。這種酒養心安神，被稱為「健酒」。歐美市場上還有許多中國其他的傳統保健飲品和食品，如菊花酒、竹葉酒、五加皮酒、人蔘酒、枸杞酒、木瓜酒、雞蛋酒、蜂蜜酒、烏龍茶、橘皮茶、茯苓餅、八珍糕、薄荷糖、松子糖、薑汁糖、話梅和藥橄欖等。中國的藥膳藥飲，越來越多地湧入國際市場，進入越來越多的西人的飲食生活中。

說到飲食禁忌，元代的賈銘寫過一部《飲食須知》，不可不提及。該書共八卷，專論飲食的效能與禁忌。該書將食物分為穀物、菜蔬、瓜果、調味品、水產、禽鳥、走獸七類，另外還有相關的水火一類，每類立一卷，分別敘述各類食物的禁忌。

在水火卷中，列有雨水、井水、冰水、海水、露水、開水、艾火等項。據賈銘說：臘雪水密封陰涼處，數年不壞，醃藏一切果實，永不會被蟲蛀。他還說，人不可飲半滾水，令肚脹，損元氣；酒中飲冷水，令人手顫；酒後飲冷茶，易成酒癖。

在穀物卷，列米豆類共30多種。其中提到胡麻蒸製不熟，食後令人脫髮；綠豆共鯉鮓久食，令人肝黃；豆花可解酒毒。

菜蔬卷列家蔬野菜共 70 多種，賈銘說：蔥多食令人虛氣上衝，損頭髮，昏人神志；大蒜多食生痰，助火昏目；秋後食茄子損目，同大蒜食發痔漏；刀豆多食令人氣悶頭脹；綠豆芽多食發瘡動氣；黃瓜多食損陰血，生瘡疥，令人虛熱上逆。

瓜果卷列果品瓜類共 50 餘種。賈銘認為：杏子不益人，生食多傷筋骨，多食昏神，發瘡癰，落鬚眉；生桃損人，食之無益；棗子生食令人熱渴膨脹，損脾元，助溼熱；柿子多食發痰，同酒食易醉；櫻桃多食令人嘔吐，傷筋骨，敗血氣；西瓜胃弱者不可多食，作吐利；椰子漿食之昏昏如醉，食其肉則不飢，飲其漿則增渴。

在調味品卷，賈銘指出：鹽多食傷肺發咳，令人失色損筋力；麻油多食滑腸胃，久食損人肌肉；川椒多食，令人乏氣傷血脈；茶久飲令人瘦，去脂肪。

水產卷中列有魚類等 60 多種，賈銘說：鱘魚多食動風氣，久食令人心痛腰痛；鱉肉同芥子食，生惡瘡；淡菜多食令人頭目昏悶，久食脫人髮；海蝦同豬肉食，令人多唾。

在禽鳥卷和走獸卷共列動物 70 多種，主要禁忌例子有：鴨肉滑中，發冷利，患腳氣之人忌食；燕肉不可食，損人神氣；鴛鴦多食，令人患痲瘋病；狗肉同生蔥蒜食損人，炙食易得消渴疾；驢肉多食動風，同豬肉食傷氣；兔肉久食絕人血脈，損元氣，令人痿黃；誤食老鼠骨，令人消瘦。

讀完《飲食須知》，似乎讓人有些不知所措了，這也不能吃，那也不能嘗，好像吃什麼都會有副作用。但我們應當明白，賈銘著重講的是禁忌，主要是對那些身體不大健康的人說的，常人大可不必謹小慎微。再說，一般的食物性味都比較平和，不會對人造成多大的傷害。

第六章 至味與知味

流傳至今的偉大的醫藥學著作,當推明代李時珍所撰的《本草綱目》。作者歷 27 年之久,閱書 800 餘種,三易其稿而成此書,共收入中藥 1892 種,驗方 1,0000 多個,近 200 萬字。書中所列的食物類藥品達 518 種之多,蒐羅了許多食療方劑和藥膳配方,也有不少飲食禁忌方面的內容,其中多是採納前人的成就,李時珍可稱為集大成者。有興趣翻翻這部鉅著,往往能得到不少教益。

《本草綱目》書影

七、酒中三昧

唐代很多文人嗜酒特甚,所吟詩文也特別多,或可立出一門「酒文學」來,極有欣賞價值。初唐的王績,算得是一個酒文學先鋒。王績長期棄官在鄉,縱酒自適。他所作詩文多以酒為題材,其中有一篇〈醉鄉記〉,將歷來的嗜酒文人稱作酒仙,以為榜樣,文中說:「醉之鄉,去中國不知其幾千里也。其土曠然無涯,無丘陵阪險;其氣和平一揆,無晦明寒暑;其俗大同,無邑居聚落;其人甚精,無愛憎喜怒,吸風飲露,不食五穀。……阮嗣宗、陶淵明等數十人並遊於醉鄉,沒身不返,死葬

其壤,中國以為酒仙云。嗟乎,醉鄉氏之俗,豈古華胥氏之國乎?何其淳寂也!如是,予得遊焉。」王績還有一首〈過酒家〉云:「此日長昏飲,非關養性靈。眼看人盡醉,何忍獨為醒。」這裡依稀閃現著魏晉名士們的影子。阮籍為了酒,自請為步兵校尉,而王績得知太樂署史焦革家善釀酒,求為太樂丞,與焦革成為酒友。焦革死後,他追求其家釀之法,撰成《酒經》一書,可惜已經失傳。

有了「酒仙」的美稱以後,酒仙便層出不窮地湧現出來。唐代中期就有「酒八仙」之說,稱嗜酒的賀知章、李璡、李適之、崔宗之、蘇晉、李白、張旭、焦遂八人為酒仙。大詩人杜甫所作〈飲中八仙歌〉,概略述及了八仙的酒事,歌中說:

知章騎馬似乘船,眼花落井水底眠。
汝陽三斗始朝天,道逢麴車口流涎,恨不移封向酒泉。
左相日興費萬錢,飲如長鯨吸百川,銜杯樂聖稱避賢。
宗之瀟灑美少年,舉觴白眼望青天,皎如玉樹臨風前。
蘇晉長齋繡佛前,醉中往往愛逃禪。
李白一斗詩百篇,長安市上酒家眠。
天子呼來不上船,自稱臣是酒中仙。
張旭三杯草聖傳,脫帽露頂王公前,揮毫落紙如雲煙。

知章即賀知章,也是一位詩人。官至祕書監,後還鄉隱居為道士,他的晚年尤為放誕,遨遊里巷,每醉後就動筆寫詩文,只是不曾刊布。汝陽指李璡,唐睿宗孫子,受封汝陽王,家有酒法,名為《甘露經》,自稱為「釀王兼曲部尚書」。李適之本是唐宗室大臣,貴為宰相。他十分好客,飲酒至斗餘不亂。杜甫說的「銜杯樂聖稱避賢」,指的是李適之所寫〈罷相作〉一詩:「避賢初罷相,樂聖且銜杯。為問門前客,今朝幾

第六章　至味與知味

個來？」崔宗之、蘇晉的事蹟，史籍記載不詳，他們的酒事只見於杜甫的詩。張旭是唐代大書法家，官至金吾長史。精書道，以草書最知名。每大醉之後，呼叫狂走一氣，然後才下筆，或以頭髮濡墨而書，「逸勢奇狀，連綿迴繞」，醒後自視，以為神來之筆，不可復得，世呼為「張顛」。焦遂乃口吃之人，平時結結巴巴，說出口的話難得有一句別人聽得清楚。可是等到飲醉之後，卻能高談闊論，應答如流，真是怪事。

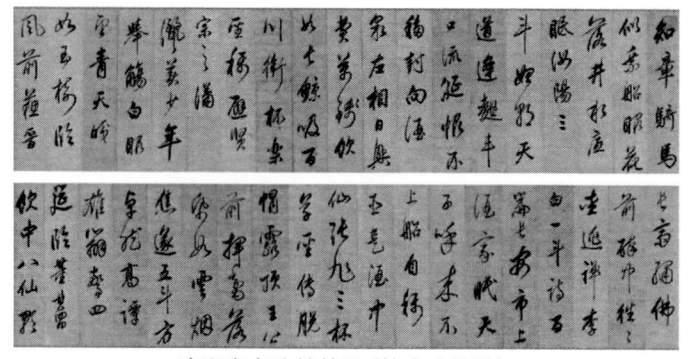

康熙皇帝臨董其昌〈飲中八仙歌〉

嗜酒八仙中最著名的當然還是李白。李白在 42 歲時，由道士吳筠推薦，到了長安，唐玄宗李隆基命他供奉翰林。有一次，李白與酒友醉倒市中，恰巧皇上心有所感，詔令李白作樂章，李白援筆即成，婉麗精切，皇上大讚賞。他有時還醉倒在皇帝的御宴上，曾讓宦官高力士為他脫靴。這高力士非一般的內侍，極受唐玄宗和楊玉環貴妃的寵信。為李白脫靴，高力士感到遭受莫大汙辱，於是他讓楊貴妃在玄宗面前進讒言，說李白的壞話。李白漸被疏遠，知道自己不會被重用，於是懇求還山，開始了浮游四方的人生旅程。

李白愛酒，他的酒詩也相當多。他的酒詩中有許多名篇，〈月下獨酌〉就是佳作之一：

花間一壺酒,獨酌無相親。舉杯邀明月,對影成三人。……

三杯通大道,一斗合自然。但得醉中趣,勿為醉得傳。……

窮愁千萬端,美酒三百杯。愁多酒雖少,酒傾愁不來。

還有那一曲千古絕唱〈將進酒〉,有人認為該詩宣揚了一種及時行樂的負面情緒,實際上也是詩人心靈深處迴盪的一曲悲歌:

君不見黃河之水天上來,奔流到海不復回。

君不見高堂明鏡悲白髮,朝如青絲暮成雪。

人生得意須盡歡,莫使金樽空對月。

天生我材必有用,千金散盡還復來。

烹羊宰牛且為樂,會須一飲三百杯。……

李白把自己的愁悶痛楚都消釋在酒中,沒有酒就不會有他的生活。他的〈把酒問月〉詩,表達的正是一種寄情於酒的願望:「唯願當歌對酒時,月光長照金樽裡。」還有那首〈客中行〉,也表達了同樣的心境:

蘭陵美酒鬱金香,玉碗盛來琥珀光。

但使主人能醉客,不知何處是他鄉。

傳說李白最終因酒而死,那是他在大醉之後,下到採石磯大江中捉月,結果丟了性命。

讚佩酒八仙的杜甫,也是一個不亞於八仙的酒客。杜甫流傳至今的酒詩,比起李白的來甚至要多近一倍,有 300 首之數。如〈水檻遣心〉詩:「淺把涓涓酒,深憑送此生。」〈絕句漫興〉詩:「莫思身外無窮事,且盡生前有限杯。」詩中所表達的意境,與李白頗有相通之處。

白居易也嗜酒,自稱為「醉尹」。他有一篇〈酒功讚〉,極言飲酒的樂趣,自以為步劉伶〈酒德頌〉之後。他寫道:

第六章　至味與知味

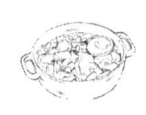

> 麥曲之英，米泉之精，作和為酒，孕和產靈。
> 孕和者何？濁醪一樽，霜天雪夜，變寒為溫。
> 產靈者何？清醑一酌，離人遷客，轉憂為樂。
> 納諸喉舌之內，淳淳洩洩，醍醐沉灉；
> 沃諸心胸之中，熙熙融融，膏澤和風。
> 百慮齊息時乃之德；萬緣皆空時乃之功。
> 吾嘗終日不食，終夜不寢，以思無益，不如且飲。

酒中趣究竟是什麼，這些文字多少道出了一些奧祕，主要恐怕就是「百慮齊息」、「萬緣皆空」，酒可使你超脫凡塵，無所思，無所求。白居易認為這正是酒的功德所在。到了 67 歲時，退居洛陽香山的白居易仍長飲不輟，自名「醉吟先生」，以酒為樂。他作有一篇〈醉吟先生傳〉，描寫自己聞而詩，詩而吟，吟而笑，笑而飲，飲而醉，醉而又吟的所謂「陶陶然，昏昏然，不知老之將至」的情態，儘管「鬚盡白，髮半禿，齒雙缺，而觴詠之興猶未衰」。

白居易也深得酒中的奧妙，有〈啄木曲〉詩為證：「不如飲此神聖盃，萬念千憂一時歇。」

摯友餞別，美酒一杯，情深意重。王維的〈送元二使安西〉詩寫道：

渭城朝雨浥輕塵，客舍青青柳色新。
勸君更盡一杯酒，西出陽關無故人。

觸景生情，舉杯相勸，依依難捨之情躍然紙上。

唐代不只文人嗜酒，朝中飲酒也蔚為成風。唐人普遍好酒，與朝廷的倡導不無關係。唐玄宗時朝廷在宮中特築一大酒池，砌以銀磚，泥以石粉，貯三辰酒一萬車，預備賜飲當制學士等。這也鼓勵文人們飲酒，以酒作為獎賞。

唐代文人飲酒，極重花前月下之酌，李白的〈月下獨酌〉即其一例。它實際上是詩人孤獨寂寞境遇的寫照，不僅在「月下」，而且為「獨酌」，沉悶的心緒因酒而消散，隨月而飄去。當然，難免也會有「抽刀斷水水更流，舉杯銷愁愁更愁」的時候，那就很難得到解脫了。

大約從唐代開始，見諸記載的單純狂飲的酒徒似乎沒有過去那麼多了，尤其是文人們越來越注重領略酒中趣，不再是一味作樂，飲酒被看成是一種高尚的精神享受。經過唐宋以後文人的總結累積，與「茶道」並行的「酒道」也趨於成熟，這就是所謂「六飲」之說。六飲具體探討了飲酒的酒人、地點、季候、情趣、禁忌、娛樂幾方面，這些主張逐漸成為士大夫們的行為準則。

吳彬〈酒政六則〉列舉出六飲的主要內容：

飲人：高雅、豪俠、真率、忘機、知己、故交、玉人、可兒。
飲地：花下、竹林、高閣、畫舫、幽館、平疇、荷亭。
飲候：春郊、花時、清秋、新綠、雨霽、積雪、新月、晚涼。
飲趣：清談、妙令、聯吟、焚香、傳花、度曲、返棹、圍爐。
飲禁：華筵、連宵、苦勸、爭執、避酒、惡謔、佯醉。
飲闌：散步、欹枕、踞石、分韻、岸巾、垂釣、煮泉、投壺。

其他還有所謂的「春飲宜庭、夏飲宜郊、秋飲宜舟、冬飲宜室、夜飲宜月」等說法，表明了飲者所追求的特定意境。

八、龍團鳳餅

承唐代餘韻，茶到了宋代，無論種植、採製、飲用都發展到一個新的高峰。茶品輩出，名目繁多，品名高雅，大勝唐時。這些與貢茶制度

第六章 至味與知味

的進一步發展不無關係。陸羽《茶經》將唐代茶葉產地分為八大區，包括相當於今天的湖北、湖南、河南、安徽、浙江、江西、福建、四川、貴州、廣東、廣西十一個省區。其中峽州茶、光州茶、湖州茶、彭州茶、越州茶等，名冠一時。建州茶雖十分優良，因陸羽不曾品味，所以沒有提及。

貢茶，即是向皇帝進貢新茶。這在唐代時已經形成制度，至宋代愈演愈烈。唐時貢茶只有湖州顧渚的「紫筍」，每年清明，新茶便貢至京師。宋代貢茶的主要產地之一，是福建建溪的北苑。北苑茶起初亦名紫筍，繼又有「研膏」、「臘面」、「京鋌」等名號。北宋初，宋太祖特派官員到北苑督造團茶。團茶模壓成龍鳳的樣子，稱為龍鳳茶，習慣上也稱為「龍團鳳餅」。後來茶模改小，壓出的茶稱小龍團。此外還有「密雲龍」和「白茶」等，一品勝一品。茲擇宋代貢茶的主要名號錄於次：

白茶	試新銙	貢新銙	龍團勝雪	御苑玉芽	
萬壽龍芽	承平雅玩	龍鳳英華	玉除清賞	啟沃承恩	
雲葉	玉華	寸金	瑞雲翔龍	長壽玉圭	小龍
小鳳	大龍	太平嘉瑞	龍苑報春	大鳳	

北苑貢茶多至4,000餘色，年貢47,100多斤，龍團鳳餅，名冠天下。丁謂的〈北苑茶〉一詩這樣寫道：「北苑龍茶著，甘鮮的是珍。四方唯數此，萬物更無新。」這個說法應當是符合事實的。

貢茶再多，皇上也不能拿它當飯吃，所以樂得將那許多飲不盡的餅茶賜給近臣。臣下們得茶，反倒以為這是莫大的恩澤。蘇東坡出知杭州時，宣仁皇后特遣內侍賜以龍茶銀盒，以示厚愛之意。位不及宰相，是難得這厚愛的。歐陽脩為龍圖閣學士時，宋仁宗趙禎曾賜給中書、樞密院八大臣小龍團茶一餅，八人高興得平分而歸。這賜茶拿到家中，根本

不敢飲用,卻當作家寶珍藏起來,等有尊客來訪,方才拿出傳玩一番,以為榮耀。龍鳳大團茶八餅重一斤,龍鳳小團茶則是二十餅重一斤,一斤價值黃金二兩,正所謂「金可有而茶不可得」,是再貴重不過了,一般人是無緣消受的。北宋文學家王禹偁,有一首描寫大臣受賜貢茶的詩〈恩賜龍鳳茶〉,詩中這樣寫道:

樣標龍鳳號題新,賜得還因作近臣。
烹處豈期商嶺水,碾時空想建溪春。
香於九畹芳蘭氣,圓似三秋皓月輪。
愛惜不嘗唯恐盡,除將供養白頭親。

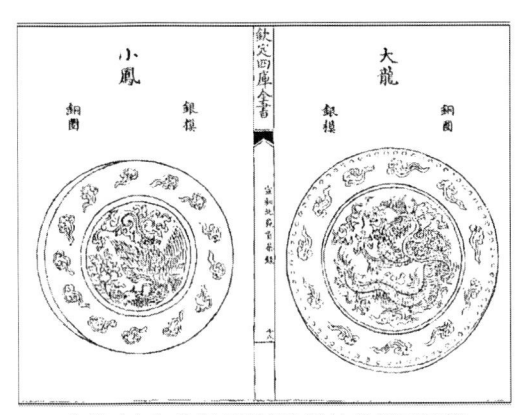

宋代《宣和北苑貢茶錄》描繪的龍團鳳餅

茶學經陸羽首倡,至宋代進一步充實,茶道隨之完善起來。比起唐代來,宋代的茶學著作較多,有蔡襄《茶錄》、宋子安《東溪試茶錄》、熊蕃《宣和北苑貢茶錄》、黃儒《品茶要錄》、無名氏《北苑別錄》等。此外,宋徽宗趙佶也撰有一部茶學著作,名為《大觀茶論》,此書雖不一定全為這皇帝本人的手筆,但一定也記錄著他自己的不少心得。一般來說,宋代及宋代以後的茶學著作,都沒能脫離陸羽《茶經》的體系,只是內容漸有更新而已,精華部分都是互相轉抄,代代相因。這些茶學著作

第六章　至味與知味

所記的採製技術和烹茶的規範,可以看出一代一代都有很大進步。例如採茶,《東溪試茶錄》中說「斷芽必以甲不以指,以甲則速斷不柔,以指則多溫易損」,要求極高。茶工在採茶時,「多以新汲水自隨,得芽則投諸水」,以保證茶芽的鮮潔。茶芽須蒸,蒸芽必熟,否則茶中會存留草木氣味;也不可受煙氣燻烤,煙燻會使茶走失本來的香味。製茶的技巧,按《大觀茶論》的話說,叫做「滌芽唯潔,濯器唯淨;蒸壓唯其宜,研膏唯熟,焙火唯良」。採造過時,蒸壓不當,焙之太過,便得不到上等茶。

在宋代,飲茶風氣更盛,茶成了人們日常生活不可或缺的東西。《夢梁錄》中說:「人家每日不可闕者,柴、米、油、鹽、醬、醋、茶。」這是說的南宋臨安的情形,也就是後來俗語所說的「開門七件事」,即便貧下之人,也是一件少不了的。在臨安,與酒肆並列的就有茶肆,茶店布置高雅,室中擺置花架,安頓著奇松異檜。一些靜雅的茶肆,往往是士大夫期朋約友的場所。街面與小巷之內,還有提著茶瓶沿門點茶的人,賣茶水一直賣到市民的家中。大街夜市,常有車擔設的「浮鋪」,供給遊人茶水。

宋人好茶,比起唐人有過之而無不及。酒中有趣,茶中也有趣。宋徽宗在《大觀茶論》的序言中,談到宋人嗜茶的情形,他說:「縉紳之士,韋布之流,沐浴膏澤,薰陶德化,盛以雅尚相推,從事茗飲。故近歲以來,採擇之精,製作之工,品第之勝,烹點之妙,莫不盛造其極。⋯⋯天下之士,勵志清白,競為閒暇修索之玩,莫不碎玉鏘金,啜英咀華,較筐篋之精,爭鑑裁之別。雖下士於此時,不以蓄茶為羞,可謂盛世之清尚也。」這裡說的盛世雖有自誇之嫌,視飲茶為清尚則是事實。黃庭堅所作的《品令・茶詞》,將烹茶飲茶之趣寫得深沉委婉,是茶詞中一篇難得的佳作:

八、龍團鳳餅

鳳舞團團餅，恨分破、教孤令。金渠體淨，只輪慢碾，玉塵光瑩。湯響松風，早減了、二分酒病。

味濃香永，醉鄉路、成佳境。恰如燈下，故人萬里，歸來對影。口不能言，心下快活自省。

士大夫們以品茶為樂，比試茶品的高下，稱為鬥茶。宋人唐庚有一篇〈鬥茶記〉，記幾個相知一道品茶，以為樂事。各人帶來自家茶，在一起一比高低。大家從容談笑，「汲泉煮茗，取一時之適」。不過誰要得到絕好茶品，卻又不會輕易拿出鬥試，蘇東坡的〈月兔茶〉詩中即說：「月圓還缺缺還圓，此月一缺圓何年？君不見鬥茶公子不忍鬥小團，上有雙銜綬帶雙飛鸞。」

盛產貢茶的建溪，每年都要舉行茶品大賽，也稱為鬥茶，又稱為「茗戰」。范仲淹有一首〈鬥茶歌〉，寫的正是建溪北苑鬥茶的情形，詩中說：

研膏焙乳有雅制，方中圭兮圓中蟾。
北苑將期獻天子，林下雄豪先鬥美。
鼎磨雲外首山銅，瓶攜江上中冷水。
黃金碾畔綠塵飛，碧玉甌中翠濤起。
鬥茶味兮輕醍醐，鬥茶香兮薄蘭芷。
其間品第胡能欺，十目視而十手指。

鬥茶既鬥色，也鬥茶香、茶味。陸羽《茶經》中說唐茶貴紅，到宋代則不同，宋代茶色貴白。茶色白宜用黑盞，更能體現茶的本色，所以宋代流行紺黑瓷盞，青白盞雖也使用，但在鬥試時絕不取用。宋代黑茶盞在河南、河北、山西、四川、廣東、福建都有大量出土，其中有一種釉表呈兔毫斑點的黑盞屬最上品，十分精美。

第六章　至味與知味

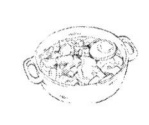

河北磁縣出土的宋代兔毫盞

　　鬥茶不僅要觀色，而且更要品味，宋代因此而湧現出不少品茶的高手。品出不同茶葉的味道來也許並不太難，但要品出混合茶的味道卻不容易。發明製作小龍團茶的蔡襄就有這種絕技。有一次，一個縣官請他飲小龍團茶，其間來了一個客人，蔡氏品出主人的茶不僅有小龍團味，而且雜有大龍團味。一問茶童，原來他起初只碾了夠縣官與蔡氏二人飲的小龍團，後一位客人到後，由於碾之不及，於是加進了一些大團茶。蔡氏的明識，使得眾人佩服不已。

　　鬥茶風氣的源起，似可上溯到五代。五代詞人和凝官至左僕射、太子太傅，被封為魯國公，他十分喜好飲茶，在朝時「率同列遞日以茶相飲，味劣者有罰，號為『湯社』」。這樣的鬥茶，別具一格。宋人的鬥茶，可能與此有些關連。

　　宋代時不僅鬥茶為一盛事，還有一種「茶百戲」，更是茶道中的奇術。據《清異錄》所載：「近世有下湯運匕，別施妙訣，使湯紋水脈成物象者，禽獸蟲魚花草之屬，纖巧如畫，但須臾即就散滅。」用茶匙一攪，即能使茶麵生出不同影像，這樣的點茶功夫，非一般人所能有，所以被稱為「通神之藝」。更有甚者，還有人能在茶麵幻化出詩文來，奇上加奇，《清異錄》說，有個叫福全的沙門，「能注湯幻茶成一句詩，並點四甌，共一絕句，泛乎湯表」。這簡直近乎巫術了，雖然並不一定真有其

事，但宋人茶藝之精，則是不容懷疑的。

　　宋代以後，飲茶一直被士大夫們當作一種高雅的藝術享受。飲茶的環境有諸多講究，如涼臺、靜室、明窗、曲江、僧寺、道院、松風、竹月即是。茶人的姿態也各有追求，有的晏坐，有的行吟，有的清談，有的把卷。飲酒要有酒伴，飲茶也須茶友，若有佳茗而歌非其人，有其人而未識其趣，一飲而盡，不暇辨味，那就是最俗氣不過的了。元末畫家倪瓚，自創一種「清泉白石茶」，那是他在無錫惠山所為，用核桃、松子肉和真粉丸如小石塊，飲時置茶中。一天，一位據說是宋朝宗室的叫趙行恕的人慕名來訪，主賓坐定之後，童子獻茶，獻的就是清泉白石茶。趙行恕端起茶杯一飲而盡，氣得倪瓚火冒三丈。倪瓚怒氣沖沖地說：「我以為你是個王孫，所以出高品相飲，可你這人一點也不知品味，真是一個俗人！」從此，倪瓚與趙行恕絕了交情，真是夠認真的。

　　明清以來，飲茶之風經久不衰，新的茶品不斷問世，飲用方法也有革新，如改煎茶為泡茶，使飲茶得到了更好、更便利的普及方式。

　　現代中國名茶已形成六個大類，即綠茶、紅茶、烏龍茶、白茶、花茶和磚茶，以綠茶和紅茶產量最高。綠茶的製成要經過殺青（蒸、炒）、揉捻、乾燥三道工序，名品有以「色翠、香郁、味醇、形美」四絕著稱於世的「西湖龍井」，還有江蘇蘇州的「碧螺春」、四川的「蒙頂茶」、江西廬山的「雲霧茶」和河南信陽的「毛尖」等。紅茶的製作要經過發酵的工序，與綠茶不同，名品有安徽的「祁紅」、雲南的「滇紅」、廣東的「英紅」等。烏龍茶兼取綠茶的殺青和紅茶的發酵工藝，所以既有綠茶的清鮮，又有紅茶的濃香，名品有福建的「武夷巖茶」和「鐵觀音」等。白茶採用特殊工藝，除去青葉的苦澀氣味，色白如銀，名品有福建的「白毫銀針」和「白牡丹」。花茶又稱燻花茶或香片茶，以鮮花窨製茶葉而成，

第六章　至味與知味

採用的花料主要有茉莉、玉蘭、玫瑰、蠟梅、桂花等，以福州的「茉莉烘青」為最佳。磚茶是緊壓成形的塊狀粗茶，名品有雲南的「普洱茶」和廣西的「六堡茶」等。

茶品眾多，難分高下，人各有所好。一般說來，浙江人愛綠茶，廣東人愛紅茶，福建人愛烏龍茶，雲南人愛普洱茶，北方人愛花茶。在國外，歐美人愛紅茶，非洲人愛綠茶，東南亞人愛烏龍茶，日本人愛蒸青綠茶。要品得茶中至味，恐怕要花大功夫。

九、皛毳飯與斫鮮會

精彩的飲食活動，在很多場合下不是在家庭成員範圍內完成的，往往具有一定的社會性。在親朋故舊的聚會中，在與外人的交際中，更在飲食活動中體現出超出飲食之外的意境，體現出時代的風貌。這樣的意境或高雅，或粗俗，或熱烈，或淡素，很少有皇宮的那種莊重和官場的那種審慎。

北宋時，社會風氣一度比較質樸，這與士大夫們倡導的理念有關。表現在飲食生活上，人們追求一種淡泊素雅的風度，這在中國歷史上還並不多見。這種淡泊素雅的風度，可稱為君子風度，自古以來就為士大夫中的一部分人所推崇。《禮記·表記》中說「君子之接如水」，《莊子·山木》中也說「君子之交淡若水」，這在北宋時的一些文人中，大約是真正用心踐行過的，例如蘇軾（號東坡居士）可算是其中的一位。

蘇軾是個詩文書畫無所不能、聰敏異常的全才，也算得是一位美食家。不過，他這位美食家並不怎麼追求奇珍異味，更多的是追求一種難得的樂趣。發生在蘇東坡身上的皛飯與毳飯的故事，體現出他在飲食上

九、皛毳飯與斫鮮會

所抱有的質樸態度。那故事的情節十分有趣,與當時的史學家劉攽(字貢父)有關。有一次,蘇東坡對劉貢父說:「從前我曾與人共享『三白』,覺得十分香美,使人簡直難以相信世間還有八珍之饌。」貢父急忙問「三白」是什麼美味,東坡答曰:「一撮鹽,一碟生蘿蔔,一碗米飯。」原來是生蘿蔔就鹽佐飯,逗得貢父大笑不止。過了一些日子,劉貢父忽然下了一道請帖,邀東坡前往吃「皛飯」。東坡以為「皛飯」必出於什麼典故,如期前往赴宴,結果只見食桌上擺有蘿蔔、鹽和飯,才明白劉貢父是以「三白」相戲,於是操起碗筷,幾乎一掃而光。東坡起駕回府時,對貢父說:「明日請到我家來,我有毳飯招待。」貢父明知為戲言,只是不解「毳飯」究竟為何物,次日還是如約到了蘇府。二人見面,談笑已久,直到過了午時,還不見設食。劉貢父已覺飢餓難耐,便請備飯,東坡說:「再等一小會兒。」如此再三,東坡回答如故。貢父說:「我餓得實在忍受不住了。」只聽東坡不緊不慢地說道:「鹽也毛,蘿蔔也毛,飯也毛,非毳而何?」毛即「無」也。意為:鹽無,蘿蔔無,飯也無,這不就是毳飯嗎?貢父聽罷捧腹大笑說:「我想先生必定會找機會報復我那皛飯的,沒料到竟有如此絕招。」當天,東坡終究還是擺了實實在在的筵席,劉貢父吃到很晚才離去。

蘇東坡畫像

這算得是宋代文人交往的一段佳話,從一個側面反映了那種追求雅趣的風度。「三白」在唐代就已成為貧寒之家飲食的代稱,有些著作將它當作是蘇東坡的發明,應當說是一個誤會。當然,話說回來,主賓之

第六章　至味與知味

間如果常常用這畾飯對毳飯,那是斷然不成的,這種事一來一往足矣。否則,雅興轉而為敗興,就沒了趣味。

北宋時一些高居相位的官員,也能以節儉相尚,十分難得。如撰寫《資治通鑑》的史學家司馬光,哲宗時被擢為宰相。此前他曾辭官在洛陽居住15年,也就是撰寫《資治通鑑》的那陣子,他與文彥博、范純仁等這些後來都身居相位的同道相約為「真率會」,每日往來,不過脫粟一飯,酒數行。相互唱和,亦以儉樸為榮。文彥博有詩曰「啜菽盡甘顏子陋,食鮮不愧范郎貧」;范純仁和曰「盍簪既屢宜從簡,為具雖疏不愧貧」;司馬光又和曰:「隨家所有自可樂,為具更微誰笑貧?」充分表達了他們以儉救弊的大志。司馬光居家講學,也是奉行節儉,不求奢靡,「五日作一暖講,一杯一飯一麵一肉一菜而已」,這就是他所接受的招待。司馬光為山西夏縣人,他在歸省祖塋期間,父老們為之獻禮,用瓦盆盛粟米飯,瓦罐盛菜羹,他「享之如太牢」,覺得味過最高規格的飯食。司馬光的儉樸大概與家教有關,他曾說他父親為郡牧判官時,來了客人未嘗不置酒,「或三行,或五行,不過七行酒」,吃的果品只有市上買來的梨栗棗柿,餚饌則只有脯醢菜羹,器用皆為瓷器漆器,無有金銀。據司馬光說,當時的士大夫差不多都是如此,「人不相非」。人們更多講究的是禮、情,所謂「會數而禮勤,物薄而情厚」(《比事摘錄》)。

上面提到的范純仁,就是范仲淹的兒子,他的儉樸也是承自父輩。范仲淹官拜參知政事,為副相,貴顯之後,以清苦儉約稱於世,子孫皆守其家法。范純仁做了宰相,也不敢違背這家法。有一次他留下同僚晁美叔一起吃飯,美叔後來對人說:「范宰相可變了家風啦!」別人問他何以見得,他回答說:「我與他一起吃飯,那鹽豉棋子麵上放了兩塊肉,這不是變家風了嗎?」人們聽了都大笑起來,范純仁待客既如此,自家的

生活就可以想見其淡泊了。

儉樸蔚為成風後,時人對奢侈的士人免不了有一些非議。有時那些飲食稍豐的人,還會被歧視。宋朝有個知州名叫仇泰然,與自己手下的一個官員十分要好。有一日,仇泰然問這個官員:「日用多少?」那人回答說:「十口之家,日用一千。」仇知州感到驚詫,又問:「怎麼能一天用這麼多錢呢?」回答是:「早餐吃一點點肉,晚餐用菜羹。」知州聽了,極不高興地說:「我身為知州,平日裡都不敢吃肉,只是用菜。你老兄一個小小芝麻官,還敢天天弄肉吃,一定不是廉潔之士!」自此,知州便不再理會那官員了。

淡泊素雅雖為一種流行風度,但這並不意味著士大夫們一個個都是苦行僧。他們即便在這種淡泊之中,也在尋找著生活的無窮樂趣,高雅的「斫鮮之會」充分體現了這一點。據《春渚紀聞》中說,吳興溪魚極美,冠於他郡,郡城的人聚會時,必斫魚為膾。斫膾須有極高的技藝,所以操刀者被人名為「膾匠」。又據《避暑錄話》中說,過去斫膾屬南食,汴京能斫膾的人極少,人們都以魚膾為珍味。文學家梅聖俞為江南宣城(今屬安徽)人,他家有一老婢,善為斫膾。同僚歐陽脩是江西人,極愛食膾。他每當想到食膾時,就提著鮮魚去拜訪梅聖俞。梅聖俞每得可為膾的鮮魚,必用池水餵養起來,準備隨時接待同僚。所以他的文集中還存有這樣的句子:「買鯽魚八九尾,尚鮮活,永叔(歐陽脩)許相過,留以給膳。」又:「蔡仲謀遺鯽魚十六尾,余憶在襄城時獲此魚,留以遺歐陽永叔。」

第六章 至味與知味

有時這斫鮮之會還以野宴的方式出現,更充滿一種清新的情趣。據《東京夢華錄》載,汴梁人在清明節時,都湧到城外郊遊,「四野如市,往往就芳樹之下,或園囿之間,羅列杯盤,互相勸酬」。城西皇家金明池瓊林苑,三月一日起開禁,允許士庶在劃定的遊覽區賞玩。池西垂楊蘸水,遊人稀少,那裡有一些興致很高的垂釣者,他們事先在池苑管理處買得準釣的牌子,然後才得開釣。釣得的魚有的當即高價賣給遊人,遊人隨帶鱠具,乘鮮臨水斫鱠,用以佐酒,稱為「一時珍味」。

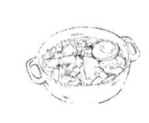

趙佶文會圖軸(部分)

又據《壟起雜事》所記,明代汴梁有些官員,一般政務都留給左右去處理,自己每天都以捕魚為樂,得魚即斫鱠,自稱「斫鮮之會」。這無疑是繼承了宋人的傳統。

老百姓在風調雨順的年景,也會藉助一些傳統的年節來進行高層次的飲食活動,以滿足口腹之慾。不僅如此,這些飲食活動由於打上了傳統文化的烙印,它又是一種名副其實的文化活動,不單是為了滿足口腹之慾而已。

宋代民間傳統的節日,無非是新年、元宵、清明、端午、中秋、重陽、臘八、除夕等。宋人在這些節日中比較重於交際,一般不大樂意廝守家中,往往出遊郊野,都城之中,更是傾城出動。尤其是清明、端午、重陽,親友多以食物作為餽贈,以增進情誼。宋代還新立有一些傳統沒有的節日,如六月六日,正當炎夏,臨安人此日都到西湖邊,「納涼

避暑,恣眠柳影,飽挹荷香;散髮披襟,浮瓜沉李。或酌酒以狂歌,或圍棋而垂釣,遊情寓意,不一而足」。甚至還有不少人留宿湖心,至月上始還。這一日的食物主要有荔枝、楊梅、新藕、甜瓜、紫菱、粉桃、金桔。楊萬里〈曉出淨慈寺送林子方〉詩曰:「畢竟西湖六月中,風光不與四時同。接天蓮葉無窮碧,映日荷花別樣紅。」寫的便是此景。大熱天如此多的人都跑到西湖去,是否能達到避暑的目的很難說,這也是「無可為玩」的玩法。西湖勝景,不論朝昏晴雨,四季皆有無窮情趣,杭城人無時不遊,但一般以春遊為盛。

十二月隆冬,遇到天降瑞雪,富貴人家則要開筵飲宴,製作雪燈、雪山、雪獅等,以會親朋摯友;詩人才子,則要以臘雪煎茶,吟詩詠曲,更唱迭和。十二月二十五日(或二十四日),士庶之家要煮赤豆糖粥祀飲食之神,稱為「人口粥」,或稱「口數粥」。

口數粥等類飲食活動,表達了人們希求幸福與豐收的願望,這類願望同樣也貫穿於其他一些與飲食有關的禮俗活動中,如婚嫁和育子,都是如此。

宋人婚娶,先憑媒人通帖,定帖之後,男方擇日備酒禮,前往拜訪女家。會面選擇湖舫園囿之地,兩親相見,謂之「相親」。男方用酒四杯,女方添備二杯,取男強女弱之意。如女子對男子中意,便以金釵插在頭上,名為「插釵」。如不中意,就送綵緞三匹「壓驚」。男子見出綵緞,就知婚事無望了。插釵已定,男方即用金銀首飾、緞匹茶餅、金瓶酒樽等為定禮,送到女家。以後凡遇節令,男方要以羊酒送女家,女子照例有一定的回禮。待到舉行婚禮,新人入洞房,用兩個酒盞以彩結連之,互飲一盞,謂之「交杯酒」。飲完酒後,將酒盞擲於床下,一仰一合,以為「大吉」,如此會帶來無邊的福壽。

第六章　至味與知味

孕婦臨產，娘家送來一些特別的物件，其中有彩畫雞蛋120枚，還有膳食、羊、生棗、栗果，稱為「催生禮」。分娩之後，親朋爭送細米炭醋。三七日時，女家與親朋都送來膳食，有豬腰、豬肚、蹄腳等物。以後小兒百日、周歲，均要開筵宴請親朋，以示慶賀。這一類禮節大都延續到了現代，尤其在廣大農村家庭中，這些禮儀一直都是世代相傳的規範。

十、知味者說

任何事物的發展都有一個累積的過程，量的累積會引起質的飛躍。中國人由飲食體驗出的經驗，就是經歷了一代代人的累積得來的。

《禮記》中的《中庸》一篇，相傳是孔子的孫子孔伋所作，其中有這麼一句話：「人莫不飲食也，鮮能知味也。」就是說人人都要吃喝，卻極少有懂得飲食之道的。魏文帝曹丕的〈典論〉中也說「三世長者知服食」，意思是有三代以上閱歷的老者才懂得穿衣吃飯，可見飲食之道非一日所能悟得。

明代高濂《遵生八箋》卷十有一篇〈飲食當知所損論〉，談到了明代文人的飲食之道，其中不少內容都是前人的經驗之談。高濂說：

飲食所以養生，而貪嚼無忌，則生我亦能害我。況無補於生，而欲貪異味以悅吾口者，往往隱禍不小。意謂一菜一魚，一肉一飯，在士人則為豐具矣。……

吾意玉瓚瓊蘇與壺漿瓦缶，同一醉也；雞蹠熊蹯與糲飯藜蒸，同一飽也。醉飽既同，何以侈儉各別？……

養性之術，常使穀氣少，則病不生矣。穀氣且然，矧五味饜飫，為五內害哉？

這裡說的都是飲食要從儉，不必貪多貪好，吃多了反會有損身體健康。

此外，還要十分注意飲食衛生，高濂對此有較多的道理：

凡食，先欲得熱食，次食溫暖食，次冷食。食熱、暖食訖，如無冷食者，即吃冷水一兩咽，甚妙。若能恆記，即是養性之要法也。凡食，欲得先微吸取氣，咽一兩咽乃食，主無病。……

飽食無大語。大飲則血脈閉，大醉則神散。……

飽食訖即臥，病成背疼。飲酒不宜多，多即吐，不佳。醉臥不可當涼風，亦不可用扇，皆損人。……醉不可強食，令人發癰疽，生瘡。

集飲食之道之大成者，當推清代的袁枚。袁枚字子才，號簡齋，晚年號隨園老人。他是浙江錢塘（今浙江杭州）人，年輕時做過幾個縣的知事，從四十歲起便退隱於南京小倉山房隨園。《隨園食單》是他大量著述中的一部，書中不僅介紹了清代流行的 300 餘種南北菜餚、飯點及名酒，還在「須知單」中提出了 20 條廚事要求，在「戒單」中提出了 14 條飲食注意事項。這在當時來說，可謂盡善盡美了。

先看「須知單」：

1. 先天須知。首先要了解食物本來的特性，如豬宜皮薄，雞宜騸嫩。同一物類，美惡之別如同冰炭，所以擇料要慎重，「大抵一席佳餚，司廚之功居其六，買辦之功居其四」。
2. 作料須知。作料即調味品，可比作婦女衣服首飾，不可不慎為選用。善於烹調的人，「醬用伏醬，先嘗甘否；油用香油，須審生熟；酒用酒釀，應去糟粕；醋用米醋，需求清冽。且醬有清濃之分，油有葷素之別，酒有酸甜之異，醋有陳新之殊，不可絲毫錯誤」。其他蔥、椒、薑、桂、糖、鹽，俱宜選擇上品。

第六章　至味與知味

3. 洗刷須知。原料的洗滌也有學問，要注意重點。舉例說，「燕窩去毛，海參去泥，魚翅去沙，鹿筋去臊。肉有筋瓣，剔之則酥；鴨有腎臊，削之則淨。魚膽破，而全盤皆苦；鰻涎存，而滿碗多腥。韭刪葉而白存，菜棄邊而心出」。

4. 調劑須知。採取什麼烹調方法，要看具體原料，有時用水，有時用酒，有時用鹽，有時用醬，或酒水、鹽醬並用。腥物要用醋噴，或用冰糖殺腥取鮮。有的食物是以乾燥為宜，要使味入於內，須取煎炒之法；有的以湯多為宜，使其味溢於外，則取清燉之法。

5. 配搭須知。像什麼樣的女子就要配什麼樣的丈夫，烹成一味菜餚，也要佐以適宜的輔料。其配搭原則是：「清者配清，濃者配濃；柔者配柔，剛者配剛。」如此方有和合之妙。

6. 獨用須知。味過於濃重者，只宜獨用，不可搭配。如鰻、鱉、蟹、鰣、牛、羊都宜於獨食，因其味厚力大，須用許多作料才能取其長，去其短，很難再添枝加葉，配以他菜。

7. 火候須知。火候是烹飪的關鍵，有時須用武火，如煎炒；有時又要文火，如煨煮；有時須先武火後文火，如收湯。有的食物越煮越嫩，有的則一煮便好。「屢開鍋蓋，則多沫而少香；火熄再燒，則走油而味失。」這是烹調術的奧妙所在。

8. 色臭須知。眼和鼻是嘴的近鄰，一道菜端上桌，眼一看，鼻一聞，不必齒咬舌嘗，便知妙與不妙。需求色艷，可用糖炒，即艷如琥珀。如要求香，切不可濫用香料，否則反會壞了食物固有的美味。

9. 遲速須知。每日要預備一些急就的酒菜，如炒雞片、炒肉絲、炒蝦米、豆腐、糟魚等，如果突然有客，也能很快應承，因速而見巧。這是待客一法，非貧人所能想望。

10. 變換須知。「一物有一物之味,不可混而同之。」有些平庸的廚人,動不動就將雞、鴨、豬、鵝放進一口鍋裡煮,結果令客人不知所嘗何味,味同嚼蠟。應當多設鍋、灶、盤、碗,盡可能讓食物體現出本味,使其各有特色。

11. 器具須知。美食還須美器。用過於貴重的餐具常會擔心毀損,能求雅麗即可。盤碗大小要適宜,不必強求一律,「大抵物貴者器宜大,物賤者器宜小。煎炒宜盤,湯羹宜碗。煎炒宜鐵鍋,煨煮宜砂罐」。

12. 上菜須知。筵席上菜,要有一定的順序,「鹽者宜先,淡者宜後;濃者宜先,薄者宜後;無湯者宜先,有湯者宜後。」看到客人要吃飽了,便上些辛辣品味,刺激胃口;又擔心客人飲酒過度,可上些酸甜品味,醒酒提神。

13. 時節須知。飲食不能忽略季節性的特點。「夏日長而熱,宰殺太早,則肉敗矣。冬日短而寒,烹飪稍遲,則物生矣。冬宜食牛羊,移之於夏,非其時也;夏宜食乾臘,移之於冬,非其時也。」輔佐之物,夏宜用芥末,冬宜用胡椒。當三伏天而得冬醃菜,賤物也,而竟成至寶矣;當秋涼時而得行鞭筍,亦賤物也,而視若珍饈矣。有先時而見好者,三月食鰣魚是也。有後時而見好者,四月食芋艿是也。有過時而不可吃者,蘿蔔過時則心空,山筍過時則味苦,刀鱭過時則骨硬。

14. 多寡須知。「用貴物宜多,用賤物宜少。」煎炒之物,多則火力不透,用肉最好不過半斤,用雞、魚不得過六兩。「以多為貴者,白煮肉非二十斤以外,則淡而無味。粥亦然,非斗米則汁漿不厚。」

15. 潔淨須知。講求潔淨,謹防串味。例如:「切蔥之刀,不可以切筍;搗椒之臼,不可以搗粉。聞菜有抹布氣者,由其布之不潔也;聞菜有砧板氣者,由其板之不淨也。」作為一個好的廚師,先要多磨刀、

第六章　至味與知味

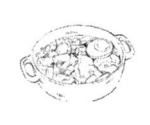

多換布、多刮板、多洗手，然後治菜。要謹防「口吸之菸灰，頭上之汗汁，灶上之蠅蟻，鍋上之煙煤」掉在菜餚中，否則絕美的佳餚就會變成不乾不淨的東西，人們怕都會搗著鼻子走開了。

16. 用芡須知。豆粉為芡，如同拉船的縴。治肉作團不合，作羹不濃，即以粉芡合之。又如煎炒，恐肉貼鍋焦而死，須用芡粉作護持。芡亦不可濫用，否則便成一鍋糊塗。

17. 選用須知。菜餚要美，選料要精。如小炒肉用豬後腿精肉，做肉圓則用前夾心肉；炒魚片用青魚、鱖魚；做魚鬆用鰱魚、鯉魚；蒸雞用雌雞，煨雞用騸雞，取汁則用老母雞。雞用雌才嫩，鴨用雄才肥。

18. 疑似須知。「味要濃厚，不可油膩；味要清鮮，不可淡薄。」似與不似，失之千里。否則，如果徒貪肥膩，不如專食豬油；徒貪淡薄，不如飲白水。

19. 補救須知。名廚調味，能做到鹹淡合宜，老嫩得法，但一般人很難做到，所以要了解這補救的辦法。調味時要寧淡勿鹹，淡還可加鹽補救；又如烹魚則寧嫩勿老，嫩時還可加火補救；等等。

20. 本分須知。請客要盡量發揮自家特長，否則易弄巧成拙。如「滿洲菜多燒煮，漢人菜多羹湯」，滿漢相請，「各用所長之菜，轉覺入口新鮮」。若漢請滿用滿菜，滿請漢用漢菜，有名無實，怕有畫虎不成反類犬之嫌。這就像秀才上考場一樣，總想按主考官的口味做文章，寫不出自己的風格，恐怕一輩子也考不中。

再說「戒單」，為飲食者和廚師的戒律。

1. 戒外加油。一般廚師做菜，總是先熬好豬油一鍋，臨上菜時澆上一勺油，即便是燕窩也不例外。

2. 戒同鍋熟。同鍋混燒，百菜一味。這一條與前述「變換須知」相同。

3. 戒耳餐。耳餐指「貪貴物之名，誇敬客之意」。很多人「不知豆腐得味遠勝燕窩，海菜不佳不如蔬筍」。雞、豬、魚、鴨，可稱「豪傑之士」，各有本味，自成一家。而海參、燕窩好似「庸陋之人」，全無性情，還得靠別的東西來提味。如果徒裝體面，大擺闊氣，不如在碗裡放上明珠百粒，價值雖高，卻吃它不得。

4. 戒目食。目食指一味貪多，累盤疊碗，菜餚滿桌。這樣就好似不懂「名手寫字，多則必有敗筆；名人作詩，煩則必有累句」的道理。即便是名廚，一日能做出的好菜，不過四五味而已，要擺滿一桌又如何能樣樣精好？就是多有幾個幫手，也會各執己見，越多越壞事。餚饌雜亂無章，氣味不正，讓人看了不會有愉悅的感受。

5. 戒穿鑿。食物都有自己的本性，不可矯揉造作，應當順其自然。像本來就很好的燕窩，何必將它捶成丸子？海參也很好，又何必熬成醬吃？切開的西瓜，放的時間一長就會失去鮮味，卻有人拿它作糕點的配料。蘋果熟透了，吃起來會沒了脆勁，可是有人把它蒸熟後做成果餞，都是很不適用的。

6. 戒停頓。菜品的鮮味，全得於起鍋的時刻。稍一耽擱，就會像黴了的衣裳，雖是錦緞綾羅，氣味也會惹人生厭。有的人將一桌菜做好後都放入蒸籠，到時一齊上桌，這樣還有什麼佳味可言呢？這就像是得了好梨還要放進籠裡蒸了再吃一樣。有些美味必得現殺、現烹、現熟、現吃，不能延誤。

7. 戒暴殄。不珍惜人力為暴，不愛惜物力為殄。雞、鴨、鵝、魚，從首至尾都可食用，不必少取多棄。有人烹甲魚專取裙邊，卻不知味在肉中；蒸鰣魚專取魚肚，卻不懂鮮在背鰭。「至於烈炭以炙活鵝之掌，剚刀以取生雞之肝，皆君子所不為也。何也？物為人用，使之死，可也；使之求死不得，不可也。」

第六章　至味與知味

8. 戒縱酒。「事之是非，唯醒人能知之；味之美惡，亦唯醒人能知之。」酒徒們吃佳餚如同木屑，心不在味，一心想的是酒。其實人們可取中和之策，先好好品嚐菜味，撤席後再去施展酒量。

9. 戒火鍋。人們冬季待客，習慣用火鍋。每菜各有一味，火候不同，一起放入火鍋急煮，還怎麼談得上它們的本味呢？有人是怕菜涼了，於是配以火鍋，其實那些滾熱的上桌菜，如果客人不能很快吃盡，一直擺到發了冷，足見菜品滋味之惡劣了。

10. 戒強讓。設宴請客，本是一種禮節。一桌菜擺上，理應由客人自己選擇。各有所好，聽從客便，何必強勸呢？主人常常用筷子夾許多菜堆到客人面前，硬讓客人吃下去，令人生厭。以至發生過這樣的事：有一好客而菜又不佳的主人，一個勁地往客人碗裡夾菜，逼得客人無法，竟跪在主人面前，請求主人以後請客時再不要邀請他了。赴這種宴會，有如受罪。

江南老式廚房

11. 戒走油。魚、肉、雞、鴨烹製時要使油脂存於肉中，不落入湯中，其味才能保持不散。油脂落入湯中，大體有三個原因：一是火太猛，水乾後多次加水；一是忽然停火，重又點燃；一是開鍋蓋次數太多。

12. 戒落套。官場上的菜，名號有十六碟、八簋、四點心之稱，有滿漢全席之稱，有八小吃之稱，有十大菜之稱。這些俗名在官場上作敷衍還行，如果家居宴客，吟詩唱和，萬不能用這一套。必得用大大小小的盤碗，上菜有整有散，才顯出名貴的氣氛。
13. 戒混濁。看起來不黑不白，像缸中攪渾之水的湯；吃起來不清不膩，如染缸混濁之漿的鹵。這樣的色，這樣的味，讓人難以忍受，如何下嚥？糾正之法，在於洗淨食物本身，善加作料，審察火候，體驗酸鹹，不致使食客舌上有隔皮隔膜的感覺。
14. 戒苟且。做任何事都馬虎不得，而飲食尤其如此。要幫助廚師總結成功的經驗，尋找失敗的教訓。「鹹淡必適其中，不可絲毫加減；久暫必得其當，不可任意登盤。廚者偷安，吃者隨便，皆飲食之大弊。」可以把做學問「審問、慎思、明辨」的方法，運用於飲食之道，精益求精。袁枚提出的這一系列烹飪與飲食原則，不少都是針對當時的流弊而言的。我們不難看出，袁枚的主張大都是合理的，其中有很多原則在今天仍然受到人們的重視。

十一、至味未必在舌尖

什麼樣的味道才是美味？這個問題好像沒有確定的答案，因為各人的愛好與體驗是不同的，美味不會有統一的標準。你喜愛辛辣，他喜愛酸甜，人們對五味的感受程度有明顯的不同。

其實對於美味的體驗與個人的經歷和經驗有著緊密的連繫，首先是要會辨味。同樣是飼養的雞，出自農家小院的與出自機械化養雞場的，味道又有不同，小院的不及雞場的肥，養雞場的又不及小院的香，這是因為飼養的方式與飼料不同。這樣的區別一般人還是能體會出來的，不

第六章　至味與知味

過達到這個程度還不能算是知味者。

一般的人都會有這樣的經歷，特別渴的時候，喝涼開水都會覺得甘甜非常，特別餓的時候，吃什麼都會覺得味美適口。這個時候，人對滋味的感知會發生明顯的偏差，正如孟子所說：「飢者甘食，渴者甘飲，是未得飲食之正也，飢渴害之也。」

知味者不僅善辨味，而且善取味，不以五味偏勝，而以淡中求至味。明代陳繼儒在《養生膚語》中說：有的人「日常所養，唯賴五味，若過多偏勝，則五臟偏重，不唯不得養，且以戕生矣。試以真味嘗之，如五穀，如菽麥，如瓜果，味皆淡，此可見天地養人之本意，至味皆在淡中。今人務為濃厚者，殆失其味之正邪。古人稱『鮮能知味』，不知其味之淡耳」。照此說法，以淡味和本味為至味，便是知味了。明代陸樹聲《清暑筆談》中也說：「都下庖製食物，凡鵝鴨雞豕類，用料物炮炙，氣味辛濃，已失本然之味。夫五味主淡，淡則味真。昔人偶斷殼羞食淡飯者曰『今日方知真味，向來幾為舌本所瞞』。」

以淡味真味為至味，以尚淡為知味，這是古時的一種追求，歷代都有許多這樣的人。《老子‧六十三章》所謂的「為無為，事無事，味無味」，以無味即是味，也是崇尚清淡、以淡味為至味的表現。

什麼味最美？並不是所有人都以清淡為美的，古人有「食無定味，適口者珍」的說法，也是一種很有代表性的味覺審美理論。這個認知大體是不錯的，但不一定可以放之四海而皆準。有人本來吃的是美味，但心理上卻不接受，吃起來很香，吃完卻要吐個乾淨；有些本來味道不美的食物，有人卻覺得很好，吃起來津津有味，覺得回味無窮。這裡有一個心理承受的問題，味覺感受並不僅限於口受，不限於舌面上味蕾的感受，大腦的感受才是更高層次的體驗。如果只限於口舌的辨味，恐怕還

不算是真正的知味者。真正的知味應當是超越動物本能的味覺審美，如果追求一般的味感樂趣，那與貓愛魚腥和蜂喜花香，也就沒有本質區別了。

如果要談一個例子的話，那臭豆腐是最能說明問題的了。對於臭豆腐，有人的體驗是聞起來臭而吃起來香，而有人不僅絕不吃它，而且討厭聞它。食物本來以香為美，這裡卻有了以臭為美的事，實在不容易解釋清楚。魯彥的《食味雜記》說，寧波人愛吃腐敗得臭不可聞的鹹菜，作者也是愛好者之一，「覺得這種臭氣中分明有比芝蘭還香的氣息，有比肥肉鮮魚還美的味道」。咀嚼的是腐臭，感受到的卻是清香。我們可以用傳統和習慣來解釋這種現象，但這種解釋顯然不夠，那麼這個傳統與習慣形成的原因又是什麼呢？

這是一種境界，可以看作飲食的最高境界，一種味覺審美的極高境界。古代的中國人，精味的確可以看作一種傳統，人們把知味看作一種境界。歷代的廚師，或高明者，或身懷絕技者，大概都可以算是知味者，他們是美味的炮製者。但知味者絕不僅僅限於庖廚者這個狹小的人群，而存在於更多的大範圍的食客之中，歷代的美食家都是知味者。《淮南子‧說山訓》中有下面一段話，講的便是這個意思：「喜武非俠也，喜文非儒也，好方非醫也，好馬非騶也，知音非瞽也，知味非庖也。」對藥方感興趣的不是醫生，而是病人；喜愛駿馬的並不是餵馬人，而是騎手；真正的知音者不是樂師，是聽眾；真正的知味者也不是庖丁，是食客。

至味，最美的味道，那一定是有的，只是它未必是在舌尖上所能體會的。

第六章　至味與知味

第七章　味外之味

　　古人對於味中之味,既追求傳統,也追求新奇。對於味外之味的追求,也非常用心,同樣追求傳統,也追求新奇。味外味是味中味的補充,有時會顯得更有滋味。

　　傳統將飲食活動作為人性教化的手段,聖人為飲食作則,不遺細節。對於味外之味,味外之器,亦是精益求精。有時甚至是不惜改變自己,以適應新的潮流。當然傳統的規矩是必要的,變化也是要有的,人們就是在傳統的薰陶中,在適應新變化中,提升著自己的味覺感受。

第七章　味外之味

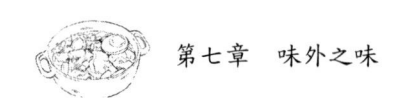

一、聖人食教

飲食作為一種物質生活，它是受思想的制約的，所以飲食活動常常表現有思想活動的特徵。古時指導飲食活動的理論很多，起源也很早，它們的形成時代，可以追溯到先秦時期。

在東周時代的社會大動盪大變革中，湧現出許多學派，各學派的代表人物，從不同的階層和集團的利益出發，著書立說，闡釋哲理，交鋒思想，形成百家爭鳴的局面。其中影響較大的一些學派，大都有與學術思想相關連的飲食理論，這些理論直接影響到當時和後來的社會生活。在飲食理論上有代表性的學派主要有墨家、道家和儒家三家，其學術代表人物是墨子、老子和孔子。

先說墨子。他平日的生活極其儉樸，提倡「量腹而食，度身而衣」。他的學生，吃的是藜藿之羹，穿的則是短褐之衣，與一般平民無異。為了解決社會上「飢者不得食」、「寒者不得衣」和「勞者不得息」的「三患」問題，墨子除提倡社會互助外，又提出積極生產和限制消費的主張，反對人們在物質生活上追求過高的享受，認為吃飽穿暖即可。

當然墨子也反對不勞而食，甚至還攻擊儒家「貪於飲食，惰於作務」。墨家以夏禹為榜樣，自願吃苦，晝夜不息，而且還造出一條聖王制定的飲食之法。也就是說，墨家不求食味之美和烹調之精，飲食生活維持在較低水準。

老子認為發達的物質文明沒有什麼好結果，主張永遠保持極低的物質生活水準和教育程度。老子提倡「節寢處，適飲食」的治身養性原則，比起墨家來，似乎倒退得更遠。老子學派的門徒末流既有變而為法家的，也有變為陰謀家的，更有變為方士的，他們以清虛自守，服食求仙，夢想長生。

宋法常繪老子像

孔子的飲食思想與他的政治主張一樣著名，他把禮制思想融會在飲食生活中，其中一些教條法則直到今天還在發揮作用。這是因為，就廣泛的程度來說，儒家的食教比起道家和墨家的刻苦自制更易為常人接受，尤其易為統治者所利用，後世「罷黜百家，獨尊儒術」之所以發生，也有著相似的原因。人們認為，儒學就是禮學，孔子所創立的儒學，主要內容為禮樂與仁義兩部分。禮實際是統治階級所規定的一切秩序，親親、尊尊、長長、男女有別，是禮的根本，由此制定出無數禮文，用以處理人與人之間複雜關係，確定每一個人應受的約束，不得踰越。樂則是從感情上求得人與人相互間的妥協和中和，使各安本分。禮用以辨異，分別貴賤等級；樂用以求同，緩和上下的矛盾。禮既始於飲食，飲食發展了，禮儀也會有所變更，但更多表現出的還是傳統的烙印，所以，我們可以從現代禮儀中找出兩千多年以前的淵源來。

典籍中關於孔子飲食生活的實踐內容，比起其他學派的代表人物既豐富又具體。《論語》一書是孔子及其弟子言行的紀錄，其中包含不少食教內容，〈鄉黨〉一篇闡述尤為精闢。墨家攻擊儒家為貪食之徒，其實很偏頗，孔子就不一定是這樣。孔子曾說過：「君子食無求飽，居無求安，敏於事而慎於言。」可以看出，他並沒有將美食作為第一追求。他還說：「士志於道而恥惡衣惡食者，未足與議也！」對於那些有志於追求真理，但又過於講究吃喝的人，孔子採取不予理睬的態度。可是對苦學而不求享受的人，則給予高度讚揚，他的弟子顏回被他認為是第一賢人，他說：

第七章　味外之味

顏回要算是最賢的了！一點食物，一點飲料，身居陋巷，別人都忍受不了，可顏回卻毫不在意。真是賢人，這個顏回！孔子所追求的也是一種平凡的生活，即粗飯蔬食，曲肱而枕之，樂在其中。

從另一方面講，孔子的飲食生活確也有講究之處，只要環境允許，他還是不贊成太隨便。飲食注重禮儀禮教，講究藝術和衛生，成為孔子特為飲食準備的守則大約有以下幾條：

1. 平日三頓，一般只在早晨吃新鮮飯，中晚餐則是溫剩飯，齋戒時要「變食」，破這個常規，每頓都吃新鮮的。也有人解「變食」為不飲酒，不食魚肉。
2. 要求飯菜做得越精細越好，並不指一味追求美食。
3. 不吃那些變質的飯食和腐敗的魚肉。
4. 烹飪不得法，菜餚顏色不正、氣味不正，都不要吃。
5. 火候過度，食物過爛，不食。
6. 如果不是在常規進餐時間，不吃東西，也即是不吃零食，免傷腸胃。
7. 切割不得法的食物，也不吃。《韓詩外傳》說孟子母親懷孕時，也是席不正不坐，割不正不食，可見不獨孔子如此。「正」並不一定指方方正正，泛指刀工好。
8. 各類肉食都配有規定的肉醬，沒有所需的醬便不吃肉。這幾條頗有貴族風度，孔子因此而受到不少責難。
9. 食以穀為主，肉可多吃，但不能超過飯食的分量。
10. 酒雖可多量，但不可狂飲致醉。
11. 不隨便在街市上買食物吃，不逛酒肆，不上飯館。這大概是為了飲食衛生。

12. 古時士大夫都有陪同國君祭祀的機會，行祭當日清晨宰牲，次日有時復祭，祭畢便讓各人把自己帶來參加祭祀的牲肉拿回去。這牲肉自宰殺之日起，存放不能超過三日，過三日便不再食用。三日一過，恐怕早已臭敗了。
13. 吃飯、睡覺時不要說話，為的是吃得衛生、睡得安穩。飯桌上高談闊論，唾沫橫飛，非但不雅，更為不潔。
14. 儘管吃的是粗製的飯菜，但也要十分虔誠地祭食，懷念發明飲食的先聖。
15. 行鄉飲酒之禮，必得讓年長者先出，然後自己才出，以示尊老。
16. 如果國君賜給食物，回家一定要坐端正了再吃，不可造次，以示敬重。如果所賜為生食，要做熟了先敬年長者受用。如果所賜為活物，應當先餵養起來，作為紀念。陪侍國君吃飯，國君親自祭食，陪者不必祭，但須先於國君吃飯，叫做嘗飯。
17. 朋友間饋送禮物不管多麼貴重，如大到車馬之類，如果不是祭肉，都不須行正規的謝禮。祭肉為通神明所用，因此被看得高於一切。
18. 孔子坐在服喪的人旁邊吃飯，從未吃飽過。要有惻隱之心，因為服喪者不飽食，所以其他人也不能狼吞虎嚥。

　　被尊為聖人的孔子，對於自己的一套飲食說教，大部分是身體力行的，在個別情況下，才有某些違越。如有時赴宴，主人不按禮儀接待他，他也以無禮制非禮。不合禮法，給肉、魚也不吃；若以禮行事，蔬食也當美餐。如據《說苑》記載，魯國有一個生活儉樸的人，用瓦鬲做了一頓飯，吃起來覺得很香美，於是他把飯盛在一個土碗內，拿去送給孔子吃。孔子很高興地接受了這碗飯，就好似吃牛羊肉一樣。他的弟子問他：「這土碗不過是低賤的物件，這飯食也不過是粗糙的食物，先生見了

第七章　味外之味

為何如此之高興？」孔子回答說：「我聽說好諫的人總會想著他的國君，吃到好食物的人會想起自己的親人。我並不是以為他送來的飯好，而是因為他吃了覺得味美而想到我，所以我才感到高興。」

東周陶鬲，平民食器

齊國的晏嬰說孔子禮節繁縟，幾輩子也學不完。晏嬰為齊國正卿，執政 50 餘年，飲食上奉行節儉，維護舊有禮制，他也是一個極為崇拜孔子的人。

晏子反對無客而飲酒，也反對長夜之飲。有一次，齊景公與大夫們一起飲酒，飲到興頭上，景公端起杯子說：「今天和大夫們同歡，請不必拘於禮節。」晏子聽了這話，頓時變了臉色，他嚴肅地說：「您這話可不對了，群臣固然希望國君不要用太繁的禮法來約束他們，但國君應該明白，以臣下之勇完全可以弒君代立，他們之所以不這麼做，就因為有禮法。否則，強者為君，那與禽獸有什麼區別？」景公不聽晏子的話，仍和大夫們狂飲。景公因事出入筵席，晏子視而不見，不起立迎送；景公與他碰杯，他又搶先一飲而盡。景公十分生氣，雙手插在腰間，兩眼圓瞪，責怪晏子無禮。晏子說：「剛才您說可以不拘禮節，無禮便是我這個樣子。」景公這才明白是自己的錯，表示聽從晏子的勸告。

東周飲食禮儀確實十分嚴格，不用心研習，就難免在社交場合出岔

子，《左傳》上便記有許多官員在外交場合因不習禮儀而鬧出笑話的事。宴會上既不能有傲氣，又不能有惰氣，還不能嘆氣，不許坐錯位置，更不許有不雅不敬的姿態。但是，事情總有正反兩面，有講禮的，也有無禮的。尤其在春秋末年「禮崩樂壞」的局面形成以後，在有些場合，禮儀規範不像過去那樣受人重視。從齊人淳于髡與齊威王的對話中，可以看出禮儀並不是無所不在，人們以前那種不講禮不如去死的觀念已越來越淡薄了。

淳于髡列舉了飲酒出現的幾種情形，表明人們並不樂於接受禮俗的約束，不願處於被動的狀態。如赴國宴時，筵席上不僅有糾察非禮的官吏，而且有隨時記錄的御史，人們心裡有一種恐懼感，俯伏著飲幾杯酒便完事，不敢開懷。如在家裡陪侍尊客飲酒，要規規矩矩為客人祝酒，也不敢造次。但如果是朋友往來，尤其是久別相逢，互訴衷曲，不僅酒量無限，也沒有太多拘束。要是碰上鄉里聚會，男女雜坐，遊樂嬉戲，甚會出現「握手無罰，目眙不禁，前有墮珥，後有遺簪」的混亂景象。到了晚上，男女圍著酒壺坐在一起，「履舄交錯，杯盤狼藉」，飲得解襟脫衣，那就一點也看不到官場上嚴肅禮儀的影子了。

可以認為，儒學是中國古代文化發展的核心，以孔子為代表的儒家飲食思想與觀念也可以說是古代中國飲食文化的核心，它對中國飲食文化的發展發揮著重要的指導作用。儒家所追求的平和的社會秩序，也毫不含糊地體現在飲食生活中，這也就是他們所倡導的禮樂的重要內涵所在。

「食不語，寢不言」，孔子的話語至今還在我們的耳邊迴響。隨著社會的發展，儒家學說也經歷了漸次改造與發展的過程，始終是中國古代傳統文化的主幹，始終對中國飲食文化的發展產生著重大影響。

第七章　味外之味

二、養身兼養性

　　唐宋時，人們常將窮秀才戲稱為「措大」。《東坡志林》記載了這樣一個關於措大的寓言故事。有一天，兩個措大一起大談自己的抱負，其中有一個說：「我平生最不足的是吃飯和睡覺，他日若得志，一定要吃飽了就睡，睡醒了又吃。」另一個則更出奇言：「我與你有所不同。我要是得志，就得是吃了又吃，哪還有空暇去睡覺？」這二人除了吃，別無他求。

　　自古以來，飲食文化的發展不可避免地受到各種思想和認知的支配，這樣形成了不同時代的飲食思想，構成飲食文化的一個重要內容。不論是酒徒，還是苦行僧，都有自己的一套飲食理論，不同的人信奉的教條往往不同。那兩個措大，可算是一種典型的單純追求滋味的人，按照他們的哲學，人生就是為了吃。宋代還有一位自稱措大的人，雖身居相位，卻並不貪吃，他就是北宋名臣杜衍。杜衍在家中只用一麵一飯，有人稱讚他的儉樸，他說：「我本是一個措大，我所享用的都是國家給的，所得俸祿多餘的不敢貪用，都送給了親戚朋友中的窮困者。我常擔心自己會成為白吃百姓的罪人。要是一旦失了官位，沒有俸祿，還不依然是個措大嗎？現在縱情享受，到那時又怎麼過下去呢？」在宋代，一些身居高位的人都立身儉約，有著與杜衍相同的飲食觀，大概與他們出身貧苦有一定關係。

　　北宋文學家兼書法家黃庭堅，曾在朝中任祕書丞兼國史編修官，也曾在外做過兩州知事，屢遭貶謫。他雖非措大出身，卻有著與杜衍相似的觀點。黃庭堅寫過一篇《食時五觀》的短文，表達了自己對飲食生活的態度，他認為「士君子」都應本著這「五觀」精神行事。這五觀是：

　　「一，計功多少，量彼來處。」即想到要經過耕種、收穫、舂碾、淘洗、炊煮等許多勞動，還有畜養殺牲等事，自己一人飲食，須得十人勞

作。在家吃的是父祖所累積的錢財，當官吃的是民脂民膏。意思是食物來之不易，不可不知。只有懂得了這一點，方能有正確的飲食態度。

「二，忖己德行，全缺應供。」要檢討自己德行的高下，具體表現在對親人的孝順，對國家的忠貞，對自身的修養，如果這三方面都盡了力，那就可以對所用的飲食受之無愧。如果欠缺其一，則應感到羞恥，不可放縱食慾，無休止地追求美味。

「三，防心離過，貪等為宗。」認為一個人修身養性，須先防備飲食「三過」，指「貪、嗔、痴」，即見美食則貪，惡食則嗔，終日食而不知食之所來則痴。《論語·學而》說「君子食無求飽」，如果背離這一條，那就大錯特錯了。

「四，正事良藥，為療形苦。」要了解到五穀五蔬對人的營養作用。身體不好的人，飢渴是其主要症狀所在，所以要以食當藥。懂得了這一點，就能做到「舉箸常如服藥」。

「五，為成道業，故受此食。」孔子說過，「君子無終食之間違仁」。是說任何時候都應當有遠大的抱負，使自己所做的貢獻與所得的飲食相稱。《詩經·伐檀》所說的「彼君子兮，不素餐兮」也是這個意思。

難得這個黃庭堅竟有如此高論，通篇勸導士大夫們積極上進，建功立業，不要一味追求飲食的豐美。他的思想在當時也許具有一定的代表性。這些觀點放到今天也還頗有可取之處。

南宋曾任禮部尚書的倪思，也極讚賞黃庭堅的觀點。他談到當時佛寺僧人每食必先淡吃三口：第一口為的是體會飯的正味，如果食饌品，就會因其調和了五味而難得體會到本味；第二口為的是思衣食之源；第三口則是為體諒農夫的艱難。這雖是處貧之道，也代表了包括一部分士大夫在內的人們的思想。

第七章　味外之味

黃庭堅出自蘇東坡門下，蘇東坡的飲食思想可能對黃庭堅產生過一定影響。東坡極為豪放灑脫，他不求富貴，不合流俗，他飲食生活的點點滴滴就像是一首首妙詩，令人回味無窮。

有人餽送東坡六壺酒，結果送酒人在半路跌了一跤，六壺酒全都灑光。東坡雖然一滴酒也沒嘗到，卻風趣地以詩相謝，詩中說「豈意青州六從事，翻成烏有一先生」。「青州從事」是美酒的代名。東坡早年不喜飲酒，自稱是個看見酒盞便會醉倒的人。後來雖也喜飲，而飲亦不多。他寫過一篇〈書東皋子傳後〉的文字，十分生動地描述了自己對飲酒所取的態度。他說：自己雖整日飲酒，加起來也不過五合。在天下不能飲酒的人當中，他們都要比我強。不過我倒是極願意欣賞別人飲酒，一看到客人高舉起酒杯，緩緩將美酒傾入口腔，自己心中便有如波濤泛起，浩浩蕩蕩。我所體會到的舒適，遠遠超過了那飲酒的人。如此說來，天下喜愛飲酒的，恐怕又沒有超過我的了。我一直認為人生最大的快樂，莫過於身無病而心無憂，我就是一個既無病且無憂的人。我常常儲備有一些藥品，而且也極善釀酒。有人說，你這人既無病又不善飲，卻要預備許多藥和酒，這是為何？我笑著對他說：病者得藥，我也隨之輕體；飲者醉倒，我也一樣酣適。

東坡愛飲酒，也愛吃豬肉。有人燒好豬肉請他去吃，等他到場，肉卻已被人偷吃，他曾戲作小詩以記其事：「遠公沽酒飲陶潛，佛印燒豬待子瞻。採得百花成蜜後，不知辛苦為誰甜？」東坡自己也會烹肉，他在黃州寫過一首〈豬肉頌〉詩，談到了自己獨到的烹調技法：「黃州好豬肉，價錢如糞土。富者不肯吃，貧者不解煮。慢著火，少著水，火候足時它自美。」後人將他創製的這道菜稱為「東坡肉」，名雖欠雅，內涵甚豐。

現代人烹製的「東坡肉」

宋代江南流行「拚死吃河豚」的話，東坡先生雖不是江南人，也不怕冒此風險。宋人孫奕的〈示兒編〉記有這樣一事：東坡謫居常州時，極好吃河豚，有一士人家烹河豚極妙，準備讓東坡來嘗嘗他們的手藝。蘇東坡入席後，這士人的家眷都藏在屏風後面，想聽聽這蘇學士如何品題。只見蘇學士光顧埋頭大嚼，並無一句話出口，這使家人十分失望。失望之中，忽聽東坡大聲讚道：「也值得一死！」是說吃了這美味，死了也值得。河豚因為有毒，所以一般人不大敢吃它；又因其味道絕美，又使許多人饞涎欲滴。人們摸索出了許多洗割烹製河豚的方法，其關鍵在於去毒。

雖然如此，蘇東坡並不是一個一心追求美味的人，他晚年力主蔬食養生的學說，可以算是切身的體驗。他的〈送喬仝寄賀君六首〉一詩，有兩句是這樣寫的：「狂吟醉舞知無益，粟飯藜羹間養神。」他拿著自己的經驗去勸誡別人。在《東坡志林》中，有一篇〈養生說〉，體現了蘇東坡的飲食觀。東坡說：「已飢方食，未飽先止。散步逍遙，務令腹空。當腹空時，即便入室，不拘晝夜，坐臥自便，唯在攝身，使如木偶。」要在腹空時安靜地待在室裡，數它八萬四千下，這樣就能「諸病自除，諸障漸滅」。東

第七章　味外之味

坡提倡止欲養生法,在另一篇小記中,題目即為〈養生難在去欲〉。

在〈贈張鶚〉一箋中,蘇東坡開列了養生「四味藥」:「一曰無事以當貴,二曰早寢以當富,三曰安步以當車,四曰晚食以當肉。夫已飢而食,蔬食有過於八珍。而既飽之餘,雖芻豢滿前,唯恐其不持去也。」強調清心寡慾,做適量運動以養身。

蘇東坡還有一篇〈記三養〉,文中說:「東坡居士自今日以往,不過一爵一肉。有尊客,盛饌則三之,可損不可增。有召我者,預以此先之,主人不從而過是者,乃止。一曰安分以養福,二曰寬胃以養氣,三曰省費以養財。」晚年,他越發感到攝生的重要,下決心在平日一天不過一杯酒一盤肉;來了客人盛饌不過三盤,可少不可多;有人邀請,先把自己的進餐標準告訴主人,主人不聽而筵宴過於豐盛,那就罷宴。這種養福、養氣、養財的三養論,是東坡先生64歲時才悟出的道理。他的這種節食制欲的決心不知是否下晚了一些,正當他要徹底改變自己老饕的本性時,卻在65歲時在常州去世了。

像蘇東坡這樣提倡節食養生的人,在宋代非止一二,在宋人的一些著作中,也常常可以讀到與東坡先生相似的論點。如沈作喆的《寓簡》說:「以飢為飽,如以退為進乎!飢非餒也,不及飽耳。已飢而食未飽而止,極有味,且安樂法也。」他將食不過飽,作為一種安樂法來施行。張耒也反對飽食,他在晚年務平淡,口不言貧,在其《續明道雜誌》一書中,還列舉了當時幾個少食得長生的例子。他說:我看到不少老人飲食很少,如內侍張茂則,每餐不過粗飯一盞許,濃膩食物絕不沾口,老而安寧,活了80多歲。張茂則還常常勸告別人:「且少食,無大飽。」還有翰林學士王皙,他是食必求精,但不求多,一次吃不足一碗,吃包子也不過一兩個,結果也活了80歲,老時更見康強,精神不衰。王學士還曾

說：「食取補氣，不飢即已。飽生眾疾，至用醫物消化，尤傷和也。」吃得過飽，易生百病，確為至理名言。又如祕書監劉幾，食物更是淡薄，僅飽即止，也活到了 80 歲。這劉幾與他人不同之處在於他喜歡飲酒，每次飲完酒就不再吃飯，只吃一點水果而已。

　　宋人還認為，食不僅不必多，也不必強求精細。周煇在《清波雜誌》中說：「食無精糲，飢皆適口。故善處貧者，有晚餐當肉之語。」也就是說，飢餓時吃什麼都會覺得香甜可口。林洪在《山家清供》中記有這樣一事：宋太宗趙匡義問翰林學士承旨蘇易簡說：「食物中最珍美無比的，是什麼東西？」蘇易簡回答說：「食無定味，適口者珍。臣的體會是，齏汁最美。」太宗聽了，不甚明白，又問究竟。蘇易簡接著說：「臣在一個非常寒冷的夜裡，抱著暖爐溫好酒，痛飲大醉，上床蓋了兩三層被子就睡了。忽然醒來，覺得口中乾渴得很，於是穿衣下床，乘著月光走到庭院中。我一眼看到，在殘雪中立著一個裝齏的盆，顧不上喚來侍童，自己用雪洗了洗手，倒出酸酸的齏汁就喝了幾滿缸。臣感到即使是天上仙廚的鸞脯鳳脂，也比不上那齏汁的滋味。」林洪將這齏汁稱為「冰壺珍」，不過是用清麵菜湯浸以菜而成，但有止醉渴的功效，所以蘇易簡醉後會覺得它味美無比。

　　林洪在《山家清供》中還提到一種「石子羹」，可以從中看出文人們所追求的往往並非珍美的滋味，而是某種高雅的意境。這白石羹是用清溪流水中取來的一、二十枚小石子汲泉煮成，飲者覺著有泉石之氣，如此而已。林洪提倡素食，宋代的士大夫有很多都是素食主義者，陳達叟就是其中著名的一位。陳達叟所著《本心齋蔬食譜》，記其師本心翁素食二十品，體現了山林居士們在品味過程所達到的精神境界。這二十品素食是：豆腐、菜羹、米糕、春韭、麥麵、山藥、荔枝、炊餅、泡菜、

第七章　味外之味

湯圓、竹筍、雪藕、蘿蔔、熟栗、煨芋、枸杞、甘薺、綠粉、野蕢、白粢。他說，古代的聖人都用菜羹瓜果祭祀祖先，用素食招待客人，不用說這是最高的禮遇了。他還說，雪白的蓮藕，出汙泥而不染，不僅滋味爽口，更是人們修身養性的最好借鑑。他又說，只有吃得了蘿蔔鹹菜，經得了清貧生活的人，才能成為大有作為的人。這話雖說得有些片面，但也並非全無道理。陳達叟在書末還說，這二十品素食不必全備，有四分之一足矣，尤其是前面五品，均見諸儒家經典，必須擺在重要的位置上，以示尊經。這樣看來，作者的心境表露得很清楚，證實宋人在飲食上有新的追求，這是一種精神上的追求。

三、美味配美器

古人云「美食不如美器」。這話裡表達的意境並不是器美勝於食美，也不是提倡單純的華美的器具，而是說食美器也美，美食要配美器，求美上加美的效果。有了這種追求，又有了生產力的發展和科學進步為背景，許多不同質料的器具不斷被發明出來。餐桌上的菜餚不斷變換著花樣，餐具同樣也變換著花樣。

中國飲食器具之美，美在質，美在形，美在裝飾、美在與饌品的諧和。中國古代食具之美，從不同時代發明的陶器、瓷器、銅器、金銀器、玉器、漆器和玻璃器上得到充分展現。作為食具使用的陶器，伴隨人類飲食生活的時間最長。中國新石器時代的食具往往是陶器中最精緻的產品，傾注了先民們的巧思。當時慣常使用的飲食器具主要有杯、盤、碗、盆、缽、豆（高足盤）、小鼎幾類，出土數量很多。這些器類在地域分布上有一些明顯的特點，如東部地區多鼎、豆、杯，西部地區多碗、盆、缽，南部地區多杯、盤、碗，反映出各地飲食方式上的傳統差異。

三、美味配美器

大汶口文化時期的彩陶豆

隨著製陶工藝的發展，新石器時代的食具燒製的品質越來越好，不論是由質料、造型，還是由裝飾風格這個角度，即便用現代的眼光看，許多器具都頗具欣賞價值。

現代最普遍的食器是瓷器，瓷器耐高溫，光潔度好，有很高的文用價值和欣賞價值。瓷器的製作與使用已風靡全球，中國是它的誕生地，是古代中國人的智巧勤勞，為全人類造就了如此合宜的食器，這在中國飲食史上算得上是最光彩的篇章之一。

瓷器的發明，是建築在製陶工藝發達的基礎之上的，早在3,000多年前的商代，中國就燒製成功原始瓷器。標準的瓷器出現在東漢時代，掛青色釉，所以稱為青釉瓷器。北方在北朝時代起，開始燒製白釉瓷器，到唐代白瓷工藝已相當成熟。南方仍以製作青瓷為主，所以唐代的製瓷的這種地域性特點稱之為「南青北白」。唐代還出現了高溫釉下彩的技術，瓷器的美化趨勢開始顯露出來。

到了宋元時代，已是中國瓷器發展的繁榮時期。宋代飲食器具普遍使用瓷器，食器、酒具、茶具都以瓷器充任，所以瓷器需求量極大。宋代名窯眾多，體現出鮮明的地特點，異彩紛呈。五大名窯之一的定窯以

第七章　味外之味

產優質白瓷風靡一時，燒製出大量宮廷用瓷。定瓷以刻花和模印作為主要裝飾手段，刻紋有折枝，纏枝，雲龍，蓮荷，印花有牡丹、石榴、菊花、宣草、鴛鴦、孔雀等，秀美典雅。定瓷飲食類器皿主要有碗、盤、杯、碟等，不乏小巧精緻的珍品。磁州窯是北方最大的民間瓷窯，燒製大量平民用飲食器具，色彩豐富。耀州窯也是規模很大的民間瓷窯，以青釉為主，也有黑釉白釉。耀瓷刻花精巧，紋飾優美，有範金之巧，如琢玉之精。鈞窯作為五大名窯之一，它也屬北方青瓷系統，鈞瓷的釉色主要有茄皮紫、玫瑰紫、葡萄紫、硃砂紅、海棠紅、雞血紅、寶石紅、霽紅、桃花片、蔥翠青、鸚哥綠、雨過天青、月白風清等，以硃砂紅最為珍貴。被列為五大名窯之首的汝窯，以燒製青瓷貢品而聞名。汝瓷胎質細潔，採用瑪瑙入釉，燒成十分純正的天青色，並首創人工開片紋。汝瓷傳世品和發掘品數量都不多，所以就更顯其珍貴了。

宋代汝瓷溫碗

南方瓷窯最著名的是龍泉窯和景德鎮窯。龍泉窯屬青瓷系統，主要燒製民用飲食器皿，釉色有可與翡翠媲美的梅子青，有雅如青玉的粉青釉，它的釉色工藝是古代青瓷製作的最高水準。景德鎮窯燒製具有獨到風格的青白瓷，釉色在青白之間，青中見白而白中泛青，又稱為「影青」，有「晶瑩如玉」的美譽。元代中期以後，景德鎮開始燒製大量精美

絕倫的青花瓷，奠定了它的瓷都地位。青花瓷的出現，被認為是中國瓷史上的劃時代事件。青肌玉骨的青花瓷最具東方民族風格和藝術魅力。青花瓷不僅受到中國大眾的喜愛，而且還大批銷往國外，直到今天，它也仍是餐飲用瓷的主要品種之一。

中國古代最美的瓷品中，值得提到的還有明清的彩瓷。明代的彩瓷成就表現在「鬥彩」的燒製成功，器皿釉上釉下都繪彩，給人一種爭妍鬥美的新奇感。清代又有了琺瑯彩，這是一種御用瓷。此外又有粉彩，也是一種釉上彩，具有極高的藝術欣賞價值。

歷代飲食類瓷器的造型，大都小巧精緻，注重實用。在上流社會使用的瓷器，更注重藝術欣賞價值，這些瓷器往往都是價值無數的珍品。可以說美食美器的傳統，主要是由貴族們代代相傳的。

最能體現貴族風度的，還是莊重沉練的青銅器。商代早期的青銅飲食器具只有爵和斝，外表素面無飾，都是酒器。中期增加了鼎、簋、觚、卣、盤等，有了簡單的紋飾。晚期出現了許多新的器形，有了繁縟的紋飾，盛行猙獰的獸面紋，體現出一種莊重之美。西周早期的青銅器具基本沿用了商代的傳統，風格較為相似中期出現簡樸的發展趨勢，造型多變的重型禮器逐漸消失，出現了列鼎等成套禮器。晚期銅器更趨簡樸，小件實用飲食器具發現較多。紋飾比較簡潔，不過習慣加鑄長篇銘文，所以鑄器的紀念意義更為明顯。

東周銅器種類又有明顯變化，酒器明顯減少，食器數量增加，列鼎制度仍在沿用。銅器紋飾也有很大改變，過去常見的獸面紋已不時興，代之而起的是動植物紋、幾何紋和大場面的影像紋。裝飾還廣為採用了鑲嵌、鎏金、金銀錯、細線刻等新工藝，使銅器更顯富麗堂皇。

第七章　味外之味

陝西寶雞出土的西周象形尊

　　自漢代開始，作為飲食器具的銅器並沒有完全退出人們的食案，不過無論種類、數量、紋飾，都不能與商周時代相提並論了。

　　在青銅器開始衰落的東周時代，一種新質料的器具普遍流行開來，這就是漆器。細想起來，漆器的普及客觀上加速了青銅器的衰落過程，造成了一個新飲食時代的到來。

　　漆工藝的出現可以上溯到新石器時代，商周時代漆器工藝得到進一步發展，有了金銀箔貼花和最早的螺鈿技術，使得飲食類漆器更富有光彩。到戰國時代，漆器工藝發展到前所未有的繁盛時期。漆器應用到生活的各個方面，屬於飲食所用的有耳杯、豆、樽、盤、壺、盂、鼎、卮、食具箱和酒具箱等。漆色十分豐富，有鮮紅、暗紅、淺黃、黃、褐、綠、藍、白、金諸色。紋飾也相當豐富，以圖案和繪畫作裝飾，透出一種秀逸之美。

　　古代漆器工藝發展的鼎盛時期是西漢時代，漢代漆器出土數量很多，不少儲存得也很好，而且大多為飲食器皿。漢代以後，作為飲食器皿的漆器數量銳減，這當與瓷器的興起有關。不過各代仍能製出一些漆器精品，如唐代華麗的金銀平脫和雕漆（剔紅、剔犀）漆器、宋代一色和螺鈿漆器、明清的描金、雕填、戧金、百寶嵌漆器等。百寶嵌是用各種

珍貴材料如珊瑚、瑪瑙、琥珀、玳瑁、螺鈿、象牙、犀角、玉石做成嵌件，在漆器表面鑲成絢麗華美的浮雕畫面，顯示出一種別類漆器不見的珠光寶氣效果。

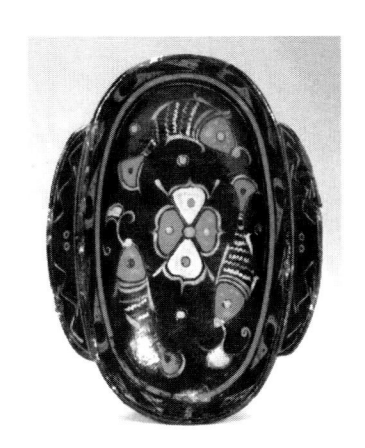

戰國漆耳杯

古代高級的飲食器皿，還有所見不多的玻璃器。玻璃器出現在先秦時代，漢代已有了玻璃杯盤，同時也輸入了一些羅馬玻璃器皿。兩晉南北朝時代，除羅馬玻璃器外，又輸入了一些薩珊玻璃器。北朝時中國已掌握吹製玻璃技術，到唐代時有了不少本土生產的玻璃器皿。

玻璃杯在唐代是備受歡迎的高級飲器，它的亮麗之美是其他器皿所不能比擬的。有關唐朝的典籍中就有不少外國遣使貢玻璃杯的記載，也有一些使用玻璃杯的記述，如《楊太真外傳》中就有「妃持玻璃七寶杯，酌西涼州葡萄酒」的話，表明玻璃杯在當時也不是一般人所能享用得了的。

下面重點說說金銀食器。

將黃金白銀製成飲食器具，這個歷史雖然可以上溯到 2,500 年以前，然而它的發展卻相當緩慢，這主要是由於金銀的稀有和珍貴。直到進入唐代，金銀器的製作和使用才在上層社會得到普及，甚至形成了一股不小的風潮。

第七章 味外之味

早在西漢時期，方士李少君就曾建議漢武帝劉徹用黃金製作飲食器皿，說「黃金成以為飲食器則益壽。益壽而海中蓬萊仙者可見，見之以封禪則不死」（《史記·孝武本紀》）。這種以金銀器求長生不死的思想，也為唐代統治者所接受。這既能滿足驕奢淫逸的生活，又能滿足其保命千秋的心理，於是金銀器便成了統治者營求不倦的法寶。

唐代長安設有相當規模的官辦金銀作坊院，從各地以徭役形式徵調許多技藝熟練的工匠。作坊院製成大量金銀器，充斥到社會生活的許多方面。統治者常以貴重的金銀器作為賞賜，用以籠絡人心。如翰林學士王源中與其兄弟們踢了一場毯，文宗皇帝李昂一時興起，一次便賜給他美酒兩盤，每盤上置有十隻金碗，每碗容酒一升，「宣令並碗賜之」，不僅賜酒，連盛酒的二十隻金碗也一起賜給了王源中等人。玄宗李隆基更是慷慨，他曾因有人為他敲了一陣羯鼓，而賜給那人金器一整櫥；又因為有人為他跳了一曲醉舞，而賜給那人金器五十物。高宗李治想立武則天為皇后，不料他舅舅、宰相長孫無忌屢言不妥，於是「帝乃密遣使賜無忌金銀寶器各一車，綾錦十車，以悅其意」（《舊唐書·長孫無忌傳》）。悄悄地將這麼多金銀財寶送人，這不大像是賞賜，實際是別有用意，皇上給大臣送禮，歷史上還真不多見。

臣下為升官邀寵，常常要向皇帝貢奉大批金銀器皿，而且在這些器皿上鐫有進貢者的名姓和官銜。每逢大年初一，皇上命人將這些貢品陳設於殿庭，作為考查官吏政績的重要依據。這樣做的結果，使得各地官吏肆意搜刮民財，競相打造金銀器進奉。大臣王播在被罷免鹽鐵轉運使一職後，為謀求復職，他廣求珍異進奉。敬宗李湛給他復職後，他在進京朝見時，一次就進奉給敬宗大小銀碗 3,400 件，結果又被加封為太原郡公。

近幾十年來，從地下出土的唐代金銀器已有千件以上，其中以都城

長安遺址附近所見最多,印證了文獻上記載的事實。有許多金銀器皿都是被作為窖藏埋入地下的,大多是因為意外的事變使得主人沒能再將它們挖掘出來。有時一個埋藏地點可發現 200 多件精美的器具,數量相當驚人。

出土的金銀器皿中,大多為飲食用具,主要有盤、碟、碗、杯、茶托、盆、酒注、壺、罐、盒等。這些器皿大多都裝飾有精美的紋飾,工藝水準極高。其中有一些銀器刻飾鎏金花紋,尤為精巧,稱為「金花銀器」,這是唐代以前所未曾出現的新興金銀工藝佳品。

1970 年,西安南郊何家村發掘出一座唐代窖藏,一次就出土金銀器 270 件,包括碗 62 件、盤碟 59 件、環柄杯 6 件、高足杯 3 件、鐺 4 件、壺 1 件、鍋 6 件、盒 28 件、石榴罐 4 件、盆 6 件、罐 6 件等,絕大部分都是飲食用具,是一次空前的發現。在其他地點的一些唐代墓葬中,也見到一些隨葬的金銀器,證實唐代上層社會生活中普遍使用過金銀器皿。

陝西西安出土的唐代金盃　　　陝西西安出土的唐代鏨紋銀盃

隋唐時代的飲食器皿,比較珍貴的除了金銀製品外,還有玉石、瑪瑙、玻璃和三彩器。有一些玻璃器可能是西域來的商品,唐人詩句中的「夜光杯」,大約也包括這類玻璃器。如王翰〈涼州詞〉:「葡萄美酒夜光杯,欲飲琵琶馬上催。」葡萄酒和夜光杯,作為異國情調很受唐人推崇。

第七章　味外之味

　　從金銀器、玻璃器和祕色瓷上，可以看出唐代上層飲食器具發生了很大變化，這對當時的飲食生活都產生過一定的影響。如果說這些珍貴的飲食器具只不過是統治者階層的專利品，它給唐人飲食生活所帶來的變化並不足觀的話，那麼高桌大椅的出現，則可以說給當時飲食方式帶來了革命性的變化，這個變化又為中國烹飪的發展開闢了新的前景。

　　中國古代飲食器具不限於前述這幾種質料，但一些主要品種大體包括在其中了。彩陶的粗獷之美，瓷器的清雅之美，銅器的莊重之美，漆器的秀逸之美，金銀器的輝煌之美，玻璃器的亮麗之美，都曾給使用它的人以美好的享受，而且是美食之外的又一種美的享受。

　　美器的傳統，有以古樸為美，也有以新奇為美；有以珍貴為美，也有以簡素為美，美的境界並不相同，不能一概而論。美器與美食的諧和，是飲食美學的最高境界。李白〈行路難〉中「金樽清酒斗十千，玉盤珍羞直萬錢」的詩句，將美食美器並稱，這顯然是統治者階級的傳統，屬於以珍貴為美的一類。陸游〈小宴〉詩中「洗君鸚鵡杯，酌我葡萄醅」句，則是平民階層的傳統，也體現有一種美，屬於自然素樸之美。

▍四、胡瓶改變了什麼

　　古代文化東西交流，飲食是首選項。相距遙遠的兩地，有物種交流，也有器具交流，還有飲食方式上的交流。你東來的有麥子，我西去的有小米。我運去晶瑩光潔的瓷器，你運來明光晃晃的金銀玻璃器。

　　古代中國製器，強調傳統風格的繼承，器物形制變化比較緩慢。一旦與外域產生交流，偶爾也會青睞外來品，也會對傳統帶來明顯衝擊。例如酒具中的酒壺，由先秦經漢晉，我們有一兩種比較固定的器形，也

四、胡瓶改變了什麼

有固定的飲酒方式，可因為由域外傳進的一種「胡瓶」，這個傳統就被打破了，盛酒器具改變之時，也是飲酒姿勢改變之時，隨之又改變了傳統的飲茶方式。

我們知道，漢唐時期統稱西域人為「胡人」，商人曰「胡商」，所用之物常冠以「胡」字。由於絲綢之路的開通，中西文化交流頻繁，新奇的域外文化帶來極大的衝擊力。漢唐人特別是帝王與上層貴族，崇尚胡俗、胡妝、胡服、胡器、胡食、胡樂、胡舞，胡風流行朝野。

隨著胡風傳入的還有一種胡瓶。所謂胡瓶，是指由外域傳入中國的一種貯酒器具，它最初的材質為金銀製，傳入本土後用陶瓷等工藝仿製改造。因它來自於西方，又多為胡人使用，故稱胡瓶。當然胡地產製的瓶，在胡地不會叫做胡瓶。

考古中除了見到胡瓶實物，還見到一些相關的影像資料，可以使人對胡瓶的用途用法得到直觀的認知。

陝西西安北郊發掘的北周安伽墓，墓中圍屏石榻雕刻影像中頻繁出現胡瓶，有侍者手持的胡瓶，有置於地面上的胡瓶。安伽墓東北方位發掘的北周史君墓，墓中石槨浮雕上也雕刻有胡瓶數件。唐李晦墓石槨線刻侍女圖，侍女左手托盤，右手提著胡瓶。甘肅省天水市石馬坪發現墓葬一座，墓中出土屏風式石棺床雕刻有胡瓶。在山西太原發掘的隋代虞弘墓，宴飲圖石雕上出現有碩大的胡瓶。墓中出土有1件男侍石俑，懷中持有胡瓶。

虞弘墓持胡瓶石雕像

第七章　味外之味

　　研究者統計唐以前的胡瓶資料，認為北周以來出土有胡瓶或雕刻有胡瓶影像的墓葬，一般都是胡人墓葬，說明隋唐以前胡瓶多在胡人圈使用。

　　研究者認為胡瓶傳入雖然較早，但到唐代胡瓶的使用才開始流行起來。唐代文獻中也能尋到胡瓶的記載，唐中宗李顯的〈賜突厥書〉說：「可汗好心，遠申委曲，深知厚意，今附銀胡瓶盤，及雜彩七十匹，至可領取。」

　　唐代時，胡瓶之名明確見於正史文字記述。如《舊唐書・吐蕃列傳》記載：開元十七年（西元729年），吐蕃贊普向唐廷上表求和，「謹奉金胡瓶一、金盤一、金碗一、馬腦杯一、零羊衫段一，謹充微國之禮」。吐蕃送來的禮物中有金胡瓶一，而且在上表中還列在首要位置。

　　又見《新唐書・李大亮傳》說：「太宗報書曰：有臣如此，朕何憂！古人以一言之重訂千金，今賜胡瓶一，雖亡千鎰，乃朕所自御。」唐太宗用過胡瓶，當然也特別喜歡這異域的物件，他將自己所常用的一件胡瓶賜給了李大亮，也算是一個很高的獎賞了。

　　李大亮是大唐開國功臣，在任涼州都督時，太宗遣臺使往涼州，見到涼州有名鷹，臺使就暗示他獻給皇帝。李大亮上奏太宗直言，說陛下很久不打獵了，使者要我獻獵鷹，如果不是皇上的意思，這使者就太不夠意思了。唐太宗回書稱讚了李大亮，並送去了一個胡瓶表示讚賞之意。

　　在通往西域的途中，胡瓶不會是稀罕之物，西域商人要用，官員要用，軍士也要用。讀一讀唐王昌齡的〈從軍行〉，我們看到了軍旅中的胡瓶：

胡瓶落膊紫薄汗，碎葉城西秋月團。
明敕星馳封寶劍，辭君一夜取樓蘭。

　　騎著戰馬，挎著寶劍，手臂上還掛有一個胡瓶。壯士一瓶酒，星夜取樓蘭。朋友餞行，酒是不會少勸的，那胡瓶也是少不了的道具，所以

四、胡瓶改變了什麼

盧綸在詩〈送張郎中還蜀歌〉中說：

垂楊不動雨紛紛，錦帳胡瓶爭送君。
須臾醉起簫笳發，空見紅旌入白雲。

又有顧況〈李供奉彈箜篌歌〉這樣寫道：「銀器胡瓶馬上馱，瑞錦輕羅滿車送。」一個地位極高的宮廷樂師，天天見天子，連王侯將相都要下馬相迎，彈奏之後得到的謝禮有滿車的絲綢錦繡，馬背馱走的自然也少不了有銀器胡瓶。

胡瓶作為外來器物來到中國，徹底改變了古中國人的飲酒方式。

先秦兩漢盛酒、挹酒、飲酒，用的是尊、勺、杯一組器具，飲酒比較重要的是中間環節，要用勺子將尊中酒舀進杯中，謂之「斟酌」。胡瓶出現了，它逐漸取代了尊和勺的作用，直接就可以將酒注入杯中，它其實就是具有現代意義的酒壺。

到了宋、遼時期，標準的胡瓶已不多見，本土化的酒壺大量出現，名稱也開始改稱酒注、酒壺，用法與胡瓶相同。

宋代文獻中偶爾也還尋到胡瓶蹤影，如宋人陳庚的詩〈謝友人惠犀皮胡瓶〉，講述了胡瓶的製作。關於胡瓶的使用，宋末元初鄭思肖的〈一旦〉詩說：「金盃暫飲胡瓶酒，玉鉉誰調御鼎羹。」甚至到了明代，胡瓶一名在歷史中並沒有消失。如王恭的詩〈憲從事新寧陳氏歸隱卷〉說：「胡瓶膡酒介軒樓，紅燭離堂孔彰席。」

河南洛陽出土的唐代三彩胡瓶

第七章　味外之味

朋友在酒樓餞別，使胡瓶飲臘酒，也是一樂事。

胡瓶的傳入，改變了傳統的飲酒方式，其實它的意義還不只是如此，它同時改變的還有我們的飲茶方式。

唐代後期飲茶出現一種新方法，將茶末放入茶盞，用一種帶嘴的茶瓶在炭火上將生水煮沸，向盞中沖注，這方法被稱為「點茶法」。煮茶用鍑，點茶用瓶，這種瓶又叫湯瓶。據研究，茶瓶最早的實物是西安出土的王明哲墓中的那一件，茶瓶肩腹伸出短嘴，為茶湯的出水口。

唐末至宋，茶瓶的嘴開始逐漸加長，宋徽宗在《大觀茶論》專科論茶瓶形制，說「瓶宜金銀，小大之制，唯所裁給。注湯害利，獨瓶之口嘴而已。嘴之口差大而宛直，則注湯力緊而不散；嘴之末欲圓小而峻削，則用湯有節而不滴瀝。蓋湯力緊，則發速有節，不滴瀝則茶面不破」。特別強調茶瓶製作嘴形的作用，它是注出好茶湯的關鍵。中國國家博物館收藏的北宋廚娘畫像磚上，表現有用茶壺煮茶湯的廚娘，候湯的廚娘用火箸撥炭，炭爐中煨著一隻長嘴的茶壺。

唐代這樣的茶瓶茶壺，其實與酒壺並不易區別，但可以想像茶瓶是借用了酒瓶（壺）的樣式，飲茶方式的變化應當是受到飲酒方式的啟發，茶瓶也是模仿胡式酒瓶的樣式改制而成。

清宮金酒具

這樣說來，胡瓶的傳入，不僅徹底改變了古代中國人的飲酒姿勢，讓斟酌這樣的詞彙只存在於記憶之中，還順帶著造成一個意想不到的變革，即革新了古中國的飲茶方式。不用說，這種飲茶方式又影響到了域外，促進了茶文化的傳播。

五、御筵上的規矩

在古代正式的筵宴中，座次的排定及宴飲儀禮是非常認真的，有時顯得相當嚴肅，有的朝代皇帝還曾專門下詔整肅，不容許隨便行事。

例如《宋史·禮志十九》便提到，宋淳化三年（西元 992 年），曾令有司「申舉十五條」，批評了朝官上朝失禮行為，其中就提及「廊下食行坐失儀」之事，並宣告要嚴厲懲處再犯者，那些吃朝廷免費午餐的官員如果太放肆，就要罰扣薪俸一個月，如果經過教育還不改正，還有降職的可能。當然，朝中散漫現象不會因一兩次整肅而完全消失，還得三令五申，不斷敲警鐘。所以十多年後，宋真宗親自下詔批評朝中筵宴儀容不端的現象，事見《宋史·禮志十六》的記述：規定正式的宴會，令御史臺預定位次，與宴者不得喧譁，還要派專人在宴會上巡視。在朝中參加一次宴會，在如此嚴密的監視下飲酒吃肉，確實很不自在。這時的禮與法已等同起來，不遵禮即是違法。

朝中筵宴，與宴者動輒成百上千，免不了會生出一些混亂，所以組織和管理就非常重要。史籍上有關這方面的記載並不太多，我們可以由《明會典》上讀到相關的文字，可以想見古代的一般情形。如「諸宴通例」中提到，明代朝中在宴會之先，禮部通知各衙門開具與宴官員職名，畫好座次圖懸掛在長安門公告。在時還要開寫職銜、姓名，貼注席桌上。一般官員要等待大臣就座後，方許依次照名就席，不得預先入座。

第七章　味外之味

　　宴會三日之前，座次即已排好，而且畫成座點陣圖分別懸掛在醒目處，每個與宴官員在圖上可以尋找到自己的席位。在每個席位上也貼注著與宴官的姓名、職銜，入座時列隊而行，不會發生混亂。

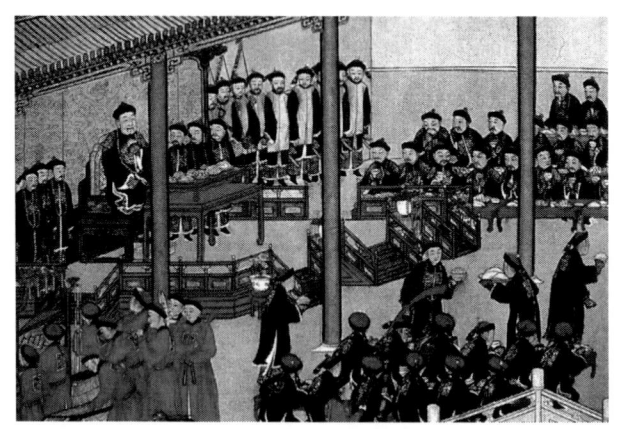

清宮紫光閣賜宴圖

　　我們現在的盛大國宴，則是在請柬上註明應邀者的姓名和席位號碼，簡單明瞭。與宴者只要按照席號入位，一般是不會發生差錯的。

　　明代普通百姓的飲食，往往都有一些不成文的規矩，總體來看，以節儉為主要風尚。如有紅白喜事需要擺筵席招待賓客，桌上的餚饌不超過六盤。若是在窮鄉僻壤，六盤菜中只有五盤能吃，另一盤是魚，這魚是用木頭雕成，只是擺擺樣子，當然不能吃。不過有時也會往木魚上澆些滷汁，客人們可以象徵性地動動筷子。等到宴會散了，還要將木魚洗淨晾乾，等下次有機會再擺上筵席。這使筆者想起家鄉湖北的筵席，其中也有一道菜是魚，午宴端上的魚通常是不吃的，散席時完完整整地又端回廚房。客人們也都知道這個規矩，所以誰也不會把筷子伸到魚盤中。晚宴時，這盤魚又會重新出現在餐桌上，不過這次可以吃了，不必再端回去。這種吃法，恐怕與明代的木魚有些淵源。

明代陸容在他寫的《菽園雜記》一書中，也曾談到江西民間崇尚節儉的食風。他說，江西人吃飯時，第一碗飯不許吃菜，吃第二碗飯時才允許吃菜，稱為「齋打底」。吃葷一般只買豬內臟等，因為沒有骨頭可扔給狗吃，所以稱為「狗靜坐」。酒席宴上擺有不少果品，不過大都是用木頭雕成，只有一種時令水果可供食用，這稱為「子孫果盒」，意為可代代相傳。更有甚者，祭神時所用的畜牲也都是臨時從飯鋪借來，完事後再完璧送還。這一方面是儉樸，另一方面也反映了人們生活窮困，窮困又不願舍禮，所以不得已而為之。

六、淨盤與懷歸

中國飲食文化中有一種現象：以「吃不完」來顯示主人的盛情。將剩下的飯菜打包，在今天已是常態。其實在古代，吃不完的飯也並非通通倒掉，有時是要打包的。

一些人常常以餚饌的量來定義筵宴的豐盛程度。宴席的準備都是以「吃不完」作為標準的，這也是判斷主人盛情的一個指標。吃不了怎麼辦？打包。這樣的傳統可以追溯到周代。周代有許多食禮儀規，將各類筵宴的細節規定得仔仔細細，從這些禮文中我們可以知道打包的情節。以《儀禮·公食大夫禮》為例，所謂「公食大夫禮」，為國君宴請他國使臣的宴飲之禮。宴飲的程序是：國君先派大夫去賓館迎請使臣，告以將行宴飲之事。使臣三辭不敢當，最後要跟著大夫到達宴會之所。這時宴會的準備工作自然早已開始，大殿上陳列著七鼎、洗盤和匜等器具。座席鋪正，几案擺好，酒漿和饌品也已齊備。國君身穿禮服，迎賓於大門內。賓主揖讓再三，答拜接連，然後落座。

很快，膳夫和僕從獻上鼎俎魚肉和醯醬，這些饌品和飲料的種類及

第七章　味外之味

擺放的位置都有一定規範，不得錯亂。有經學家根據《儀禮》上的記載，復原研究了「公食大夫禮」所用飲饌的陳列格式，十分壯觀，而且非常有條理。最後獻上的是飯食和大羹，擺設完畢，大宴開始。賓主又是互拜一番，賓祭酒食，開始進食。

宴飲結束，使臣告辭，國君送於門邊。膳夫等人則將沒有吃完的牛、羊、豕肉塊盛裝起來，一起送到來使下榻的賓館。在古代，餚饌可以打包，茶飲也可以打包，唐代就有這樣的例證。據《雲仙雜記》說，覺林院僧志崇飲茶時按品第分為三等，他待客以「驚雷莢」，自奉以「萱草帶」，供佛以「紫茸香」。他以最上等茶供佛，以下等茶自飲，中等茶用於待客。他的中等茶也一定有特別之處，有客人赴他的約會，都要用油囊盛剩茶回家去飲，捨不得廢棄。喝不了，兜著走，也是因為太珍貴了。這油囊就是一個防滲布袋，功用與現在的食品袋相同。

古代官員有機會赴御宴，自然會覺得風光無限，有時還會設法悄悄帶回一些饌品，讓家人品嚐。悄悄地，就當是竊食吧，唐代竊食御宴已成風氣，不過誰也不將這行為當盜竊看待。皇上自然也樂得做個人情，不僅下了可以懷歸餘食的御旨，而且還讓太官（官名，掌管百官之饌）專門備兩份食物，讓百官帶回家去孝敬自己的父母。明代陸深的《金臺紀聞》，述及此事時這樣寫道：

廷宴餘物懷歸，起於唐宣宗。時宴百官罷，拜舞，遺下果物。怪問，咸曰：「歸獻父母及遺小兒。」上敕太官：今後大宴文武官給食兩份，一與父母，別給果子與男女，所食餘者聽以帕子懷歸。今此制尚存，然有以懷歸不盡而獲罪者。

瞧瞧，那些悄悄放在懷中和袖裡的食物，在臣子跪拜皇恩時撒落了一地，好難得一見的特別風景。唐宣宗動了情，下了「懷歸令」，從此御

宴上沒吃完的東西，臣子都可以大大方方地帶回去了。按陸深的說法，明代御宴上的食物，你要吃不了還非得兜著走，不然還要治你一個罪名，也許就是「不孝」之罪吧。

皇上辦起筵席來，有時是很慷慨的，大臣酒足飯飽之後，還可以帶回沒吃完的食物，或者加帶兩份預備好的食物，這就是「懷歸」。而且，有時懷歸的不僅有食物，甚至還有使用的餐具，有時是瓷器，有時也可能是貴重的金銀器。清人孫承澤《春明夢餘錄》中談到明代的情形說：「朝廷每賜臣下筵宴，其器皿俱各領回珍貯之，以為傳家祭器。」

有了「懷歸令」，御宴上碗淨盤光。由今及古，我們可以改變一下自己的觀念，不必準備讓人吃不完的筵席，真吃不了時，那就「兜著走」吧。

七、吃飯的用處

飢求食，渴思飲，為人之常情，也是作為動物的人的本能。對於文明時代的人類來說，飲食的功能並不能僅用果腹充虛概而言之，它還有在解飢止渴之外的更為深邃的內涵。

飲食的作用，可以在十分廣泛的範圍內體現出來。祭先、禮神，期

第七章　味外之味

友、會親，報上、勵下，安邦、睦鄰，養性、健身，這些重要的事情有時主要是透過飲食活動完成的。人們透過飲食活動，調節人與神、人與祖、人與人、人與自然、身體與心性之間的關係，飲食就是這樣一種萬用的潤滑劑。

從更高的層次看，人類的進化、文化的發達、哲理的積澱、傳統的揚棄，都離不了飲食活動。飲食不僅是一切社會活動的基本保障，還是所有人類成就的重要泉源。錢鍾書先生寫的〈吃飯〉一文，對飲食的功用做過深入淺出的剖析，他這樣寫道：「吃飯還有許多社交的功用，譬如連繫感情、談生意經等等，那就是『請吃飯』了。社交的吃飯種類雖然複雜，性質極為簡單。把飯給自己有飯吃的人吃，那是請飯；自己有飯可吃而去吃人家的飯，那是賞面子。交際的微妙不外乎此。反過來說，把飯給予沒飯吃的人吃，那是施食；自己無飯可吃而去吃人家的飯，賞面子就一變而為丟臉。」錢先生的話似乎顯得有些尖刻，但卻是再明白不過了。在現代社會生活中，人們都自覺不自覺地利用「請吃」這個方式，來調節彼此之間的關係，維繫一種心理上的平衡。

以飲食之禮來調和人際關係，並不是現代人的新發明，自古以來，便是如此。讀讀《禮記》，一切也就明白了。《禮記·樂記》中說：盛大的筵宴，並不是單純為了好吃好喝一飽口福，相反還要吃些涼水生魚淡羹之類，以此教化民心，返璞歸真。又《禮記·仲尼燕居》中說：「子曰：郊社之義，所以仁鬼神也；嘗禘之禮，所以仁昭穆也；饋奠之禮，所以仁死喪也；射鄉之禮，所以仁鄉黨也；食饗之禮，所以仁賓客也。」這些名目的禮儀，常常要以飲食活動作為一個仲介，正所謂無酒不成禮。《禮記》還援引孔子的話說：「明乎郊社之義、嘗禘之禮，治國其如指諸掌而

已乎!」說知道了這些禮儀的內涵,治理國家那只是舉手之勞了,用不著費什麼力氣了。

又見《禮記·經解》所載孔子的話說:「朝覲之禮,所以明君臣之義也;聘問之禮,所以使諸侯相尊敬也;喪祭之禮,所以明臣子之恩也;鄉飲酒之禮,所以明長幼之序也;昏姻之禮,所以明男女之別也。……故昏姻之禮廢,則夫婦之道苦,而淫闢之罪多矣;鄉飲酒之禮廢,則長幼之序失,而爭鬥之獄繁矣;喪祭之禮廢,則臣子之恩薄,而倍死忘生者眾矣;聘覲之禮廢,則君臣之位失,諸侯之行惡,而倍畔侵陵之敗起矣。」這是說與飲食相關的一系列禮儀規範,一點兒都忽略不得,否則人際關係失調,天下將會大亂。這是關係到治國安民的大事,這些被認為是孔子所曾講過的道理,並不是危言聳聽。吃飯問題,關係到口腹,關係到身外,關係到親鄰友善,關係到信仰,關係到科學藝術,也關係到家國生存,還有種族的繁衍、文化的延續……

飲食的用處,可謂大矣!

第七章　味外之味

後記

　　這一本書終於要面世了，覺得首先要感謝組稿編輯楊秦予。她在這一套書運作之初，就在我的老朋友王忻先生的引導下專程來見我，請我承擔這一本書的寫作工作。

　　雖然我們一起吃了飯，啃了大棒子骨，但我並沒有立時答應承擔這個急迫的任務。我的理由當然是時間太緊，事情也太多，應接有難度。當時並沒有說定，只是答應考慮一下，覺得楊主任那次離開時的心情，一定沒有暢快的感覺。

　　此後沒過多久，我收到了楊主任代擬的寫作提綱。她翻閱了相關出版品，寫出這樣的提綱，一定費了不少心力，讓我從中看到了她的毅力，她特別想促成此事。後來合約是簽訂了，覺得這一份提綱所產生的作用，不可小覷。

　　這期間，我們仔細商定了寫作的框架，又做了一些細部調整。其實在幾個月的寫作中，也不斷有所調整。現在印成的本子，有楊主任和出版社編輯的貢獻，在這裡真誠道地一聲謝謝！

　　出版社的期望很高，我自己也努力領會精神，但覺得距離高標準有不小差距。主要是時間太緊，事務也比較雜亂，沒有太多時間仔細打磨。讀者閱讀過程發現的問題，與編輯無關，如果以後有機會，一定會改正，謝謝各位。

王仁湘

至味中華 ── 飲食文化記憶：
火食發端、筷子縱橫觀、酒中三昧、御筵規矩⋯⋯以考古資料再現中華美食的源流，解讀千年文化的飲食變遷之路

作　　　者：	王仁湘
發　行　人：	黃振庭
出　版　者：	崧燁文化事業有限公司
發　行　者：	崧燁文化事業有限公司
E - m a i l：	sonbookservice@gmail.com
粉　絲　頁：	https://www.facebook.com/sonbookss/
網　　　址：	https://sonbook.net/
地　　　址：	台北市中正區重慶南路一段 61 號 8 樓 8F., No.61, Sec. 1, Chongqing S. Rd., Zhongzheng Dist., Taipei City 100, Taiwan
電　　　話：	(02)2370-3310
傳　　　真：	(02)2388-1990
印　　　刷：	京峯數位服務有限公司
律師顧問：	廣華律師事務所 張珮琦律師

-版權聲明-

本書版權為河南科學技術出版社所有授權崧燁文化事業有限公司獨家發行繁體字版電子書及紙本書。若有其他相關權利及授權需求請與本公司聯繫。

未經書面許可，不可複製、發行。

定　　　價：480 元
發行日期：2024 年 10 月第一版
◎本書以 POD 印製
Design Assets from Freepik.com

國家圖書館出版品預行編目資料

至味中華 ── 飲食文化記憶：火食發端、筷子縱橫觀、酒中三昧、御筵規矩⋯⋯以考古資料再現中華美食的源流，解讀千年文化的飲食變遷之路 / 王仁湘 著 .-- 第一版 .-- 臺北市：崧燁文化事業有限公司，2024.10

面；　公分

POD 版

ISBN 978-626-394-980-5(平裝)

1.CST: 飲食風俗 2.CST: 文化史 3.CST: 中國

538.782　　　　　113015661

電子書購買

爽讀 APP　　臉書